U0594514

# 青少年体质健康管理与运动干预

耿海燕　武常宏◎著

吉林大学出版社
·长春·

**图书在版编目（CIP）数据**

青少年体质健康管理与运动干预/耿海燕，武常宏
著 . -- 长春：吉林大学出版社，2024. 10. -- ISBN
978-7-5768-4480-1

Ⅰ . G479

中国国家版本馆 CIP 数据核字第 2025UF1332 号

书　　名　青少年体质健康管理与运动干预

作　　者　耿海燕　武常宏　著
策划编辑　殷丽爽
责任编辑　张宏亮
责任校对　安　萌
装帧设计　守正文化
出版发行　吉林大学出版社
社　　址　长春市人民大街 4059 号
邮政编码　130021
发行电话　0431-89580036/58
网　　址　http://www.jlup.com.cn
电子邮箱　jldxcbs@sina.com
印　　刷　天津和萱印刷有限公司
开　　本　787mm×1092mm　1/16
印　　张　13
字　　数　270 千字
版　　次　2025 年 3 月　第 1 版
印　　次　2025 年 3 月　第 1 次
书　　号　ISBN 978-7-5768-4480-1
定　　价　72.00 元

青少年时期是各项身体素质发展的关键阶段。健康的身体是生活和学习的重要支持和保障，青少年的体质健康不仅关系其自身成长和学习的各个方面，也关系国家的未来。随着我国人民物质生活水平的提高，一些青少年逐渐沉迷于电子游戏等现代化的娱乐设备，加之一些青少年参与运动的意识比较淡薄，体力不足成了当代青少年体质健康状况中的一个比较突出问题，肥胖、近视等问题在当前的青少年群体中也十分突出，这些现象在一定程度上影响了青少年的身体健康。面对这样的现状，加强对青少年的体质健康教育，对青少年体质健康发展施行科学有效的干预，成了十分迫切的要求。体育锻炼是一种个人积极主动的活动过程，它对促进青少年身心健康、培养青少年道德品质及提高青少年社会适应能力等都具有重要意义。因此，要引导青少年积极参与体育锻炼，培养其良好的锻炼习惯，切实提高其体质健康水平。

本书内容分为六章，第一章为青少年体质健康与运动干预概述，主要内容包括青少年体质健康的重要性、青少年体质健康现状、青少年体质健康的影响因素及运动干预在体质健康管理中的作用；第二章介绍了体质健康指标与测评方法，包括身体形态指标与测评方法、身体机能指标与测评方法及身体素质指标与测评方法；第三章为体育运动与青少年体质健康，主要介绍了青少年生长发育与运动生理特点和运动对青少年身体各系统的影响；第四章介绍了运动干预的理论基础，主要内容包括运动心理学、运动训练学和运动营养学；第五章介绍了运动干预的内容，包括运动处方的制订、运动项目的选择与实施及运动强度与频率的控制；第六章为青少年体质健康的运动干预实施策略，包括学校干预青少年体质健康的实施策略、家庭干预青少年体质健康的实施策略、医院干预青少年体质健康的实施策略和社会干预青少年体质健康的实施策略。

在撰写本书的过程中，笔者参考了大量的学术文献，得到了许多专家学者的帮助，在此表示真诚的感谢。由于笔者水平有限，书中难免有疏漏之处，还望广大同行及时指正。

耿海燕　武常宏

2024 年 6 月

# 目 录

# 第一章　青少年体质健康与运动干预概述

本章介绍了青少年体质健康与运动干预，主要内容包括青少年体质健康的重要性、青少年体质健康现状、青少年体质健康的影响因素及运动干预在体质健康管理中的作用。

## 第一节　青少年体质健康的重要性

青少年是国家的未来和民族的希望。青少年身体素质事关个人成长、家庭幸福、民族未来，只有积极参与体育健身运动，强健体魄、砥砺意志，凝聚和焕发青春力量，才能为中华民族伟大复兴作出应有的贡献。

青少年体育是我国实现教育强国、体育强国、健康中国的重要载体和力量。党的二十大报告提出："广泛开展全民健身活动，加强青少年体育工作，促进群众体育和竞技体育全面发展，加快建设体育强国。"习近平总书记在主持召开教育文化卫生体育领域专家代表座谈会并发表讲话时强调，"要坚持健康第一的教育理念，加强学校体育工作，推动青少年文化学习和体育锻炼协调发展"；教育部等十七部门关于印发《全面加强和改进新时代学生心理健康工作专项行动计划（2023—2025 年）》中提出"以体强心。发挥体育调节情绪、疏解压力的作用，实施学校固本行动，开齐开足上好体育与健康课，支持学校全覆盖、高质量开展体育课后服务，着力保障学生每天校内、校外各 1 个小时体育活动时间，熟练掌握1～2 项运动技能。在体育锻炼中享受乐趣、增强体质、健全人格、锤炼意志"[①]。

---

[①] 亢瑾，郑琨，许妍.党的二十大精神引领下青少年体育健康促进协同干预研究 [J].当代体育科技，2024，14（9）：1-3.

在信息化社会下，青少年的身体和心理健康面临着多重影响因素：长时间使用电子设备导致的久坐行为、视力下降和睡眠不足成为青少年身体健康的主要威胁。屏幕上的高强度蓝光及缺乏适当的休息时间不仅损害视力，还在一定程度上扰乱了生物钟，导致青少年的睡眠质量下降。社交网络和数字媒体的普及对青少年的心理健康产生了一定的影响。青少年在不断地接触虚拟世界中的信息和形象的过程中，容易引发自我认同困惑和焦虑感，影响其心理发展。网络暴力、社交比较和信息过载等问题也会在一定程度上加大他们的心理压力，甚至导致抑郁。同时，信息化社会提供了海量信息，但青少年尚未具备完全的信息筛选和判断能力，容易受到不良信息的误导。因此，迫切需要提升青少年的健康素质。总之，信息化社会对青少年健康提出了新的挑战，只有通过全面提升健康素质，才能确保青少年的身心健康，为其未来的发展奠定坚实的基础。

近年来，我国青少年中主要的体质健康问题日益显现，成为社会各界关注的焦点。这些问题包括但不仅限于肥胖、近视、心理健康问题等。肥胖问题在青少年群体中日趋普遍，体重超标和肥胖率逐年攀升。近视成为另一大困扰，越来越多的青少年在小学阶段便需要佩戴眼镜。心理健康问题同样不容忽视，焦虑、抑郁、自闭、社交障碍等情况在青少年中越来越普遍，在一定程度上影响了他们的身心发展。身体素质下降表现为耐力、力量、柔韧性等体能指标不达标，运动能力显著下降。

这些体质健康问题并非单一的生物性问题，其背后是社会、政治、经济、文化、教育等方面因素综合作用的结果。首先，在社会因素中，城市化进程加快，生活节奏加快，家长和孩子都面临巨大的学业和生活压力，传统的户外活动被各种课外班、补习班所取代，孩子的运动时间大幅减少。其次，政治和经济因素的影响，国家的发展策略和经济结构的调整，使家庭收入水平提高，生活方式和消费模式发生了显著的变化，高热量、高脂肪的快餐食品和垃圾食品成为青少年的主要饮食，营养过剩和饮食结构不合理导致肥胖问题突出。此外，信息技术的迅猛发展，智能手机、电脑等电子设备广泛普及，青少年花费大量时间在屏幕前，缺乏必要的户外运动，长期用眼过度，导致近视问题日益严重。

文化和教育因素同样不容忽视。传统文化中的"望子成龙、望女成凤"观念深深植根于家长心中，在一定程度上加大了学生的学业压力，使学生的课余时间也被各种补习占据，学生缺乏足够的休息和锻炼时间。此外，以"瘦"为美的审美标准，导致部分青少年采取不科学的减肥方式，进一步损害了其身体健康。在教育体系中，虽然近年来国家大力推进素质教育，但体育课时不足、体育活动被学科课程挤占的问题依然存在，学生的身体锻炼得不到相应的重视。

家庭教育的缺失和不当也是导致青少年体质健康问题的重要因素。现代家庭结构的变化，单亲家庭、留守儿童、隔代抚养现象逐渐增多，使部分青少年缺乏情感关爱和正确的生活指导。家长忙于工作，忽视了青少年的健康管理，缺乏科学的健康教育，导致青少年形成不良的生活习惯，如长时间看电视、玩游戏等，进一步加剧了体质健康问题。

因此，解决青少年体质健康问题需要全社会的共同努力，从多方面入手，进行综合管理。

青少年是国家的未来和民族的希望。习近平总书记来到安康市平利县老县镇考察调研强调，要"文明其精神，野蛮其体魄"[①]，这表明了青少年身心健康对于国家发展的重要性。青少年既是实现第一个百年奋斗目标的经历者和见证者，又是实现第二个百年奋斗目标、建设社会主义现代化强国的生力军。因此，青少年的健康成长直接关系到中华民族的伟大复兴。从社会层面来看，青少年健康状况直接影响到社会可持续发展与国家竞争力的增强。投资青少年的健康可以带来三重收益：改善当前的健康状况、提高整个生命周期的健康水平，以及为未来的健康作出贡献。例如，通过普及健康科学知识和加强心理健康问题研究，可以有效减少早婚早育等不良行为的发生，从而在一定程度上降低母婴死亡率和发病率。从经济层面来看，青少年健康对经济增长和社会基础设施建设具有重要意义。研究表明，投资青少年的健康能够促进经济增长，提高生产力，减少医疗支出，并通过中断代际间疾病、贫困和歧视的传播来实现可持续发展。此外，青少年健康风险行为是全球人口老龄化趋势的一部分，尽管青少年被认为是生命中最健康的阶段之一，但投资于他们的健康计划对于改善全球健康和福祉至关重要。

---

[①]陈廷湘，于诗琦.再论青年毛泽东"文明其精神，野蛮其体魄"救国理念[J].成都体育学院学报，2023，49（3）：1-7；14.

青少年是社会的未来和希望，而身体素养是青少年全面发展的基础。身体素养是指全面发展身体能力、具备基本运动技能并具有积极健康的生活方式。青少年在身体发育过程中，全面发展身体各个方面的能力和素质。它不仅包括基本的身体健康状况，还涉及身体结构、机能发展、协调性、柔韧性、力量、速度、耐力等多个方面。通过培养青少年的身体素养，可以促进身心健康、全面发展，提升学习能力和生活质量。因此，重视并加强青少年身体素养的培养具有重要意义。青少年时期是个体发展的关键阶段，身体素养的培养在这一时期具有重要的意义。通过身体素养的提升，青少年不仅能在竞技场上取得胜利，还能在心理学习和社交能力上获得全面发展。无论是在学校的体育课上，还是在校外的竞技比赛中，身体素养好的青少年往往能取得优异的成绩。这样的胜利不仅提升了他们的自信心，还增强了他们的竞争力。通过体育锻炼，青少年掌握了基本的运动技能，这些技能赋予他们更强的身体控制能力和协调性，使他们在各类体育活动中表现得更加出色。研究表明，规律的体育锻炼有助于提高大脑的功能，促进认知能力的发展。这是因为运动可以提升大脑中某些神经递质的分泌，如多巴胺和血清素，这些物质在改善情绪和注意力方面起着重要的作用。通过体育活动，青少年能够更好地管理压力和情绪波动，培养积极的心理状态，这对于他们在学业上的专注力和创造力都有所助益。此外，身体素养的提升还能增强青少年的自律性和时间管理能力，这些都是有效学习的关键因素。在社交方面，身体素养的培养同样重要。参与体育活动为青少年提供了一个与同龄人互动的平台。在团队运动中，他们能够学会如何与人合作、沟通和互相理解，这些都是社交技能的重要组成部分。通过与队友、对手的互动，青少年学会了如何处理冲突，以及建立和维护友谊。身体素养好的青少年往往更有自信，他们在社交场合中表现得更加积极主动，从而更容易地建立和维持人际关系。良好的社交能力对他们未来的职业发展和个人生活都有着积极的影响。运动带来的健康体魄不仅为他们参与各种活动提供了基础保障，也增强了他们的免疫力和抗病能力。此外，体育活动中的挑战和挫折使他们更能适应困难和变化，这种韧性和适应力也能帮助他们在面对人生其他挑战时更加从容。因此，学校和家庭都应重视青少年的身体素养教育，使其成为他们成长过程中不可或缺的一部分。

# 第二节　青少年体质健康现状

## 一、青少年身体形态现状

不健康的饮食习惯是导致青少年身体形态发生不良变化的主要原因之一。随着快餐文化的盛行和食品工业的快速发展，高热量、高脂肪、高糖分的食物比比皆是，这些不健康的饮食习惯使青少年摄入过多的热量，导致肥胖问题日益严重。肥胖不仅影响青少年的身体外观，还会带来一系列健康问题，如糖尿病、高血压、心血管疾病等。

缺乏体育锻炼是另一个导致青少年身体形态不佳的重要因素。现代科技的发展使青少年的娱乐方式发生了一定的变化，电子游戏、社交媒体等占据了大量的课余时间，户外活动和体育锻炼的时间大大减少。这种久坐不动的生活方式使部分青少年的体脂率升高，甚至出现肌肉萎缩和骨质疏松的问题。此外，缺乏运动还会影响青少年的心肺功能，降低身体的耐力和免疫力，使他们更容易受到疾病的侵袭。

我国的教育体制和社会竞争压力导致青少年普遍面临繁重的学业负担。长时间的伏案学习和不良的坐姿，不仅会导致视力下降，出现近视问题，还会引发颈椎病、脊柱侧弯等问题。过度的学业压力还会导致青少年精神紧张，影响睡眠质量，进而影响身体的正常发育和免疫功能。

随着社会的快速变化，青少年面临的精神压力和心理负担也在增加。焦虑、抑郁等心理问题不仅会影响青少年的学习和生活，还会对他们的身体健康产生负面影响。研究表明，心理健康问题与肥胖、免疫力下降等身体健康问题密切相关。因此，重视青少年的心理健康，对于改善他们的身体形态具有重要意义。

环境因素也在一定程度上影响了青少年的身体健康。城市化进程的加快，使一些青少年生活在空气污染、水污染等环境问题较为严重的地区，这些环境因素不仅会影响他们的呼吸系统健康，还可能导致其他身体健康问题。

## 二、青少年身体机能现状

相关调查研究发现，近些年来我国青少年的体质健康水平不容乐观，尤其是心肺功能呈现出下滑的趋势。只有人体的各项机能得到相应发展，才会带动身体系统的功能提升。比如，通过增强呼吸肌和扩大胸廓运动，可以改善呼吸功能；提高心肌力量和血管壁弹性，有助于改善和发展心血管功能。

总体而言，青少年身体机能的状况，主要体现在三个方面，一个是肺活量，一个是心血管机能，一个是血压。

### （一）青少年的肺活量状况

研究表明，肺活量体重指数表现优秀的青少年仅占总人数的约 1/20，许多人未能达到合格标准。

### （二）青少年的心血管机能状况

调查显示，心血管功能发育不良在我国青少年中较为普遍，主要原因是青少年缺乏必要的体育活动。就大学生群体而言，尽管体育课程在大学课程设置中占据了一定的位置，但通常集中在大一和大二阶段。在这个时间段内，通过体育课堂教学和课余体育活动，学生的身体机能得到了一定的锻炼，身体素质也较之前有了明显的增强。然而，随着体育课的结束，许多学生在大三和大四时期就不再或很少主动参加体育运动，不仅影响了学生的健康，还可能对他们的学业和未来的职业发展产生不利影响。因此，培养学生养成良好的运动习惯，显得尤为重要。

### （三）青少年的血压状况

根据现有调查，在青少年群体中，非正常血压的情况时有发生。具体来说，这些青少年中只有极少数学生表现出低血压的症状，其次是高血压的学生数量略多，再次则是那些血压处于正常高值范围的学生。从性别角度来看，在那些体质健康存在突出问题的女生中，非正常血压的比例达到了将近 1/4，而男生中非正常血压者则超过了 1/4。由此可以看出，体质健康存在突出问题的青少年中，女生的血压状况稍微好于男生。这一发现提示我们需要更加关注青少年的血压健康状况，特别是那些已经表现出体质健康问题的学生。

### （四）青少年身体素质状况

#### 1. 立定跳远测验

体质测试显示，在青少年立定跳远项目中，只有 20% 的学生及格。测试结果还表明性别差异明显：不及格的男生占男生总数的一半以上，女生的不及格比例略低于男生。在体质健康欠佳的青少年中，男生的立定跳远成绩略优于女生。

#### 2. 其他测验

青少年体质健康的主要问题表现在引体向上（男）/ 仰卧起坐（女）和 1 000 米（男）/800 米（女）的测试中，及格率大约占 1/5。女生的及格率比男生的及格率稍高。

### （五）青少年的常见疾病

#### 1. 近视

相关调查研究发现，我国青少年中有半数以上的学生是近视的，其中，重度近视的学生占到总近视人数的半数以上，其次是中度近视学生，最后才是轻度近视学生。青少年的近视问题在性别上也有差异。体质健康突出问题的大学女生中，近视女生占女生总数的半数以上。而体质健康突出问题的男生中，近视男生所占的比例与女生差不多，只是略微少一点。由此可见，体质健康突出问题的青少年中男生的视力稍好于女生。

近视的危害较大，不仅会影响青少年的学习成绩和身心健康，而且长期佩戴眼镜会导致眼球突出，影响外貌，从而影响到孩子的自信。同时，有研究证明，近视超过 600 度，不及时治疗，有可能会遗传到下一代。

#### 2. 龋齿

龋齿可以说是危害人体健康的常见病和多发病，世界卫生组织甚至把龋齿列于癌症和心血管病之后危害人类健康的第三种疾病。龋齿不仅造成严重的局部牙患，还会对食欲、咀嚼、消化、吸收和生长发育产生影响，除此之外，还有引起全身性疾患的可能性。

相关调查发现，在有体质健康问题的青少年之中，龋齿占到了总数的 2/5，其中最多的是中龋、浅龋，深龋、残冠要少一些。体质健康突出问题的青少年中，性别差异也是存在的，女性龋齿者要比男性龋齿者多一些。由此可见，体质健康突出问题的青少年中男生的龋齿状况稍好于女生。

# 第三节　青少年体质健康的影响因素

先天遗传因素和后天客观因素共同作用，决定了青少年的体质健康。了解和关注这些因素，对于青少年的健康成长至关重要。

## 一、遗传因素

遗传因素对身高、体重等基本体质特征有显著影响。父母的体型和身高在一定程度上会影响孩子的相应特征，这是由遗传基因决定的。研究表明，身高的遗传率大约在60%～80%，这意味着大部分身高差异由遗传因素决定。

某些基因与肌肉纤维类型和心肺耐力有关，这些基因的不同变异可能会导致在力量、速度和耐力等方面的差异。因此，一些青少年可能天生在某些运动项目上表现突出，而其他人则可能需要通过训练来弥补这一差距。

遗传因素还影响青少年对某些疾病的易感性。例如，肥胖、糖尿病和心血管疾病等与遗传有关的疾病在青少年中逐渐受到关注。这些疾病的家族史是评估青少年健康风险的重要指标之一。

## 二、环境因素

### （一）自然环境对健康的影响

随着科技的高度发展，城市人口的急剧增多，人类在开发利用自然资源的同时，也将大量的废弃物和污染物扔给了环境，造成严重的环境污染，破坏了环境的生态平衡。我国目前主要的环境污染源包括：第一，生产性污染。工业生产产生的"三废"和农业生产中使用的农药造成空气、水、土壤、食物等的污染。第二，生活性污染。垃圾、污水、粪尿等生活废弃物、排泄物处理不当，导致空气、土壤、水、食物的污染，医院排放的污水可能含有致病菌。第三，其他污染。指噪声、废气、电磁波、放射性废弃物、粉尘、光污染等，这些污染对人的自身健康产生了一定的负面作用，甚至危及人类的生存。

1. 化学因素

自然环境中的主要化学成分包括空气中的气体如氧气、二氧化碳、氮气，以及微量的其他气体如臭氧、一氧化碳、二氧化硫和氮氧化物等。水体中的化学成分如矿物质、重金属和有机污染物，以及土壤中的矿物质和化合物也对人体有重要影响。人体通过呼吸摄入氧气，参与细胞的代谢过程，支持能量的产生。然而，空气污染物如颗粒物、一氧化碳和臭氧等会对呼吸系统产生负面影响。颗粒物可深入呼吸道，引起炎症和呼吸道疾病；一氧化碳可与血红蛋白结合，减少血液携氧能力，导致头痛、头晕等缺氧症状；臭氧则可刺激呼吸道，引发哮喘和肺功能下降。人体对各种矿物质如钙、镁、钾等有基本需求，这些矿物质通过饮水和食物摄入。然而，水污染中的重金属如铅、汞和镉对健康构成威胁。土壤中的矿物质被植物吸收，再通过食物进入人体。土壤污染主要来自农业活动中的化肥和农药，以及工业废物。我国目前存在的主要中毒病有三种：第一，铅中毒。铅及其化合物都具有一定的毒性，主要以铅烟和铅尘的形式通过呼吸道进入人体，也可经过消化道进入人体，一般不通过皮肤进入人体。职业性铅中毒多为慢性，临床上有神经、造血和消化等系统的综合性机能失调症状。易产生铅中毒的工作有铅矿的开采、冶炼、生产、加工和印刷业等。第二，汞（水银）中毒。汞及其化合物对人体的危害主要是经呼吸道吸入金属汞蒸汽或汞化合物的气溶胶所致，也可通过消化道和皮肤的吸收对人体造成危害。汞中毒初期缺乏特异性症状，主要为中枢神经机能障碍。中毒的典型临床表现为汞中毒型"易兴奋状"、汞毒性震颤、汞毒性口腔炎三大症状。易产生汞中毒的工作有汞矿的开采、冶炼、仪表制造、金银提炼、照相、医疗等。第三，苯中毒。苯主要以蒸汽的形态经呼吸道进入人体，短时间接触高浓度苯可引起急性中毒，主要以神经系统症状为主，会出现"苯醉"状态。易接触苯的工种有制药、制革、印刷、喷漆等。

2. 物理因素

自然环境中的物理因素包括温度、湿度、太阳辐射、噪声和气压等，它们通过不同的机制影响着人体的各种生理系统。温度是影响人体健康的重要物理因素。极端的高温或低温都会对人体产生不利影响。高温条件下，人体容易出现中暑、脱水和热射病，而长期暴露在高温环境中，可能导致心血管系统的负担加重。相反，低温会导致体温过低和冻伤，严重时甚至危及生命。人体在低温条件下会增加新陈代谢以维持核心体温，但这也会使心血管负担加重，特别是对老年人和心血管疾病患者。高湿度环境会在一定程度上妨碍汗液的蒸发，降低人体的散热效率，从而加剧高温对身体的影响。过低的湿度则可能导致皮肤干燥和呼吸道黏膜的不适，增加感染的风险。

太阳辐射也是一个关键因素，尤其是紫外线辐射。适当的紫外线辐射有助于人体合成维生素 D，从而促进骨骼健康。然而，过量的紫外线暴露会增加皮肤癌的风险，还可能导致白内障等眼部疾病。防晒措施的不足会使这些风险大大增加。

噪声污染在现代社会中是一个普遍健康隐患。长期暴露于高噪声环境中会导致听力损伤，并与高血压、心脏病等健康问题相关联。噪声还可能导致睡眠障碍和心理压力的增加，从而影响整体健康状态。

气压变化对人体的影响通常被忽视，但实际上，它与某些健康问题密切相关。快速的气压变化，尤其是在高海拔地区，可能导致高原反应，影响人体氧气供给，导致呼吸困难和疲劳。而气压波动也可能影响关节病患者的症状。

3. 生物因素

微生物群落，包括细菌、病毒和真菌，是自然界中关键的生物因素。它们不仅在环境中广泛存在，还与人体微生物组密切相关。人体微生物组在消化、免疫和代谢过程中起到重要作用。肠道菌群失衡可能导致消化不良、肥胖、糖尿病等健康问题，而某些有益菌则有助于增强免疫功能，保护身体免受有害微生物的侵袭。

植物和动物在自然生态系统中也扮演着重要角色。一方面，植物通过光合作用生成氧气，并吸收二氧化碳，为人类提供了必需的呼吸条件。同时，许多植物具有药用价值，可以用于治疗多种疾病，如中草药等，这些植物成分在现代医学中得到了广泛应用。另一方面，植物产生的花粉在敏感人群中可能引发过敏反应，如花粉症，这是一种常见的季节性过敏性疾病。动物与人类健康的关系同样复杂多样。例如，某些动物体内的寄生虫也可能感染人类，引发疾病，如绦虫、钩虫等。

生态系统的生物多样性对维持生态平衡和人类健康至关重要。生物多样性丰富的生态系统通常更加稳定，并能提供更好的生态服务，如水质净化、土壤肥力维护等。这些生态服务直接或间接影响人类的生活质量和健康状况。相反，生物多样性丧失可能导致生态系统功能失调，增加疾病传播的风险。

人与自然环境的互动方式也会影响健康。过度开发自然资源和环境污染可能导致栖息地破坏，减少生物多样性，增加疾病传播风险。可持续的自然资源管理和环境保护措施有助于维护生态平衡，优化人类健康。

**（二）社会环境对健康的影响**

良好的社会环境可促进健康，反之将危害健康，甚至导致疾病。社会越发展、人类物质生活越丰富，人对社会的依赖性越强，社会环境对人的健康发展的影响也就越大。

1.社会制度与健康

社会制度包括政府的政策、法律法规、医疗保障体系、公共卫生服务等方面，这些因素对人们的健康状况有着直接或间接的影响。健全的法律体系能够保障食品安全、药品质量及环境保护，从而减少对人体健康的潜在威胁。完善的医疗保障制度能提高医疗服务的可及性和质量，确保人人都能获得基本的医疗服务，在预防疾病、早期诊断和及时治疗中发挥着关键作用。公共卫生政策包括疫苗接种计划、疾病监测系统、健康教育等。这些措施能够有效预防疾病的发生和传播，提高公众的健康水平。卫生基础设施的建设和维护，如供水系统和废弃物处理系统，也直接影响到健康状况。

2.社会经济与健康

经济因素在社会环境中对人体健康有着显著影响。首先，个人收入水平直接影响健康，因为收入较高的人通常能获得更好的医疗服务、健康保险和营养食品，从而有效预防和治疗疾病。其次，经济发展程度决定了基础设施的完善程度，如清洁水源、卫生设施和公共交通，这些都对公共健康起着至关重要的作用。此外，经济因素也影响就业机会和工作条件。稳定的就业和良好的工作环境有助于心理健康，并减少与职业相关的健康风险。而经济不稳定可能导致压力增加，进而引发心理和生理问题。最后，经济状况还会影响到居住环境，经济良好的地区通常配备有公园、健身设施等，有助于促进身体活动和减轻压力。

伴随着我国社会主义现代化建设的逐步进行，我国社会经济水平飞速提高，人民群众的生活水平也得到了一定的改善。这对青少年的价值取向造成一定的影响。

3. 社会人口与健康

世界卫生组织认为："健康、人口与发展是相互不可分割的。发展的成功，取决于资源分布的平衡，人口的迅速增长威胁着这种平衡，因为它使人口与资源的差距加大。人口的规模、年龄结构及性别结构、区域分布，既取决于生育率、人口流动情况，又对健康与工作有着重要影响。"[①]高人口密度地区往往面临公共卫生挑战，如空气污染、水污染和噪声污染，这些环境问题直接威胁着居民的健康。拥挤的生活环境可能增加传染病的传播风险，尤其是在缺乏适当医疗设施和公共卫生措施的情况下。高人口密度也可能导致心理压力增加，因为人员密集的环境可能增加个人的焦虑感、不安全感和社会紧张度，这些心理因素与多种健康问题密切相关，如心血管疾病、抑郁症和其他精神健康问题。

人口老龄化是全球性的现象，这一趋势带来了慢性病和老年病的高发。老年人群往往需要更多的医疗资源和护理服务，然而，许多地区的医疗和社会保障体系并未做好充分的准备来应对这一挑战。此外，性别比例失调尤其是男性比例过高的社会，可能会带来婚姻市场的不平衡和家庭结构的改变，进而影响社会稳定和个人健康。

移民和流动人口往往面临着独特的健康挑战。他们可能缺乏稳定的医疗保障，面临语言和文化障碍，以及社会排斥和歧视，这些都可能对他们的身心健康造成负面影响。与此同时，移民在迁移过程中可能接触到新的健康风险，如不同的传染病环境和工作条件。此外，迁移带来的社会支持网络的断裂可能增加个体的孤独感和心理压力，进而影响其整体健康状况。

社会资源的分布和可及性也在一定程度上受到人口因素的影响。人口稠密的城市地区尽管可能拥有较为丰富的医疗资源和设施，但资源的分配并不总是均衡的，常常存在卫生资源的集中和边缘地区的资源短缺问题。农村和偏远地区的人口往往面临医疗资源匮乏的问题，导致这些地区的居民无法及时获得必要的医疗服务，从而延误诊断和治疗，导致健康状况恶化。

4. 文化环境与健康

（1）思想意识与健康

思想意识在一定程度上塑造了人们对健康的理解和态度。文化背景和社会价

---

① 李群伟. 人文地理与人类健康 [J]. 中国地方病防治杂志，2009，24（4）：267-269.

值观决定了人们认为哪些行为和习惯是健康的、值得追求的。这样的思想意识会直接影响个人的饮食习惯和运动方式，从而影响身体健康。

情绪的波动和心理状态的变化可以直接影响身体的功能。长期的压力、焦虑和抑郁等负面情绪，会导致体内应激激素如皮质醇的过度分泌，从而引起免疫系统的抑制和内分泌系统的紊乱。这种情况下，人体对病原体的抵抗力下降，患病的风险增加。此外，长期的负面情绪与心理状态还会增加心血管疾病的发生概率，如高血压、冠心病等。

思想意识因素还能在一定程度上影响生活习惯和行为模式，从而间接影响人们的健康。良好的生活习惯能有效预防多种慢性病，保持身体的整体健康。而那些情绪低落、缺乏动力的人，往往倾向于久坐不动、酗酒抽烟、暴饮暴食等不健康的生活方式，这些行为会导致肥胖、糖尿病、心血管疾病等健康问题。

（2）教育与健康

教育水平直接关系个体获取和理解健康信息的能力。受过良好教育的人更有可能了解健康相关的知识，如营养、锻炼、预防疾病等方面的内容，从而采取更健康的生活方式。相反地，教育水平较低的人群可能缺乏必要的健康知识，容易受到不良生活习惯的影响，如吸烟、酗酒和不健康饮食等，这些都对身体健康产生负面影响。

## 三、医疗与社会保障制度

医疗制度直接决定着人们获取医疗服务的可及性和质量。完善的医疗制度能够确保公民在需要时获得及时和有效的治疗，减少疾病的负担。例如，健全的初级卫生保健体系能够促进疾病的早期发现和治疗，从而降低严重疾病的发生率。同时，高质量的专科医疗服务对于处理复杂和严重的健康问题至关重要。医疗资源的分配、公平性和效率是评价一个社会医疗制度的重要指标。

社会保健制度在健康促进和疾病预防中起到关键作用。通过提供免疫接种、健康教育和筛查等服务，这些制度可以有效预防疾病的发生和传播。健康教育在增强公众健康意识和改变不健康行为方面发挥着重要作用。例如，针对吸烟、饮食不当和缺乏锻炼等风险因素的干预措施，可以显著改善群体的健康状况。

社会保健制度也对健康不平等现象进行调节。有针对性地设计社会保健政策，能够减少这些不平等对健康的负面影响。例如，通过提供全民医保、补贴贫困人群的健康开支，可以改善医疗服务的可及性，从而提高健康结果。

政策的制定需要依据科学证据，考虑人口老龄化、慢性病增加等趋势，确保制度的可持续性和适应性。制度改革如医保扩展、医药价格控制及医疗技术更新等，都是提升健康质量的重要举措。

## 四、家庭因素

### （一）家庭教育的影响

家庭是孩子成长的第一环境，父母是孩子的第一任教师。家庭教育不仅直接影响孩子的学业成绩和行为习惯，还对其心理健康、社交能力和价值观念产生一定的作用。因此，家庭教育在社会环境中扮演着至关重要的角色。父母的教养方式、家庭氛围及亲子关系都对青少年的心理状态产生直接影响。温暖、支持和尊重的家庭环境有助于孩子形成积极的自我认同感和自尊心，减少焦虑、抑郁等心理问题的发生。相反地，如果家庭环境中存在过多的压力、冲突或忽视，孩子容易产生一定负面情绪，甚至诱发心理疾病。

家长的综合素质会对青少年的身心健康产生直接的影响，这一影响甚至是终身的，因此一定要非常重视青少年的家庭教育。要想促进青少年身心健康发展，家长就要为其营造一个良好的家庭教育氛围，家长要先从自我做起，不断提升自身的综合素质，为孩子树立良好的榜样，这样青少年才能潜移默化地受到影响，从而获得健康成长与发展。

### （二）家庭环境的影响

家庭的经济状况在一定程度影响青少年的生活质量和学习条件。良好的物质条件可以提供充足的营养、良好的居住环境和必要的学习资源，如书籍、电子设备和课外活动的费用。这些都对青少年的身体发育和智力发展起着积极的作用。如果家庭经济状况较差，青少年可能会面临营养不良、居住环境不佳等问题，进而影响其身体健康和学习成绩。此外，贫困家庭的青少年更容易产生自卑心理，影响其自信心和社交能力。

家庭的情感氛围对青少年的心理健康具有至关重要的影响。一个和谐、温暖的家庭氛围能够为青少年提供情感上的支持和安全感，使他们在面对挑战和困难时具备更强的心理承受能力。相反地，如果家庭氛围紧张、充满冲突，青少年容易产生焦虑、抑郁等心理问题。父母的关爱、理解和尊重能够增强青少年的自尊心和自信心，而父母的忽视、冷漠和过度控制则可能导致青少年出现情感冷漠、叛逆等问题。

父母关系也是家庭环境中的一个关键因素。父母关系和谐，对青少年的身心健康具有积极的影响。父母相互尊重、理解和支持，能够为青少年树立良好的榜样，使他们学会处理人际关系和情感问题。如果父母关系紧张、频繁争吵，青少年容易感到不安和无助，进而产生心理压力和情感困扰。研究表明，父母频繁争吵往往会对青少年的心理健康产生长期的负面影响，如自卑、孤僻、社交障碍等。

传统的核心家庭（由父母和子女组成的家庭）通常被认为是最有利于青少年健康发展的家庭结构。然而，随着社会的发展，单亲家庭、重组家庭、隔代家庭等非传统家庭结构逐渐增多。这些家庭结构在给青少年带来新的社会支持和资源的同时，也可能带来新的挑战和压力。例如，单亲家庭的青少年可能因为缺乏父爱或母爱而感到孤独和不安，而重组家庭的青少年则可能面临亲子关系的重新调整和适应问题。尽管如此，只要家庭成员之间能够建立起良好的沟通和支持关系，这些非传统家庭结构对青少年的身心健康也可以产生积极的影响。

家庭不是一个封闭的系统，而是与外界社会环境紧密相连。亲友、邻居、社区等社会支持系统对青少年的身心健康具有不可忽视的影响。一个良好的社会支持系统可以为青少年提供更多的情感支持、社会资源和发展机会，增强他们的社会适应能力和心理健康水平。

## 五、个人因素

### 1. 意识

青少年正处于自我意识逐渐增强的阶段，逐渐产生更强烈的自我认知和独立意识。这种自我意识的觉醒使他们更注重自身形象和身体健康。例如，青少年开始关心体重、皮肤状况和身体形态，在饮食、锻炼和作息方面更加自律。然而，也有一些青少年能对自己的身体形象有不切实际的期望，容易受媒体和同龄人的影响，进而产生身体形象焦虑，导致饮食失调，如厌食症或暴食症，严重影响身体健康。因此，培养青少年正确的自我意识，帮助他们树立健康的身体形象观念至关重要。

### 2. 认知

随着认知能力的提高，青少年开始能够理解健康知识，并将这些知识应用到日常生活中。他们能够理解营养学知识，知道哪些食物对身体有益，哪些饮食习惯需要改变；他们也能够认识到运动对身体健康的重要性，并积极参加体育活动。此外，青少年还可以通过学习掌握应对压力和情绪的技巧，从而维护心理健康，间接促进身体健康。

但是，一方面，青少年的判断力和决策能力尚未完全成熟，容易受到外界影响，做出不利于健康的选择。例如，他们可能因为好奇心或从众心理，尝试吸烟、饮酒等行为，这些行为对身体健康有严重危害。另一方面，青少年在面对复杂的健康信息时，可能难以辨别其真实性和科学性，导致误信错误的健康观念，进而影响身体健康。

### 3. 人格

青少年身上的一些不良习惯或者身心疾病，有很多都是自己的人格缺陷造成的，这是非常重要的一方面。相关临床心理学研究表明，人的性格类型与身心疾病的发病率之间存在着一定的关系，个性与心理健康密切相关，良好的个性对身心健康非常有益，而不良的个性则容易诱发各种身心疾病。

## 第四节　运动干预在体质健康管理中的作用

近年来我国青少年体质健康水平正在逐步提升，其中初中生体质健康提升幅度是最大的，小学和高中生次之，大学生体质健康提升幅度最小，基本上没有变化。这是由于我国中考体育改革，学生和家长重视中考体育的结果。而学生进入大学以后，体育课程变少，活动量变小，懒惰逐渐占据主导地位，大学生参与体育活动积极性下降，导致近年来大学生体质健康水平基本没有提升。对于青少年体质健康的提升，我国目前主流的运动干预方法有高强度间歇训练、快速伸缩复合训练、CrossFit健身训练、功能性训练和核心力量训练等。高强度间歇训练对青少年的身体成分、体脂率、身体素质和最大摄氧量具有良好的改善干预效果；快速伸缩复合训练和 CrossFit 自身训练能够有效地提升学生 50 米跑、立定跳远、引体向上等成绩；功能性训练对青少年学生的肌肉协调能力、关节稳定性和身体控制能力的提升具有良好效果；核心力量训练能够很好地提高青少年学生的核心稳定性。因此，在提升青少年体质健康时，应当选用合适的运动干预方式。

运动对于体质的改善作用已被广泛认可。有氧及抗阻运动对青少年体质与心理健康的积极作用是多方面的。有氧运动，通常包括跑步、游泳、骑自行车和跳绳等，主要通过提高心肺功能及耐力，增强青少年的体质健康。经常参与有氧运动有助于改善心血管健康，增加肺活量，降低血压和胆固醇水平。这些生理上的变化有助于降低心脏病、肥胖症和糖尿病等慢性病的风险。有氧运动还促进新陈代谢，有助于体重管理，进而减少肥胖相关的健康问题。

抗阻运动，如举重、俯卧撑和引体向上等，主要通过增强肌肉力量和骨密度来改善青少年的体质健康。青少年时期是骨骼生长发育的关键期，抗阻运动通过对骨骼施加适当的机械负荷，促进骨骼的矿化和密度增加，从而降低骨折的风险。增强的肌肉力量不仅提升运动表现，还提高日常生活中的活动能力和身体姿态。

在心理健康方面，运动能够促进大脑中内啡肽的释放，这是一种能够产生愉悦感的化学物质，有助于缓解焦虑和抑郁等负面情绪。同时，规律的运动还能够提高大脑中血清素和多巴胺的水平，这些神经递质与情绪调节和快乐体验密切相关。因此，运动能够有效改善青少年的情绪状态，增强心理韧性。通过设定和实现运动目标，青少年能够体验到成功的感觉，这对于增强自我效能感至关重要。特别是抗阻运动，通过逐步提高重量和增加挑战性，青少年能够清晰地感受到自身的进步，这无疑可以提升自我认同感和自信。参加团队运动或者集体锻炼，也为青少年提供了重要的社交机会。在运动中，他们学会与他人合作、沟通和解决问题，这对于培养团队精神和社交技能非常有益。通过建立积极的同伴关系，青少年能够获得心理和情感上的支持，增强归属感和社会连接感。更值得注意的是，运动能够提高青少年的认知功能。研究表明，有氧运动能够促进大脑的神经可塑性，增强记忆力、注意力和学习能力。这是因为运动有助于增加大脑中神经营养因子的分泌，促进神经元的生长和连接。同时，规律的运动还可以提高睡眠质量，帮助青少年拥有更充沛的精力和更好的学习状态。

结合我国学期制的特征和运动干预的效果评估，学校的运动干预周期一般设置在 6～12 周。针对干预的频率与时长，大多数方案采用每周进行 2～5 次运动，每次持续时间在 30～60 分钟的安排。通常，在经过几周的持续性运动干预后，干预效果便能在体质改善方面得到显现，体现出规律运动的益处。研究表明，6 周内进行每周五次有氧训练并辅以 3 次抗阻训练，肥胖青少年的体重和体脂率均显著减少。同时，另一项为期 12 周的研究显示，每周增加 5 次、每次持续 30～60 分钟的中高强度运动，能够有效提高青少年的心肺耐力，促进其整体体能的提升。青少年女生每周进行两次为期 90 分钟的有氧运动，并坚持 18 个月，可以显著改善她们的体型及身体成分，心肺耐力也得到了大幅增强。大量研究已证明，运动对提升体适能效果显著。经常参与体育活动不仅有助于提升生理健康，同时还对心理健康有正面影响。不仅能增加积极情绪，还能够帮助青少年更好地应对压力，缓解负面情绪。根据相关研究，经过 5 周的运动干预，每周进行 3 次、每次持续 40 分钟的教学视频指导，参与测试的青少年在情绪管理方面得到了显著改善，尤其是抑郁和焦虑情绪有所缓解。当运动干预时间延长至 12 周后，初中生在每周 3 次、每次 40 分钟的运动安排下，不仅各项体适能指标有所提高，而且情绪也变得更加积极和稳定。两学期持续进行的课内外运动干预后，学生的身体各项指标发生了积极变化，其中 BMI 指数与腰臀比显著降低，心肺功能有明显增强，肌肉力量及柔韧性等体适能相关指标也获得了显著提升。与此同时，学生的情绪状态有了明显改善，紧张和抑郁情绪呈现出明显的下降趋势。每周 3～5 次的有氧运动在心肺耐力和身体成分的优化方面展现出更为显著的效果。

　　在提升学生体质的过程中，运动干预的强度起着至关重要的作用，其中运动负荷是决定效果的核心因素，同时也是保障教学质量的必要条件。如果运动负荷过小，则难以起到增强体质的作用；反之，过大的负荷又可能对正处于生长发育期的青少年带来运动损伤，甚至导致更严重的健康隐患。合理的运动负荷是由运动时间与运动强度的搭配共同决定的。为了在运动干预中取得最佳效果，必须综合考虑这两个方面的因素，并根据青少年的实际身体状况进行适当调整。根据早期研究的分析结果，无论进行低强度还是高强度运动，都对抑郁症状具有相似的缓解作用。然而，研究发现，相比于低强度运动，中高强度运动在提升青少年的心肺耐力、肌肉适能及柔韧性方面能取得更理想的效果。在研究儿童和青少年的肥胖问题时发现，身体活动强度的不同对肥胖的影响程度也有所区别，其中高强度的运动与肥胖之间的关系要比低强度的活动更为突出。同时，中高强度的身体活动在提升青少年的体能和改善心理健康方面具有更加显著的效果。不同的运动时间对青少年身心健康的改善程度也存在一定的差异。运动干预的过程中，练习强度的设定是影响运动效果的重要因素之一。若强度不足，则无法显著改善心肺功能与肌肉力量，无法达到理想的锻炼效果。反之，若强度过大，对于尚在生长发育期的青少年来说，容易引发身体伤害或其他健康问题。因此，为了获得最佳的干预效果，必须合理控制运动强度，平衡身体负荷。

# 第二章　体质健康指标与测评方法

本章主要介绍体质健康指标与测评方法，包括身体形态指标与测评方法、身体机能指标与测评方法以及身体素质指标与测评方法，测量学生体质健康状况和锻炼效果。

## 第一节　身体形态指标与测评方法

### 一、身体形态指标的测量

#### （一）身高

1. 测试意义

身高是指从头顶点至地面的垂距，身高是对人体纵向各部分的长度与比例而言，源于人体的纵向生长，受遗传因素的影响较大。男性在 20～24 岁、女性在 19～23 岁，四肢长骨和脊椎骨均已完成骨化，身高就停止增长了。我们可以用身高增长来评定生长发育、健康状况、疲劳程度运动能力等，有重要价值。测试仪器为电子身高计。

2. 测试方法

测试人员站在身高计左侧，打开电源开关，将水平压板移至挡板处，按"按键"，显示屏显示"96.5"，表明身高计已进入工作状态，然后，将水平压板移至立柱的上端。

受试者赤足，背向立柱站立在身高计的底板上，躯干自然挺直，头部正直，两眼平视前方，耳屏上缘与眼眶下缘最低点呈水平位，上肢自然下垂，两腿伸直，两足跟并拢，足尖分开约 60°，足跟、骶骨部及两肩胛间与立柱相接触，呈"三点一线"站立姿势。此时，测试人员单手将水平压板沿立柱向下滑动至受试者头顶，等显示屏上显示的数值稳定后，记录显示的数值。记录以厘米为单位，精确到小数点后 1 位。

3. 注意事项

①身高计应选择平坦地面，靠墙放置。

②测试人员移动水平压板时，必须手握"手柄"。

③在测量过程中，不能随意按"按键"；如果已经按"按键"，则必须让水平压板重新回到挡板处，再按"按键"，使其重新进入工作状态。

④严格执行"三点靠立柱""两点呈水平"的测量要求。

⑤水平压板与头部接触时，松紧要适度，头发蓬松者要压实；妨碍测量的发辫、发结要放开，饰物要取下。

⑥读数完毕，立即将水平压板轻轻推向安全高度，以防碰坏。

### （二）体重

1. 测试意义

体重是通过反映人体骨骼、肌肉、皮下脂肪和内脏器官的发育状况和人体充实度，间接地反映机体的营养状态。如超重，可造成不同程度上的肥胖，而过度肥胖是导致心血管疾病的重要因素之一；如体重过轻，其可以作为营养不良或患有某些疾病的重要特征之一。因此，适宜的体重，对测试者的健康及身体状况起到重要意义。

2. 测试方法

测试人员打开电源开关，按"按键"，显示屏上出现闪烁信号；定格在"0.0"时，表明体重计已进入工作状态。受试者穿短衣裤，赤脚自然站立在体重计量盘的中央，保持身体平稳，等显示屏上显示的数值稳定后，记录显示的数值。记录以千克为单位，精确到小数点后 1 位。

3. 注意事项

①在测量过程中，体重计应放置在平坦地面上。

②受试者应尽量减少着装。

③上、下体重计时，动作要轻缓。

### （三）坐高

**1. 测试意义**

坐高是指头顶到坐骨结节的长度，是反映人体形态结构与发育水平的指标之一，是人体取正位坐姿时头和躯干的长度。它主要反映人体躯干生长发育状况，以及躯干和下肢的比例关系，同时也可间接了解内脏器官发育状况。测量仪器为标准身高坐高计。

**2. 测试方法**

受试者坐于身高坐高计的座板上，使骶骨部、两肩胛间靠立柱，躯干自然挺直，头部正直，两眼平视前方，以保持耳屏的上缘与眼眶下缘呈水平位；上肢自然下垂，双手不得撑压座板；两腿并拢，双脚平踏在地面上，大腿与地面平行并与小腿呈直角（根据受试者小腿长度，适当调节踏板高度以保持正确测量姿势）。测试人员站在受试者右侧，将水平压板沿立柱下滑至受试者头顶，两眼与压板呈水平位进行读数。记录以厘米为单位，精确到小数点后 1 位。

**3. 注意事项**

①在测量时，受试者应先弯腰使骶骨部紧靠立柱后再坐下，以保证测试姿势正确。

②较矮的幼儿应选择高度适宜的踏板，避免测量时身体向前滑动。

③其他注意事项同身高。

### （四）胸围

**1. 测试意义**

胸围是指人体胸部外圈的周长。吸气和呼气时的胸围差可以作为衡量肺活量大小的指标。胸围能显示人体宽、厚度的测量值，因此也是衡量人体生长发育水平的一个重要指标。

**2. 测试方法**

使用尼龙带尺进行测量，受试者自然站立，两肩放松，双臂交叉抱于胸前。测试人员面对受试者，将带尺上缘经肩胛下角下缘水平绕一周。带尺围绕腰部的松紧度应适宜（使皮肤不产生明显凹陷），带尺上与"0"点相交的数值即为测量值。记录以厘米为单位，精确到小数点后 1 位。

3. 注意事项

①测试人员应严格控制带尺的松紧度。

②测量过程中，受试者被测部位要充分裸露。

③测量过程中，受试者不能有意识地挺腹或收腹。

## 二、身体形态指标评价

人体是一个整体，身体各部分的发育是通过一定的比例关系进行发展的，身高、体重、坐高、胸围等指标单一评价仅能反映出某些人体的一般特征、规律。身体发育指数是在人体测量的发展过程中产生和逐渐发展起来的，目前常用的发育指数可分为以下两类。

### （一）用于评价体型的指数

1. 身高胸围指数

身高胸围指数 = 胸围（厘米）/ 身高（厘米）×100，该指数反映胸廓发育情况，借以说明人的体型。1917 年布鲁格施（Brugsch）以该指数中位数为基准，把体型分为窄胸型（小于中位数）、中等胸型（约等于 50%）和广胸型（大于中位数）。

2. 艾里斯曼指数

艾里斯曼指数 = 胸围（厘米）–1/2 身高（厘米）。这是苏联学者提出的一种更简便的体型指数。通过胸围和身高的关系（横径与纵径之间的关系），反映其胸廓发育是窄胸、广胸还是中等胸型，借以说明人体的体型或体格。指数大于零者为胸廓发育良好，等于零者为中等，小于零者为胸廓狭窄。

3. 身高坐高指数

身高坐高指数 = 坐高（厘米）/ 身高（厘米）×10，该指数通过坐高与身高的比值来反映人体躯干与下肢的比例关系，借以说明其体型特点，该指数的均值曲线随年龄的变化与身高胸围指数相类似。根据该指数值的大小可将儿童体型分为长躯型、中躯型和短躯型。据报道，亚洲儿童该指数值大于欧洲儿童，反映出亚洲儿童与欧洲儿童具有不同的体型特点。

4. 肩盆宽指数

肩盆宽指数 = 骨盆宽（厘米）/ 肩宽（厘米）×100，该指数均值男性随年龄增长而逐渐下降，女性则随年龄增长而上升，从而反映男女性不同的体型特征。在同性别、同年龄中比较，该指数值越小越体现出粗壮魁梧的体型，在与力量有关的许多体育运动项目上易于发挥其优势。

### （二）用于评价营养状况的指数

#### 1.克托莱指数

克托莱指数即身高体重指数，身高体重指数＝体重（千克）/身高（厘米）×1 000，这是由克托莱提出而被命名的指数。

该指数表示每 1 厘米身高的体重，作为一个相对体重或等长体重来反映人体的围度、宽度和厚度及机体组织的密度。从而说明人体的充实程度和现时营养状况。一般情况下，该指数的均值随着年龄增长而增大，女性 19 岁，男性 21 岁以后趋于稳定状态。评价标准如下：男生小于 20 为消瘦，20～25 为营养正常，大于 25 为肥胖；女生小于 19 为消瘦，19～24 为营养正常，大于 24 为肥胖。

#### 2. 劳雷尔指数

劳雷尔指数＝体重（千克）/身高（厘米）$^3$×$10^7$，该指数由威尔里德·劳雷尔（Wilfrid Laurier）于 1908 年提出。劳雷尔认为人体是一个立方体，身高是这个立方体的一个边，所以用身高立方去除以体重可显示出每立方厘米身体的重量。其评价的判断标准为：大于 156 为过度肥胖，140～156 为肥胖，109～140 为营养状况中等，92～109 为瘦弱，小于 92 为过度瘦弱。

#### 3.BMI 指数

身体质量指数（Body Mass Index，简称 BMI）是一种测量体重与身高比例的常用工具，用于评估一个人的体重水平是否在健康范围内。BMI 指数＝体重（千克）÷身高（米）$^2$，BMI 指数通过将个体的体重和身高进行简单的数学运算，提供一个数值范围来判定体重状况。根据世界卫生组织（World Health Orgnization，WHO）的标准，BMI 数值在 18.5～24.9 之间被认为是正常体重；低于 18.5 属于体重过轻，25～29.9 则为超重；30 以上则为肥胖。不过，BMI 仅是一个粗略的评估工具，并不能全面地反映人体脂肪的分布、肌肉质量、骨密度等健康指标。

### （三）身体形态发育指标评价的注意事项

#### 1. 应充分考虑性别、年龄特征

在青春期，不同性别的青少年在体质发育上表现出显著差异。男生通常在肌肉量和力量方面表现出更快的增长，而女生则可能在脂肪分布和体脂比例上有不同的变化。因此，在体质评价中，需根据性别制定不同的标准和评价指标。此外，青少年的生长发育与年龄密切相关，不同年龄阶段的身高、体重、骨密度等指标会有显著的变化。因此，评价体系应根据年龄分段，确保能够反映出不同生长阶段的特点。

#### 2. 应充分考虑种族差异因素

在参考国外的发育指数评价标准时，可以将其作为借鉴，但不能直接照搬。例如，过去的实践中我们曾参考国外标准，使用克托莱指数进行评价，规定 350～450 为正常范围，低于 350 为体重偏轻，高于 450 则为体重超标。然而，通过全国儿童青少年的体质测试数据发现，只有少数年龄段的数据接近这一标准的最低值，其他大多数年龄段均低于该标准。因此，进行身体发育指数的评估时，需要充分考虑到种族之间的差异，否则得出的评价结果将难以准确反映个体的真实发育情况。

#### 3. 根据评价需要，适当选用指数

体质评价的目的和使用场景决定了其指标选择的侧重点。例如，在学校体育教育中，更多关注的是学生的力量、耐力和灵活性等指标，而在公共卫生监测中，更关注的是生长发育水平和营养状况。因此，进行体质评价时，应根据具体需要选择合适的指标。若是为改善学生体育成绩而进行评价，则可能需要更详细的运动能力测试和个体化的评价标准。

#### 4. 需要充分考虑身高因素产生的影响

身高既反映了个体的生长发育水平，又与营养状况、健康风险等相关联。但在评价体系中，单纯依靠身高来判断体质是不够的。BMI 可以提供更为直观的个体体重状态信息。然而，BMI 对于不同体型和肌肉量的青少年可能存在一定局限性，如有些体形偏瘦但肌肉量高的青少年，BMI 可能不能完全客观地反映实际健康状况。

# 第二节　身体机能指标与测评方法

## 一、生理机能指标的测量

### （一）肺活量

**1.测试意义**

肺活量是反映人体呼吸系统机能的重要指标之一，在一般体测中具有重要意义。它指的是一次尽力吸气后，再尽力呼气所能呼出的最大气体量。通过测量肺活量，可以评估个体的肺部通气功能和呼吸肌的力量。较高的肺活量通常意味着较强的肺部功能和更高的氧气供给能力，对运动表现和日常生活中的体力活动有积极影响。肺活量可以用来检测呼吸系统疾病的早期迹象，如慢性阻塞性肺疾病（COPD）或哮喘等，通过定期监测肺活量的变化，可以及时发现和干预潜在的健康问题。

**2.测试方法**

受试者需要先站直，确保呼吸道通畅。测试开始前，会进行指导，确保受试者理解整个流程。

受试者需深吸一口气至最大容量，然后将口部包紧仪器的口嘴，快速而用力地将气体完全呼出。这个过程通常会重复几次，以确保数据的准确性。测试时要求受试者保持良好密封，以避免漏气，确保测量结果的可靠性。每次测试后，仪器会记录下呼出的气体体积，最终选择最大值作为肺活量的测量结果。

**3.注意事项**

①测试前要保持放松状态，避免剧烈运动或情绪波动，有助于稳定呼吸并获得更准确的结果。此外，测试前应避免进食过多，以免影响呼吸舒适度。

②受测者应在安静的环境中进行，减少外界干扰，以便专注于测试过程。确保设备清洁并按照指导进行消毒处理，以维护卫生并减少交叉感染的机会。

③对于有呼吸系统疾病或其他健康问题的参与者，应在进行测试前咨询医务

人员的意见，以确保测试的安全性。测试过程中如感到不适，应立即停止并告知相关人员。

### （二）脉搏

#### 1. 测试意义

脉搏即动脉搏动，随着心脏节律性的收缩和舒张，动脉管壁相应地出现扩张和回缩，在表浅动脉上可触到搏动。因心脏有缩有舒，动脉内压才有升有降；又因动脉管壁具有丰富的弹性纤维，动脉内压的升降才能以脉搏波的形式从主动脉开始，沿着管壁而迅速传播到各分支动脉，直到微动脉末梢。脉搏波的传播速度与血流速度是两种性质完全不同的生理现象，当心室收缩血液射入主动脉时，长长的血柱以（0.2～0.5）米/秒的速度沿着动脉系统各分支流动，流动速度以主动脉最快，到微动脉毛细血管网流速最慢，可以减速到停滞状态，而脉搏波的传播速度则因各段动脉的管壁弹性不同而异，而且脉搏在一定程度上能反映心血管的机能，如心搏的节律性、心率、心室收缩力、外周阻力及动脉管壁的弹性等。

#### 2. 测试方法

受试者静坐，右前臂平放在桌面上，掌心向上。测试人员坐在右侧，以食指、中指和无名指的指端触压受试者手腕部的桡动脉，测量脉搏。在测量幼儿心率时，取平卧位，将听诊器的听诊头放置在心前区（左锁骨中线与第五肋间隙交界处）。

测量脉搏前应先确定受试者为安静状态，即以 10 秒钟为单位，连续测量 3 个 10 秒的脉搏，若其中两次测量值相同并与另一次相差不超过一次时，即可认为受试者处于相对安静状态；否则应适当休息，直至符合要求，然后测量 30 秒钟的脉搏，所得数值乘 2 即为测量值。记录以次为单位。

#### 3. 注意事项

①测试前 1～2 小时内，受试者不要进行剧烈的身体活动。

②青少年测试可于午睡后进行。

### （三）血压

#### 1. 测试意义

血压指血管内的血液对于单位面积血管壁的侧压力，即压强。由于血管分动脉、毛细血管和静脉，所以，也就有动脉血压、毛细血管压和静脉血压。通常所说的血压是指动脉血压。当血管扩张时，血压下降；血管收缩时，血压升高。

2. 测试方法

受试者静坐，右臂自然前伸，平放在桌面，掌心向上。血压计"0"位与受试者心脏和右臂袖带应处于同一水平。测试人员捆扎袖带时，应平整、松紧适度，肘窝部要充分暴露。摸准肱动脉的位置，将听诊器听诊头放置其上，使听诊头与皮肤密切接触，但不能用力紧压或塞在袖带下。然后打气入带，使水银柱急速上升，直到听不到肱动脉搏动声时，再升高 20～30 毫米汞柱。随后缓缓放气，当听到第一个脉跳声时，水银柱高度值即为收缩压；继续放气，脉跳声经过一系列变化，脉跳声消失瞬间的水银柱高度值为舒张压。血压测试力求一次听准，否则重新测量。分别记录收缩压、舒张压，以毫米汞柱为单位。

3. 注意事项

①测试前 1～2 小时，受试者不要进行剧烈的身体活动。

②测试前受试者静坐 10～15 分钟，稳定情绪，接受测试。

③测试前应检查血压计水银柱是否在"0"位，若不在"0"位应予校正。应观察水银柱有无气泡，如有气泡应予排除。

④测试时，上衣袖口不应紧压上臂。

⑤袖带下缘应在肘窝上 2.5 厘米处。

⑥需重测时，应等待血压计水银柱下降至"0"位后再进行。

⑦血压重测者，必须再休息 10～15 分钟后方能进行。对血压持续超出正常范围者，要及时请现场医务人员观察其情况。

### （四）台阶试验

1. 测试仪器

台阶若干（男台高 30 厘米，女台高 25 厘米）、电子台阶试验仪、秒表（备用）。

2. 测试方法

受试者站在台阶前准备，测试员启动台阶试验仪。显示屏闪烁后，按"启动"键开始测试。蜂鸣器发出三声预备音后，受试者根据提示音进行上下台阶运动，持续 3 分钟，长鸣结束后，受试者静坐，前臂前伸，手指自然弯曲。随后，测试员为受试者戴上指脉夹并测量脉搏，记录运动后的脉搏数据。如果无法坚持或频率不合要求，应停止测试并测量脉搏。

3. 注意事项

①心脏功能不良或患有心脏疾病者，不能进行此项测试。

②受试者在测试前不得从事任何剧烈活动。

③受试者在每次登上台阶时，腿必须伸直，膝关节不得弯曲。

④受试者必须严格按照提示音的节奏完成上下台阶运动。

⑤测试人员在仪器测量脉搏时，应经常用手指触压桡动脉搏动，与试验仪进行对比，如果 10 次脉搏相差超过 2 次，可视为仪器不准，及时改用人工的方法测量脉搏。

⑥人工测试脉搏的方法：测试运动停止后 1 分到 1 分半钟、2 分到 2 分半钟、3 分到 3 分半钟的 3 次脉搏数。

## 二、生理功能指标的评价

### （一）肺活量指数

肺活量指数通常采用肺活量 / 体重来计算。肺活量与人的呼吸密切相关。生理学研究表明：人体的各器官、系统、组织、细胞每时每刻都在消耗氧，机体只有在氧供应充足的情况下才能正常工作。该指数能更准确地反映身体呼吸能力的大小，对研究青少年的体质和有氧工作能力均有重要的意义。中国青少年肺活量指数正常值范围为：男生 63.2～68.9；女生 55.5～59.5。

### （二）布兰奇心功能指数

布兰奇心功能指数是一种用于评估心脏功能的综合指标，它结合了多个心血管参数，通过数学公式整合这些因素，从而提供对心脏整体性能的量化评估。这一指数能够帮助医生和研究人员更好地了解心脏在不同生理和病理状态下的功能表现。

布兰奇心功能指数的计算方法综合了心排血量（Cardiac Output，CO）、心率（Heart Rate，HR）、动脉血压（Arterial Blood Pressure，ABP）以及心脏的机械效率（Mechanical Efficiency，ME）等参数。具体公式可能根据不同的研究或应用环境有所调整。

布兰奇心功能指数的评定方法一般包括以下几个步骤：通过无创或有创的方式采集心排血量、心率和动脉血压等数据；将采集到的数据输入布兰奇心功能指数的计算公式中；布兰奇心功能指数的结果会给出一个数值，这个数值可以用来评估心脏在特定状态下的功能表现。

### （三）台阶试验指数

台阶测试指数是一种用于评估心肺耐力和心血管健康的简单测试方法。该测试通过测量个体在台阶上进行有节奏的升降运动后心率的恢复情况，来反映其心肺功能状态。

台阶指数计算公式：台阶指数＝踏台上下运动持续时间（秒）×100÷［2×（3次测定脉搏的和）］。

台阶测试通常在标准化的环境中进行，所需设备包括一个固定高度的台阶（通常为30～50厘米），计时器和心率监测设备（如心率表或脉搏计）。测试一般持续3～5分钟，其目的是在特定时间段内，通过连续的升降运动使心率达到一定的负荷水平。

测试开始时，受试者按照规定的节奏（通常每分钟24～30次）在台阶上升降。整个过程中，受试者需保持稳定的步伐和正确的姿势，以避免不必要的身体负担。在测试结束后，受试者立即坐下休息，并在规定时间内（如1分钟、3分钟和5分钟）测量其心率。恢复期内心率的下降速度和幅度是评估心肺耐力的重要指标。

## 第三节　身体素质指标与测评方法

身体素质，通常指的是人体肌肉活动的基本能力，是人体各器官系统的机能在肌肉工作中的综合反映，一般包括力量、速度、耐力、灵敏、柔韧等。

## 一、耐力类

### （一）400米跑

1. 测试意义

用于测试学生速度耐力的发展水平，适用于小学五、六年级学生。

2. 场地器材

需要 200 米、300 米、400 米田径场地跑道或其他不正规场地，但必须丈量准确。地面要平坦，地质不限，跑道线要清楚。发令旗 1 面，口哨 1 个，秒表若干块（一道一表）。秒表使用前，应用标准秒表校正。

3. 测评方法

测试分组进行，每组至少 2 人。受试者站在起跑线后准备，用站立式起跑，当听到口令或哨音后开始起跑。发令员发出"跑"口令的同时开表计时，当受试者的躯干部到达终点线垂直面时停表。以分、秒为单位记录成绩，不计小数。

4. 注意事项

①如果在非 400 米标准场地上进行测试，测试人员应向受试者报告剩余圈数，以免跑错距离。

②测试人员应告知受试者在跑完后应继续缓慢走动，不要立刻停下，以免发生意外。

③受试者不得穿皮鞋、塑料凉鞋、钉鞋参加测试。

④对分、秒进行换算时要细心，防止差错。

## （二）50 米 ×8 往返跑

1. 测试意义

该项目是 400 米跑的替代项目，主要测试学生速度、灵敏及耐久力的发展水平。

2. 场地器材

需要 50 米跑道若干条，道宽 2～2.5 米，地面平坦，地质不限。在起（终）点线前 0.5 米和 49.5 米处各立一标杆，杆高 1.2 米以上，立于跑道正中。还需要秒表若干块，使用前校正，要求同 50 米跑测试。

3. 测评方法

受试者至少 2 人一组进行测试，用站立式起跑，当听到"跑"口令后开始起跑，往返 4 次，往返跑时就逆时针方向绕过标杆，不得碰扶标杆，不得串道。测试人员发出"跑"口令的同时开表计时，当受试者胸部到达终点线的垂直面时停表。以分、秒为单位记录测试成绩，不计小数。

4. 注意事项

①测试人员应向受试者报告剩余往返圈数，以免跑错距离。

②其他注意事项和成绩记录方法同 400 米跑。

## （三）800 米或 1 000 米跑

1. 测试意义

测试学生耐力素质的发展水平，特别是心血管呼吸系统的机能及肌肉耐力。

2. 场地器材

需要 200 米、300 米、400 米田径场跑道，也可使用其他不规则场地，但必须丈量准确，地面平坦。此外，还需要秒表若干块，使用前需要校正。要求同 50 米 ×8 往返跑测试。

3. 测评方法

受试者至少 2 人一组进行测试，站立式起跑，当听到"跑"的口令后开始起跑。计时员看到旗动开表计时，当受试者的躯干部到达终点线垂直面时停表。以分，秒为单位记录测试成绩，不计小数。

## （四）台阶试验

在《国家学生体质健康标准（2014 年修订）》中将台阶试验与耐力跑归入耐力测试自选项中，是因为台阶试验虽不能锻炼耐力水平，却能直接反映耐力水平，反过来耐力水平也直接反映心肺功能。台阶试验测量的数据与耐力跑测量的数据高度相关，因此在《国家学生体质健康标准（2014 年修订）》中可以任选一项进行测试。

# 二、柔韧力量类

## （一）握力

1. 测试意义

握力主要是测试上肢肌肉群的发达程度，在体能测试中，它常以握力体重指数的形式体现，即把握力的大小与被测人的体重相联系，以获得最科学的体力评估。

握力指数，即两手平均握力 / 体重（千克）×100。因为肌肉力量的发展与体重有密切的关系，所以这项指数利用体重校正后更具有可比性。

2. 场地器材

电子握力计或弹簧式握力计。

3. 测评方法

受试者两脚自然分开成直立姿势，两臂自然下垂。一手持握力计全力紧握（此时握力计不能接触受试者的衣服和身体），记下握力计指针的刻度（或握力器所显示的数字）。用有力手握 2 次，取最大值，以千克为单位，保留 1 位小数。

4. 注意事项

保持手臂自然下垂姿势，手心向内，不能触及衣服和身体。

## （二）引体向上

1. 测试意义

引体向上是以自身力量克服自身重量的悬垂力量练习，对发展上肢悬垂力量、肩带力量和握力有重要作用，它要求学生有一定的握力、上肢力量和肩带力量，这个力量必须能克服自身的体重才能完成一次。它是以按动作规格完成的次数来计算成绩的，做得多则成绩好，因此，它是一种力量耐力项目。

2. 场地器材

需要高单杠或高横杠，杠粗以手能握住为准。

3. 测评方法

受试者跳起双手正握杠，两手与肩同宽成直臂悬垂；在静止后，两臂同时用力引体（身体不能有附加动作），上拉到下颌超过横杠上缘为完成一次；记录引体次数。

4. 注意事项

①受试者应双手正握单杠，待身体静止后开始测试。

②在进行引体向上时，身体不得做较大的摆动，也不得借助其他附加动作撑起。

③两次引体向上的间隔时间超过 10 秒停止测试。

## （三）坐位体前屈

1. 测试意义

坐位体前屈反映的是关节和肌肉的柔韧性，柔韧性差意味着相应的关节和肌肉缺乏运动。柔韧性指身体各个关节的活动幅度，以及跨过关节的韧带、肌腱、肌肉、皮肤和其他组织的弹性和伸展能力，是一个重要的体能成分。

2. 测试器材

坐位体前屈测试计。

3. 测评方法

受试者两腿伸直，两脚平蹬测试纵板坐在平地上，两脚分开约 10～15 厘米，上体前屈，两臂伸直前，用两手中指尖逐渐向前推动游标，直到不能前推为止。测试计的脚蹬纵板内沿平面为"0"点，向内为负值，向前为正值。记录以厘米为单位，保留 1 位小数。测试两次，取最好成绩。

4. 注意事项

（1）①在身体前屈时，两臂向前推游标时两腿不能弯曲。

②受试者应匀速向前推动游标，不得突然发力。

## 三、速度灵巧类

### （一）立定跳远

1. 测试意义

立定跳远是发展下肢爆发力与弹跳力的运动项目。它要求下肢与髋部肌肉协调快速用力，并与上肢的摆动相配合，所以它也需要一定的灵巧性。

2. 场地器材

沙坑、丈量尺。沙面应与地面平齐，如无沙坑，可在土质松软的平地上进行。起跳线至沙坑近端不得少于 30 厘米。起跳地面要平坦，不得有坑凹。

3. 测评方法

受试者两脚自然分开站立，站在起跳线后，脚尖不得踩线（最好用线绳作起跳线）。当两脚原地同时起跳时，不得有垫步或连跳动作。测试者丈量起跳线后缘至最近着地点后垂直距离。每人试跳 3 次，记录其中成绩最好一次。以厘米为单位，不计小数。

4. 注意事项

①在发现犯规时，此次成绩无效。3 次试跳均无成绩者，应允许再跳，直至取得成绩为止。

②可以赤足，但不得穿钉鞋皮鞋、塑料凉鞋参加测试。

### （二）25 米 ×2 往返跑

1. 测试意义

本项目是 50 米跑的替代项目，适合场地较小的学校选测。

2. 场地器材

30 米左右跑道若干条，每道宽 2～2.5 米，地面要平坦，地质不限，跑道线要清楚。在跑道两端划两条距离 25 米的平行线，分别作为起（终）点线和折返线，并在折返线线内 1 米处插一根标杆（杆高 1.2 米以上），作为折返标志。发令旗 1 面，口哨 1 个，秒表若干块（一道一表）。秒表使用前，应用标准秒表校正，要求同 50 米 ×8 往返跑测试。

3. 测评方法

测试分组进行，每组至少 2 人，每条跑道由 1 人记录。受试者站在起跑线后准备，听到"跑"的口令后开始起跑。在折返时，受试者按逆时针方向绕过标杆，不得碰触标杆，不得串道。测试人员在发出口令的同时开表计时，当受试者胸部到达终点线的垂直面时停表。以秒为单位记录测试成绩，精确到小数点后 1 位，小数点后第二位数按非"0"进"1"原则进位，如 10.11 秒按 10.2 秒记录。

4. 注意事项

①当折返时，受试者应当统一按逆时针绕杆往返跑，以避免 2 名或多名受试者在测试过程中冲撞受伤。

②其他注意事项参见 50 米 ×8 往返跑的注意事项。

### （三）跳绳

1. 测试意义

跳绳是一项极佳的健体运动，能有效训练个人的反应和耐力，有助于保持个人的体态健美和协调性，从而达到强身健体的目的，可以测试学生的下肢爆发力和身体协调能力。

2. 场地器材

地面平整、干净的场地一块，地质不限。主要测试器材包括秒表、发令哨、各种长度的跳绳若干条。

3. 测评方法

2 人一组，一人测试，一人记数。受试者将绳的长短调至适宜长度，听到开始信号后开始跳绳，动作规格为正摇双脚跳绳，每跳跃一次且摇绳一回环（一周圈），计为 1 次。听到结束信号后停止，测试员报数并记录受试者在 1 分钟内的跳绳次数，测试单位为次。

4. 注意事项

①低年级学生参加跳绳测试时，应由教师计数。

②测试过程中跳绳绊脚，除该次不计数外，应继续进行。

# 第三章　体育运动与青少年体质健康

通过运动，青少年能够保持身体健康，提高心理素质，还能够培养社交能力、促进学业发展。因此，我们应该重视青少年运动，为他们提供更多参与运动的机会，让他们在运动中健康成长、快乐生活。

## 第一节　青少年生长发育与运动生理特点

### 一、青少年的生长发育特点

#### （一）青少年的心理发育特点

青少年阶段，作为生命旅程中一个承上启下的独特时期，标志着个体从儿童世界稳步迈向复杂多变的成人社会，其心理状态亦同步经历着由稚嫩向成熟的深刻蜕变。深入理解并精准把握这一阶段的心理发展特征，能够全面洞悉青少年内心世界、有效引导他们投身于体育运动中。

1. 智力发展显著

随着社会活动的日益丰富与生活视野的不断拓展，青少年的认知水平实现了质的飞跃，具体内容如下。

（1）形成抽象的概括能力

这一能力如同思维的放大镜，能够促使青少年超越表面现象，深入事物本质，对纷繁复杂的观察结果进行凝练与升华，从而赋予观察活动更深远的意义与价值。相较于儿童时期受限于具象思维的局限，青少年已能自如运用抽象思维这把钥匙，开启知识殿堂的大门。

（2）形成成熟的记忆力

青少年步入记忆的黄金时代。依据生理与心理发展的自然法则，他们的理解能力显著提升，记忆力也步入成熟阶段。这一时期的记忆活动更多地融入目的性与策略性，逐步摆脱了童年时期单纯的无意识机械记忆模式，转向更为高效、深刻的意义识记。这种转变不仅提升了记忆效率，也促进了知识的系统化与结构化构建。

（3）形成理论型的抽象思维能力

青少年初步形成理论型的抽象思维能力，标志着其能够跨越现实束缚，勇于提出假设并进行逻辑严谨的论证。尽管在一定程度上受限于知识与经验的积累，他们的假设构建与论证过程或许尚显稚嫩，甚至偶有偏颇，但这正是其逻辑思维能力逐步走向成熟的必经之路。面对论证结果的不确定性，部分青少年可能因投入大量心智努力而难以接受否定，展现出固执己见的倾向，这恰是其心理发展特定阶段的真实写照，也是教育引导中需关注与疏导的关键。

2. 自我意识增强

自我意识，作为个体对自身存在及其与外界环境相互关系的深刻认识与态度体现，在青少年阶段经历着显著的演变与加深。进入青春期后，青少年生活领域大幅拓宽，社会实践活动的丰富、科学文化知识的累积以及社交圈的扩大，共同促使他们对外部世界的认知不断深化。伴随这一过程，青少年逐渐认识到人的社会性本质，启动了一场内向的探索之旅，聚焦于自我内心世界，包括个性特质、道德品质等方面的自我评估，并据此调整自身的言行举止。

这一转变标志着青少年初步构建了个人的人生观与世界观框架，实现了对自我及人际关系的初步客观审视。然而，鉴于青少年发展阶段的特殊性，其自我认知体系尚不健全，易受到多方因素干扰，导致错误的自我意识形成，缺乏恰当的自我及他人评价标准。因此，关注并促进青少年心理健康，引导他们建立正确的自我意识，成为家庭、社会乃至国家不可推卸的责任与使命。

3. 性意识的觉醒和发展

性意识指的是青少年对性的理解、体验和态度，而性意识觉醒指的是青少年开始认识到两性的差别和两性的关系，以及一些关于性的特殊心理体验。青少年性意识的觉醒是一个分阶段的过程，一般有以下两个阶段。

（1）疏远异性阶段

青少年性意识的觉醒一般发生在身体进入青春发育期的时候，这一时期青少年的身体已经能够显现出性别差异，身体的变化在一定程度上激发心理上关于性意识的觉醒。面对这种前所未有的体验，青少年往往会展现出羞涩、不安、反感等心理，这一时期是青少年性意识觉醒的初级阶段，经历了性意识从无到有的变化。

（2）接近异性阶段

经过性意识觉醒初级阶段的惶恐之后，随着身心的进一步发展成熟，青少年对异性的态度从抗拒转变成向往接近。具体表现为，异性之间的吸引力会逐渐增加，接近异性的心理愿望会增强，愿意在生活和学习过程中和异性交往。这种想要接触异性的心理是正常的，是性意识进一步觉醒的体现，教师和家长不能将青少年的这种状态视为"早恋"而进行打击。

4.情感的发展与现实的矛盾

青少年的心理健康问题是全社会关注的重点问题，青少年处于不完全成熟的阶段，心理情感具有丰富、敏感的特点，这些情绪交织在一起，也构成青少年心理上的矛盾。把握青少年的矛盾心理，对于深入了解青少年发展的特点具有一定的帮助。具体内容如下。

（1）封闭心理和交往需要之间的矛盾

由于受到强烈的自尊心和"叛逆""敏感"等因素的影响，青少年轻易不愿意向别人倾诉自己真实的心理想法，再加上有些教师和家长没有及时对青少年进行正确的教育和引导，很容易导致青少年形成封闭心理。但是青少年时期是生活范围迅速扩大和实践经验迅速增多的时期，青少年往往具有很强的表达和交流的欲望。封闭心理切断了青少年交流和表达的途径，两者构成一对难以调节的矛盾。

（2）独立性和依赖性的矛盾

由于青少年时期是从儿童到成年过渡的特殊时期，所以青少年的心理上会存在渴望独立但是又难以摆脱依赖的矛盾。一方面，青少年认为自己已经成为大人，渴望更多的自主权利，希望能对自己的事情做出决策，在言行上体现出"断乳"

的愿望；另一方面，青少年无法真正独立解决一些事情，在一定程度上都还需要依赖教师和家长。独立性和依赖性的矛盾是青少年时期一种比较常见的矛盾，青少年只有朝着增强独立性减少依赖性的方向发展才是健康的发展。

（3）理想主义与现实生活之间的矛盾

青少年具有内心情感丰富、热爱幻想、对未来生活充满憧憬和希望的特点，更容易陷入理想主义之中。但是现实生活往往具有复杂性，生活和学习中的困难可能会对青少年造成沉重的打击，使青少年在理想和现实之间产生分离感，从而陷入悲观、低沉的境地，降低对生活的热情和希望。

（4）求知欲强与识别能力弱的矛盾

青少年时期是人们学习知识的重要时期，因为这一时期人们往往具有非常强烈的求知欲望。但是与强烈的求知欲矛盾的是，青少年时期人们的分辨能力比较低，青少年无法在庞多的知识中筛选出对自己的人生发展有益的部分，可能会接触到对自身有害的知识，不利于正确的世界观、人生观和价值观的形成。教师和家长一定要对青少年进行及时、正确的引导，防止青少年受到劣质文化的侵害。

（5）理智与情感的矛盾

受到荷尔蒙分泌的影响，青少年往往表现出冲动、急躁的特点，虽然他们已经具备了一定明辨事理的能力和理智的意识，但是因为心理不成熟，在处理事情的时候，往往还会让情感战胜理智，做出不合理的行为。而在事情过后，青少年能够认识到自己不理智的行为是不正确的，往往会产生后悔、愧疚等心理。

### （二）青少年的身体发育特点

1. 生长发育年龄阶段的划分与青春发育期

依据人类成长发育的自然规律与身心特征，人的生命周期被划分为若干阶段，其中少年期特指 13～17 岁，该时期正值身心发育的巅峰期，多数对应中学教育阶段（涵盖初中与高中）。性别差异自出生起便由性染色体决定，形成了男女不同的第一性征，即性的基本生物特征。随着性激素的分泌与作用，青少年进入青春发育期，出现显著的第二性征变化，标志着性腺功能的成熟与性别特征的强化，进一步凸显了男女之间的生理与心理差异。青年期则是少年向成年人过渡的快速成长期，其终点标志为个体的性成熟。

2. 青少年身体素质发展规律

身体素质，作为机体内各器官与系统协同工作的综合反映，在青少年阶段不仅随着自然生长而提高，而且可通过积极地参与体育运动获得显著的增强，为青少年的全面发展奠定坚实的基础。在探讨如何有效促进青少年参与体育活动时，核心策略应紧密围绕青少年身体素质发展的独特规律，采用科学合理的训练方法。以下是对青少年身体素质发展规律的深入剖析，旨在为相关实践提供理论依据。

（1）身体素质的自然增长

青少年身体素质的自然增长是一个自出生至大约 25 岁持续进行的生理过程，其中，青少年阶段（尤其是青春期）是身体素质飞跃式发展的关键时期。这一时期，男生大约在 15 岁，女生则在 12 岁左右，身体各项素质开始经历显著的快速增长。随着性成熟的到来，尽管增长速度逐渐放缓，但这一阶段的积累为后续的体能发展奠定了坚实的基础。

（2）身体素质发展的阶段性

青少年身体素质的发展可细分为两个主要阶段：增长阶段与稳定阶段。增长阶段又可进一步细化为快速增长期、停滞下降期（多见于女生）及缓慢增长期，这一阶段身体素质随年龄增长而逐步增强。而稳定阶段则标志着身体素质增长速率的显著减缓或停滞，甚至在某些情况下可能出现轻微下降，这是身体发育成熟后的一种自然现象。

（3）各项身体素质发展的敏感期

鉴于不同年龄段身体素质发展的差异性，识别并利用敏感期进行针对性训练显得尤为重要。敏感期是指身体素质以异常高速率增长的特定时间段，这一时期内训练效果尤为显著。一般而言，男生在身体素质的发展上拥有两个敏感期，而女生则通常经历一个。在敏感期内，通过科学合理的训练计划，能够最大化地促进青少年身体素质的全面提升，为其终身体育习惯的养成奠定良好的基础。

3. 青少年身体素质发展特点

（1）相对力量的发展特点

无论是男生还是女生，在青少年时期相对力量的增长速度都比较慢。一方面是因为青少年时期人们体重的增长速度比较快，肌肉占身体重量的比例比较低；

另一方面是因为在人体身高增长速度最快的时期，肌肉横断面增长较少，身高增长减慢时肌肉的厚度增加。想要提高相对力量，只依靠身体自身的发展是远远不够的，必须进行全面的运动锻炼，提高肌肉的重量占全身重量的比例，不断锻炼身体接受更多量度的负荷，这样身体的相对力量才能有所提高。

（2）速度力量的发展特点

7～13 岁，男生、女生速度力量的增长都非常快。青少年在 13 岁之后，男生、女生速度力量的增长速度开始发生变化，男生依旧保持着非常快速的速度增长，但是女生的增长速度开始放缓。到 16～17 岁，青少年速度力量的增长速度都开始放缓。

（3）力量耐力的发展特点

男生和女生力量耐力的发展阶段有所不同，女生力量耐力发展的黄金时期是在 15 岁之前，这个阶段女生的力量耐力是持续上升的；而男生发展力量耐力的黄金时期是在 7～17 岁，这个阶段力量耐力的发展呈现非常快速的直线上升趋势。

（4）反应速度的发展特点

男生和女生反应速度的发展具有相对一致的特点，6～12 岁是反应速度发展最快的时期，12 岁时反应速度达到人生的第一次高点；在性发育阶段，人们反应速度的发展速度稍微有所减慢；在 20 岁时，人们的反应速度会出现第二次高点。

（5）步频的发展特点

在阻力相对较小的情况下，步频的发展主要受到身体协调能力发展的影响，7～13 岁是人体协调能力发展的敏感时期，受到协调能力增强的影响，步频也在这一时期快速发展。但是 13 岁之后，儿童的步频也会呈现下降的趋势，一方面是因为此时已经过了协调能力发展的敏感时期，中枢神经系统对协调能力的控制自然减退；另一方面是因为儿童的力量有所增长，步长增加，所以步频自然下降。

（6）最高跑速的发展特点

男生、女生最高跑速增长最快的时期都是在 7～13 岁这个阶段，具体来说，男生最高跑速增长速度最快的时期是 8～13 岁，而女生是 9～12 岁。但是到了 13～16 岁这个阶段，男生、女生的最高跑速增长速度开始出现不同的特点，男生依旧维持着持续上升的趋势，而女生的增长速度开始出现不稳定的特点，一般来说增长速度会比不上男生的增长速度。

（7）协调能力的发展特点

发展一般协调能力的黄金时期为 6～9 岁，发展专门协调能力的黄金时期为 9
～14 岁。根据协调能力的发展状况，11～12 岁开始进行素质训练，这个阶段发
展力量、速度、耐力都可以取得非常有效的效果。同时，协调能力的发展又会受
到运动素质的影响，运动素质的提高对于协调能力的提高也有非常重要的作用。
一般来说，大部分人的协调能力在 13～14 岁这个阶段达到顶点，也有些人的协
调能力在 15 岁时达到顶点。运动素质发展比较快速的时期是在 18 岁左右，如果
对运动素质和协调能力的发展进行专门的练习，大概在 20 岁，运动素质和协调
能力能够发展到一种非常平衡的状态，这也是能够使运动员进一步提高运动能力，
获得更好的运动成绩的重要前提。

## 二、青少年运动生理特点

### （一）身体形态

儿童青少年的身体形态显著区别于成年人，这一差异主要归因于身体发育过
程中的两次突增期。在这一阶段，他们的体型展现出的特征：头部相对较大，躯
干较长而四肢较短，导致身体重心不稳定。同时，皮下脂肪分布倾向于四肢较多，
而躯干相对较少。10 岁后，身体发育进入第二个突增期，尤其是进入青春期后，
骨骼与肌肉的迅速增长促使身体形态发生巨大的变化。

### （二）骨骼

儿童青少年的骨骼构成与成年人存在显著差异，主要体现在有机成分上。相
较于成年人骨骼中有机物与无机物 3 ∶ 7 的比例，儿童青少年的这一比例接近
1 ∶ 1，使得其骨骼更具弹性且硬度较低。这一特性虽减少了骨折的风险，却增
加了骨骼变形的可能性。因此，在儿童青少年时期，骨骼的健康发育需得到特别
关注。

### （三）心脑血管系统

儿童青少年的心率普遍高于成年人，且随年龄增长逐渐减缓，直至 20 岁左
右趋于稳定。由于神经调节机制尚未完全成熟，神经活动的兴奋性较高，他们在

进行体力活动或情绪紧张时，常伴随心跳显著加速及节律不齐的现象。值得注意的是，尽管其每搏及每分输出量的绝对值较成年人小，但按体重计算的相对值却较大，且年龄越小相对值越大，这确保了身体快速代谢所需的充足氧气供应。这一特点使儿童青少年的心脏能够适应短时间高强度的体育活动。然而，由于儿童青少年的心脏发育尚不完善，与成年人进行相同强度运动时，儿童青少年的心率会更高，表明他们主要通过增加心率来提升心排血量。此外，青春期前儿童的血压明显低于成人，且年龄越小血压越低，这主要是由于血管发育早于心脏，导致血管内阻力较小。进入青春期后，随着心脏发育迅速赶超血管，血压逐渐上升，尤其是收缩压变化更为明显。有时可能出现暂时性血压偏高，这多与血液循环系统和神经系统体液调节的不稳定性有关。

### （四）呼吸系统

在呼吸系统方面，儿童青少年的呼吸器官组织没有发育成熟，呼吸道黏膜易受损。这一特点要求在日常生活中特别注意保护他们的呼吸系统，避免过度刺激和感染。这一阶段肺组织内弹力纤维含量相对偏少，而间质成分丰富，血管网络密集，这一结构特点使肺部在血液含量上占据优势，相对地，其初始含气量则较低。随着年龄的增长，弹力组织的逐步积累在一定程度上促进了肺容量的扩大，标志着肺部结构的成熟与功能的增强。

对于儿童与青少年而言，其肺活量显著小于成年人，呼吸频率则相对较高，这是由呼吸肌发育尚不完全、胸廓容积较小所决定的。在体育活动或体力活动中，为弥补肺活量的不足，他们往往通过加快呼吸频率来增加肺通气量，以满足身体对氧气的需求。值得注意的是，由于这一年龄段的神经调节机制尚未发育至完善状态，运动时呼吸与运动动作之间的协调性较差，尤其是在年龄教小的儿童中，这种不协调现象尤为明显。因此，引导儿童青少年学习并实践正确的呼吸技巧，对于促进呼吸器官的发育及提高运动效率至关重要。

### （五）神经系统

儿童少年的神经系统显著特征在于兴奋过程占据主导地位，且该兴奋状态容易扩散至全身，而与之相对的抑制过程则发展较慢。随着年岁的增长，抑制过程逐渐成熟，最终实现兴奋与抑制之间的平衡，这是神经系统功能成熟的重要标志之一。鉴于这一特点，在为他们设计健身锻炼方案时，应特别强调活动内容的多样化与丰富性，避免单一活动持续时间过长，以防引发神经系统的过度疲劳。

# 第二节　运动对青少年身体各系统的影响

## 一、体育运动对青少年神经系统的影响

### （一）神经系统的组成和作用

神经系统是由神经细胞（神经元）和神经胶质所组成。神经系统分为中枢神经系统和周围神经系统两大部分。中枢神经系统主要是由脑和脊髓组成，是指挥整个机体活动的"司令部"。它的最高部位是大脑皮层。脑又为大脑、丘脑、小脑和脑干几个部分。脊髓主要是传导通路，能把外界的刺激及时传送到大脑，然后再把大脑发出的命令及时传送到周围器官，起到了上通下达的桥梁作用。周围神经系统是由脑神经和脊神经组成的，由脑发出的叫脑神经，由脊髓发出的叫"脊神经"。根据传导的方向的不同，周围神经又分为两种，由中枢神经向周围传导的神经叫运动神经，由周围神经向中枢神经传导的神经叫感觉神经，凡是分布在体表及运动系统（肌肉、关节）的周围性神经被称为"躯体神经"（包括躯体感觉神经和躯体运动神经），分布于内脏、心血管和腺体的神经被称为"植物性神经"。植物性神经根据它的功能又可分为交感神经和副交感神经，两者之间相互拮抗又相互协调，组成一个配合默契的有机整体，使内脏活动能适应内外环境的需要。神经系统在人体内起主导作用，人体各器官，系统的功能都是直接或间接地在神经系统的调节、控制下完成的。人体的表面和内脏凡具有感觉神经末梢装置的部位，称为感受器，有运动神经末梢装置的部位称为"效应器"。内外环境的各种信息，由感受器接收后，通过周围神经传递到脑和脊髓的各级中枢进行整合，再经周围神经控制和调节机体各系统器官的活动，以维持机体与内、外界环境的相对平衡。内外界环境的各种刺激作用于感受器，感受器又将这些刺激传入中枢神经，经中枢神经的综合分析作出相应反应传到效应器。中枢神经的这一活动过程，生理学上称为"反射"。反射活动所经过的路线，称为"反射弧"。在生

物体内，众多反射活动同时进行，展现出高度的组织性和协调性，这得益于神经中枢内部兴奋与抑制机制的相互制约与协同作用。反射弧的核心复杂性体现在中枢神经系统的参与上，其中部分反射仅需低级中枢即可完成，而更为复杂的反射则需历经低级至高级中枢——大脑皮层的处理。神经中枢对有效刺激的反应，本质上归结为兴奋或抑制两种状态，这一基本规律不仅贯穿于大脑皮层的活动之中，也是周围神经活动的基础。因此，兴奋与抑制构成神经活动的两大基石，神经系统作为机体的主导系统，其重要性不言而喻。

### （二）体育运动对大脑神经系统兴奋与抑制过程的调节作用

大脑皮层，这一高度复杂且功能多样的结构，由形态各异、功能各异的神经细胞组成。皮层内特定区域在受到刺激时，能够激发特定的感觉体验或运动反应，这些区域分别被称为"皮层感觉区"和"皮层运动区"。在刺激作用下，部分神经细胞被激活进入工作状态，即兴奋状态，而其余未受影响的神经细胞则保持安静，即抑制状态。这种兴奋与抑制的动态平衡，是大脑皮层高效运作的关键。

人的整个大脑共分为几十个功能不同的区域，兴奋和抑制是两个相互制约又互相协调的过程，它们之间有相互诱导作用，一处大脑区域的兴奋必定会带来其他几处区域的抑制。我们日常的生活、学习或工作都是与大脑皮层的活动分不开的。比如，在我们工作时，是主管工作的那些脑神经细胞兴奋，而在锻炼时，则主管肌肉活动的那些神经细胞兴奋。大脑皮层的持续兴奋活动会导致特定区域的神经细胞疲劳，而非全局性疲劳，这体现了神经系统能量利用的高效性。作为人体代谢最为旺盛的器官之一，大脑的重量并不高，但其氧气和能量消耗却不少，甚至要用掉全身氧气消耗量的1/4，特别是对糖的需求远超其他器官，且其血流量占心脏总输出量的很大比例，维持大脑活动对心脏及血液循环系统具有重大挑战。一项有趣的实验进一步印证了这一点：当受试者平躺于天平上，做一道复杂的数学难题时，随着思维强度的增加，天平上受试者头部一侧会明显下沉，直观展示了大脑活动伴随的生理变化及能量消耗的巨大，血液会直接影响大脑的工作。这一实验不仅加深了我们对大脑工作机制的理解，也强调了保持大脑健康与活力的重要性。在持续进行脑力活动时，如学习或工作，个体常保持静坐状态，这可能导致体内其他系统（如消化、呼吸、循环）的功能未能充分响应大脑高强度活动的需求，进而引发营养供给不足的问题。特别是青少年，若学习或工作时间过长，会使大脑兴奋程度减弱、抑制程度增强，常会出现头昏、注意力不集中、思维迟缓乃至头痛等症状。忽视这一生理机制，持续过度刺激大脑，强行维持其高度兴奋状态，将可能扰乱兴奋与抑制之间的平衡，长此以往，将诱发神经细胞功能衰竭，损害大脑健康。因此，认识并顺应大脑的兴奋与抑制规律，是保护大脑健康的关键。消除大脑疲劳的策略主要包括两类：一是安静性休息，尤其是高质量的睡眠，它能广泛抑制大脑细胞的活动，促进已疲劳细胞的恢复；二是活动性休息，即通过适度的户外活动，利用大脑皮层不同区域间的兴奋与抑制相互诱导效应，实现细胞的交替休息，这种方式更加积极主动。特别地，体育运动作为一种积极休息的有效方法，其优势显著。运动能加速血液循环，增加单位时间内流经大脑的血液量，迅速补充能量物质。同时，户外活动环境中氧气含量更高，通过血液循环使脑细胞获得更充足的氧气供应，促进新陈代谢，使疲劳更快得到缓解，进而提升大脑的清醒度和灵活性，提高学习和工作效率。在锻炼过程中，大脑皮层运动区的神经细胞兴奋可触发"负诱导"效应，即加强并加速其他已疲劳区域的抑制活动，从而加速疲劳的缓解过程。面对长时间的脑力劳动所带来的疲劳，采用体育活动作为积极的休息方式，不仅能有效地缓解身心疲惫，还能促进大脑的整体健康，提升个人的工作与学习效能。在参与体育运动时，大脑经历着显著的生理变化，具体表现为与运动直接相关的脑区活跃度显著提升，而传统上关联于脑力活动的区域则经历了一种抑制性调节，这一过程实质上起到了保护的作用，防止过度兴奋对认知功能的潜在干扰。此外，体育运动还具备振奋精神的心理效应，其机制之一在于促进大脑释放如脑啡肽等神经递质及生化物质，这些物质在提升情绪状态的同时，也能促进思维活跃度和记忆能力的提升。对于青少年群体而言，运动过程中静脉血液回流的增强、心跳加速及血液循环的加快，意味着在单位时间内，大脑能够接收到更多富含氧气和营养物质的血液供应。这不仅保障了脑细胞的基本代谢需求，还在一定程度上促进了代谢废物的快速排出，从而加速了神经细胞的恢复过程，有效缓解了神经疲劳。

### （三）体育运动促进青少年神经系统功能的改善

人体的所有活动均受到神经系统的调控。这一相互作用机制意味着，活动不仅是在神经系统的指导下进行，同时也会对神经系统产生反馈效应，促进其功能的动态调整与优化。具体而言，人的运动活动完全置于中枢神经系统的监控之下，而运动本身则被视为强化神经调控效能的重要途径，它使神经系统的调节反应更为敏锐且精准。在运动过程中，运动器官的每一次动作及身体各系统的生理反应，均转化为神经刺激信号，经由神经通路迅速传递至中枢神经系统。这一过程促进了全身动作的协调一致，强化了兴奋与抑制机制的动态平衡，从而提升了神经活动的灵活性和稳定性。身体各部分的良好协作不仅增强了神经细胞的反应速度与耐力，还减少了疲劳感，确保了运动控制的精确无误。鉴于体育运动的复杂性与挑战性，青少年在进行此类活动时，中枢神经系统需迅速整合并优化各器官与系统的功能，以高效协同肌肉活动需求。比如，运动时血管收缩以保证血液重点供应运动器官，使肌肉的屈伸协调配合，能够更好地完成动作。因此，青少年的体质状况、精神活力及学习效率，从根本上讲，均依赖中枢神经系统的生理基础及其有效运作。脑神经的高效活动依赖充足的物质基础，特别是氧气与各类营养物质的供应。大脑作为氧气消耗大户，其需求量占全身的1/4，远超肌肉组织。脑动脉网络密布，确保了在安静状态下，心脏泵出的血液中有1/5被输送到脑部，以满足其旺盛的代谢需求。由于脑组织对缺氧高度敏感，故其在工作时对氧气和葡萄糖的需求尤为迫切，而这些物质则需通过血液不断输送。规律的体育运动强化了神经系统对全身各器官的调控能力，同时增强了心脏泵血功能，提高了每次心搏的血液输出量；此外，还改善了肺部功能，使肺活量增大，确保了大脑能够获取更为丰富的氧气资源。经常参加体育运动还能使肌肉内的肌红蛋白含量增加，身体可以获得更多的氧气储备，保证大脑的健康和提高大脑的工作效率，改善和提高神经系统的反应能力，大脑有了充分的血氧供应就可以使中枢神经系统及其主导部分大脑皮层的兴奋性增强，抑制加深，抑制兴奋更加集中，改善神经过程的均衡性和灵活性，提高大脑皮层的分析、综合能力，以保证机体对外界不断变化的环境有更强的适应性。此外，体育运动可以改善和提高中枢神经系统对身体内部各器官组织的调节能力，使各器官、组织的活动更加灵活协调，机体的工作能力得到提高。一般人感受外界刺激信号（如看到光或听到声音）经过大脑皮层而实现的反射活动，反应潜伏期（视觉运动反射时测定）往往需要0.3～0.5秒，而运动员只需0.12～0.15秒。运动性休息能把因疲劳而降低的视觉和听觉感受力提高 30%，因而人们在运动后感觉精神饱满，轻松愉快。适量的体育活动在促进神经细胞的健康方面也展现出显著优势。它有助于那些处于兴奋状态的神经细胞得到更彻底的抑制，从而实现更充分的休息与恢复。这一过程不仅有助于保持头脑的清醒与敏锐，还能在学习、工作等认知活动中显著提升效率，使个体能够以更加饱满的状态应对挑战。针对神经衰弱这一常见健康问题，体育运动同样展现出了积极的预防与治疗潜力。神经衰弱多源于长期高强度脑力劳动结合休息调整的不足，导致大脑皮层兴奋与抑制机制失衡，进而引发神经系统功能性下降。而规律性的体育活动能够有效地平衡大脑皮层的兴奋与抑制状态，及时缓解并消除脑细胞的疲劳累积，为大脑创造一个更加健康的运作环境。特别是对于因用脑过度而遭受失眠困扰的青少年群体，体育运动更是调节神经系统机能、改善睡眠质量的重要手段。综上所述，适宜的体育运动既是增强体质、促进健康的有效手段，又是青少年保持精神饱满、精力充沛的关键所在。它助力青少年更好地适应复杂多变的环境，成就更加辉煌的青春篇章。

### （四）体育运动对青少年神经系统的保健功能

众所周知，构成人体的基本单位是细胞，细胞集合成为不同的组织，不同的组织又组合成为体内各个器官，如脑、心、肺、胃、肠等。然而又是什么把这千千万万细胞组成的许多器官的活动组织成一个统一的整体，使他们能根据环境的变化，恰当地履行各自的功能，完成各种复杂的活动呢？比如，在篮球场上，既要求我们迅速作出分析和判断，各部肌肉要及时完成非常精确的动作，也要求我们的心脏、血管、汗腺和呼吸器官等在必要时发挥出身体的最高能力，这就是我们的神经系统。神经系统是支配人体一切活动的中枢，从神经系统的构造和形式来看，便可以知道它的功用，就是及时调节全身各部的机能来适应外界的各种情况。例如，在起跑线上，中枢神经通过感觉器官传来的消息，对外界环境作出分析，知道即将进行一次剧烈的赛跑，便立即对全身机能做了适当的安排和调整：呼吸加深加快，心跳加快加强，内脏的小血管暂时收缩，以便将更多的血液供给肌肉。一方面，运动员的耳朵高度集中地注意着情况的变化。枪声一响，耳朵立刻通过听神经把这一消息报告大脑，大脑立刻向有关的肌肉群发出号令，于是人体便在跑道上奔跑。由此可见，神经系统对体育运动具有一定的意义。另一方面，锻炼又反过来给神经系统带来很大的益处。体育运动本身常常要求身体完成一些比日常生活更为艰巨的任务，机体必须为此高度动员身体各器官系统的机能，才能适应这些任务的要求。经过长期锻炼的人，不仅肌肉发达，动作有力，而且在动作的速度、柔韧性、灵活性等方面也有显著的增强，对体力活动和脑力活动的耐受力增强，对致病因素的抵抗力和对各种外界刺激的适应力也都有明显的提高。比如，经常进行体育运动的青少年，在受到突然的寒冷侵袭时，能迅速地发生毛孔收缩、表层血管收缩和新陈代谢增加等防御反射。在炎热环境中，经过长期锻炼的人适应能力同样也很强，能迅速加强各种散热机能，如出汗、舒张表层血管提高皮肤温度，以加强热的发散。当细菌进入身体后，能够迅速动员体内各种防御机制，以保护身体免于受到侵犯。这些都是神经系统功能良好的具体表现。由于体育运动对人的身体，特别是对神经系统具有许多益处，所以医学上广泛地使用各种适宜的体育活动作为防治疾病的一种手段，特别是对于神经系统功能障碍所造成的种种疾病。

既然神经系统与体育活动有如此密切的关系，那么我们应该如何保护神经系统呢？首先必须指出，保护神经系统健康的原则，是与保护全身健康的原则一致的。其中最重要的一条就是要劳逸结合。我们知道，一切活动本身就对神经系统具有锻炼、增强的作用，但过度的劳累又难免损害它的正常功能。因此，在体育运动过程中，青少年绝不可凭一时热情而进行过长时间过度的锻炼。应该遵循循序渐进的原则，在锻炼过程中进行适当的休息调整，以利于功能的恢复。特别要强调充足的睡眠，因为睡眠是一种几乎遍及整个大脑皮层和部分皮层下神经中枢的广泛的保护性抑制。经过这种休息之后，神经系统的功能可以得到最大限度的恢复。在锻炼后做一些轻微的整理活动，采用按摩和洗温水浴等物理方法放松，有助于调节恢复神经系统的功能，也能够对神经系统起到镇静的作用。此外，保持有规律的生活制度，保持乐观主义精神，对保护神经系统也是非常必要的。

## 二、体育运动对青少年运动系统的影响

### （一）运动系统的组成和作用

运动系统是人们运动的器官，是由肌肉、骨骼和关节所组成。人体拥有600

多块骨骼肌，这些肌肉约占总体重的 40%，其中，四肢肌肉更是占据了全身肌肉重量的大部分。这些肌肉通过肌腱紧密地附着在骨骼之上，确保力量的传递与运动的实现。骨骼肌的构成颇为复杂，核心要素包括肌纤维（肌细胞）、密布的血管网络及神经组织，其中，肌纤维作为关键角色，具备独特的收缩能力。在肌纤维的分类中，存在红肌纤维与白肌纤维两类。红肌纤维以其较慢的收缩速度和卓越的耐力发挥作用，适合长时间、低强度的活动；而白肌纤维则以其高速收缩和强大的爆发力为特点，但其耐力相对有限，易于疲劳。当肌肉接收到刺激信号时，会触发兴奋反应，进而促使肌纤维收缩，这一复杂机制被概括为肌肉的收缩性，其本质是肌肉内蛋白质分子间相互作用的结果。肌腱作为连接肌肉与骨骼的桥梁，由高度致密的结缔组织、神经纤维及细微的毛细血管交织而成，展现出极高的韧性。它们不仅能够承受肌肉收缩时产生的巨大拉力，还能有效地将这股力量传递给骨骼，驱动身体的各部分进行运动。

骨骼是人体内最坚实而又具有一定弹性的部分。骨骼，不仅构成了人体的基本框架，还承载着新陈代谢、生长发育及损伤修复等多重功能。成人骨骼系统由 206 块骨骼排布而成，依据其形态特征可分为长骨、短骨、扁骨及不规则骨四种。骨骼对人体主要起着保护、支撑和运动的功能，骨围成的腔隙，保护人体的重要器官，如颅骨保护脑，胸廓保护心肺等重要器官。骨、关节构成人体的支架与肌肉连接，使人产生各种活动并具有支持人体局部和全身重量的作用。骨髓有造血功能（骨髓内的网状细胞是比较幼稚的细胞，它经过分化可以变成血细胞），骨的里面有造血细胞和丰富的血管及神经，它具有修补骨骼的能力。骨膜是骨表面上一层很薄的结缔组织膜。骨膜下面是一层结构很坚实的骨密质，骨密质愈厚，力量就愈强。在骨的内层和长骨两端是骨松质，骨松质的形态似海绵状，它是由骨小梁纵横交错，按受力方向排列，以有利于分散骨骼的受力，保持骨的坚固性。

骨与骨之间通过精细的结缔组织相连，形成我们所说的关节。依据结构与活动特性，关节可细分为不动关节、动关节及半关节，日常语境中的"关节"多指动关节。动关节的基本构造包括关节面、关节囊及关节腔。关节面，即参与关节构成的两个相邻骨面，其表面覆盖着光滑的关节软骨，多为透明软骨，它们的主要在于减少摩擦、缓冲震动，从而保护关节免受损伤。关节囊，作为一种特殊的结缔组织囊，紧密地依附于相邻关节面的周边及毗邻的骨表面，其内部复杂而精细地嵌入血管与神经结构。该结构从外至内可明确区分为纤维层与滑膜层两部分。纤维层，作为关节囊的外层屏障，主要负责增强关节的稳固性，犹如坚实的盔甲，为关节提供强有力的支撑。而滑膜层，则位于关节囊的内侧，其功能独具特色——它能分泌出一种透明的滑液，这种滑液如同天然的润滑剂，在一定程度上减小关节与关节之间的摩擦，确保了关节运动的流畅与顺滑。关节腔，是一个封闭的微小空间，是由关节囊的完整包裹与相邻骨关节面软骨的紧密贴合共同构成的。值得注意的是，关节腔内维持着一种低气压状态，科学上将其称为"负压"。这种负压状态不仅没有成为关节运动的阻碍，反而成为加固关节稳定性的关键因素之一，它通过微妙的力学机制，促使关节结构更加紧密地贴合在一起。此外，关节的复杂结构体系还包含众多辅助结构，如滑膜囊、滑膜壁、关节内软骨及关节韧带等。这些结构各司其职，协同工作，共同维护着关节的健康与功能。

**（二）体育运动对青少年运动系统功能的改善**

体育运动能够对青少年的运动系统产生良好的影响。不论人们参加何种体育活动，都表现为肌肉做功。在体育活动中，不仅要通过肌肉来完成各种动作，而且在完成动作的过程中可以加强肌肉的功能。通过体育运动，人体的肌肉可发生非常明显的变化。一方面，是肌肉组织在量上的发展，即肌纤维变粗，肌纤维数量也有增多，因而变得更加粗壮、结实；另一方面，是肌肉本身质上的改变。比如，储存氧气的"肌红蛋白"增加了，既使储存的营养物质"肌糖原"也增加了，也使肌肉里毛细血管的数量增多了。此外，通过系统的体育运动，还可以使整个神经系统对肌肉的控制能力大大提高，肌肉对神经刺激产生反应的速度和准确性，以及各块肌肉之间互相协同配合的能力，也都有很大的改进。因此，在进行任何复杂或难度高的动作中，都能做到有条不紊，能量消耗少，但能发挥出最大的运动效能。这就是我们通常所说的"节省化"，也是运动员无论在力量、速度、耐久力或灵活性各方面都远远超过一般人的原因之一。人在安静时，每立方毫米肌肉开放的毛细血管较之运动时要少，肌肉中能源物质的含量也较少。当肌肉经过一定负荷的运动之后，不仅毛细血管的口径增大，而且也大量开放"备用"的毛细血管。这时每立方毫米肌肉开放的毛细血管可增至安静时的30多倍。因此，血流量大增，使肌肉血液供应良好，新陈代谢旺盛。另外，在运动过程中，机体内产生一系列的生化反应，肌肉中的水分减少，蛋白质及肌糖原等物质增多，这就使肌肉能够得到更多、更充分的营养物质的供应，从而使肌纤维变粗。肌肉体积增大，肌肉就越有力量。通过体育运动，还可以提高神经系统对肌肉的控制能力，同时肌肉对神经刺激所产生的反应也会更加迅速和准确，使身体各部分肌肉的运动变得更加协调配合。由于肌肉结构的变化，酶的活性加强，以及神经调节的改进，导致肌肉机能提高，表现为肌肉收缩力量强、速度快、弹性好、耐力好。肌肉力量的加强对某些疾病具有一定的预防作用，如背肌软弱无力，上体就不可能保持正直，胸部呈现收缩状态，使肺部受到压迫，影响呼吸。肌肉力量的增强还能避免人体在日常活动或运动过程中由于肌肉的剧烈收缩而导致的各种损伤。经常从事适度的跑步锻炼还可以推迟老年性的肌肉萎缩和骨质退行性变化，从而保持良好的肌力和正常的脊柱外形。因此，持续进行体育锻炼的人群，其肌肉组织也比较发达，这得益于其肌肉内部毛细血管的广泛开放，在一定程度上促进了血液流动，从而确保了肌肉获得必要的营养供给，避免了因长期缺乏运动导致的肌肉萎缩现象。

人体通过规律的体育活动，能够在一定程度上改善骨骼的血液循环状况，进而增强骨组织的新陈代谢活动。这一过程使骨骼结构发生变化，具体表现为骨骼增粗、骨质排列更为规整有序。随着这些积极变化的发生，骨骼在抗折、抗弯、抗压缩等多方面的力学性能均得到显著的提升。此外，持续运动还促使韧带在骨骼附着点处形成更为粗糙、明显的结节或突起，进一步提升了骨骼承受外部载荷的能力，所有这些变化都有利于骨骼承受更大的外力。经常运动，促进了血液循环与新陈代谢加速，还使骨密质增厚，使骨骼整体变得更为粗壮。同时，骨小梁的排列在肌肉牵拉与外力的共同作用下变得更加规则有序。这种结构上的优化不仅改变了骨骼的形态，还显著提升了其机械性能，包括抵抗断裂、弯曲、压缩、拉伸及扭转等外部作用的能力，从而增强了骨骼的坚固性。

骨骼的生长发育直接决定了人体的身高，而青少年时期是骨骼生长最为旺盛的阶段，此阶段骨骼在神经系统的调控下经历着快速的生长与物质代谢过程。有科学研究表明，多种因素共同作用于骨骼的生长发育，其中，规律性的体育运动是促进骨骼增长的关键因素之一。相较于缺乏运动的同龄人，经常参与体育活动的青少年在身高上平均高出约4~7厘米，这主要归因于运动在一定程度上促进了骨骼两端软骨层的不断骨化与新软骨的生成，从而实现了骨骼的持续增长。骨骼的生长是一个持续的过程，骨骼完全骨化后，其纵向增长会停止。值得注意的是，体育运动的促进效果并非一直存在，一旦停止运动，其对骨骼的积极影响将逐渐减弱，因此我们的锻炼还应该持之以恒。

科学的体育训练体系能够在一定程度上提升关节的稳定性与灵活性，同时拓宽其运动范围和幅度。这基于体育运动要求关节具备高度的活动自由度以完成复杂的动作。此类活动通过促进关节软骨与骨密质的增厚，以及增强周围肌群的力量，从根本上加固了关节的稳定性。更重要的是，运动还提升了关节囊、韧带及周围肌肉的弹性与伸展能力，从而提高了关节的灵活性和活动幅度。具体而言，如跑步、跳跃等训练强化了关节的弹性，使经常参与体育锻炼者的关节活动范围远超常人，且具备更强的承压能力。例如，体操运动员能够自如地完成"后桥""大劈叉"等高难度动作，正是由于长期系统地训练赋予了关节灵活性与坚固性。

这里介绍一些增强人体大肌肉群的体育运动方法，具体内容如下。首先，我们应了解一些人体大肌肉群的称谓和它们的主要功能。肩关节的外面包有一块三角形的肌肉，叫作"三角肌"。这块肌肉的纤维分为前束、中束和后束。三角肌是肩部的肌肉，位于肩部皮下，呈三角形，覆盖关节，使肩关节具有屈、伸、收、展、运动功能。注意：背浅层肌位于躯干背面浅层，包括斜方肌、背阔肌、肩胛提肌和菱形肌。上臂前面有一长条肌肉，叫作"肱二头肌"，当我们一屈肘它就鼓起来。上臂后面的肌肉，称为"肱三头肌"，当这块肌肉收缩时，可使上臂伸直。

发展肩、臂、腿的肌肉群可用下述方法：

①用力推重物（挺举、卧推、俯卧提重物）：站立屈臂把杠铃、重哑铃、石担或重铁棍等器械从齐肩处举起来；仰卧时，从齐胸处举上去，反复多次。这种练习特别能发展胸大肌、三角肌及肱三头肌；与卧推的动作方向相反，俯卧在板凳上，双手把地面上的杠铃、石担或重铁棍拿起来。这种练习对发展肱二头肌、背阔肌、斜方肌特别有效。

②双臂屈伸：两臂抓住双杠或将两臂立于两桌上将身体支撑起来，一上一下地做屈伸练习，也可发展肱三头肌、胸大肌和背阔肌的力量。

③除上述练习外，俯卧撑、引体向上、爬绳、拔河、推铅球、游泳、划船、球类等体育活动均是发展肩和上臂肌肉力量的好方法。

大腿前后部的肌肉群包括大腿前面最大的肌肉，叫作"股四头肌"。当挑、抬东西时，这条肌肉紧张收缩，人才能保持站立姿势。大腿后面的肌群，叫作"股二头肌""半腱肌""半膜肌"。这几块肌肉收缩时，膝关节就要弯屈，也就是向后撩小腿等。锻炼股四头肌的常用方法是负重半蹲或深蹲、壶铃蹲跳，也可背着沙袋跳台阶，背着同伴跳跃，弓步走、深蹲跳等。练股二头肌时可以在小腿处绑一沙袋，俯卧，做"背腿"练习，也就是双腿后振练习。

### （三）体育运动对青少年运动系统的保健功能

体育运动对青少年的骨骼具有良好的影响作用。骨骼是人体内最坚固的结构，大大小小有 200 多块。骨骼对人体起着支撑、保护和运动的作用。骨骼和关节，肌肉连接起来，可以使人体产生各种活动，骨髓具有造血功能。由于骨骼的特殊功能，不但要求它有极大的坚固性，而且还要求它非常轻便。骨的构造，正合乎这种要求。骨骼之所以能承担很重的重量，并且能使人体灵活地做出各种非常精巧、复杂的运动，是由于骨的科学构造和化学成分赋予骨既具有坚固性又具有弹性。通过适当的体育运动，可以促进骨骼的发育和生长。人体在体育运动的过程中，由于肌肉对骨骼的牵拉和重力的作用，使骨骼不仅在形态方面发生了变化，而且在机械性上也得到了一定的提高。有科学研究证明，对骨骼生长发育起作用的因素很多，如经常参加体育运动则可以促进骨质增强。针对体育运动对骨骼形态与功能的影响，我们不难发现，最为显著的形态变化在于骨骼肌肉附着点处的骨突显著增大，骨密质层的厚度增加，而内部松质骨的结构则对应调整，以更好地适应肌肉施加的各种拉力与压力。这一系列适应性改造不仅增强了骨骼的结构强度，还显著提升了其对抗冲击、弯曲、压缩、拉伸及扭转等外力作用的能力，即优化了骨骼的机械性能。不同体育运动项目中骨骼所承受的负荷类型及程度各异，这些差异直接影响了骨骼的特定变化情况。以体操为例，悬垂动作促使上肢骨沿特定方向拉伸，而支撑动作则对其产生压缩效应，长期训练使上肢骨在应对压力与拉力时更为坚韧。同样，网球、投掷、击剑等运动员上肢骨的粗壮，跳远、跳高运动员腿骨的强健，以及足球运动员足部骨骼的坚实，均是其身体对各自运动项目独特负荷模式的适应。

进一步而言，体育运动对骨骼的积极影响远不止于形态变化。它积极促进肌肉的收缩与舒张活动，间接增强了消化吸收系统的功能，特别是提高了对钙等关键营养素的吸收效率。同时，运动还能有效地减缓骨骼中钙质的流失速度，维持并可能提升骨密度，是预防和治疗骨质疏松症的重要手段。骨质疏松症，作为一种因骨骼钙质大量流失而引发的疾病，表现为骨密度下降、骨骼质量减轻及骨脆性增加，显著增加了骨折的风险，尤其是长骨如臂骨和腿骨的骨折风险。鉴于骨骼主要由钙、磷和骨胶原等成分构成，其中钙质是决定骨骼密度与重量的关键因素，而骨胶原则关乎骨骼的弹性与韧性。当钙质与骨胶原的含量减少时，骨骼结构趋于疏松，弹性降低，也会既脆又硬，从而极易发生骨折。因此，针对青少年因钙质流失而出现的骨质疏松问题，科学补钙与积极参与体育运动相结合，成为维护骨骼健康、预防相关疾病的重要途径。不能期望单纯依赖钙质的补充达到根治的效果。尽管每天为身体补充了大量的钙，可是这些钙并不能完全被人体吸收进入骨骼中，补充的钙质只不过是流经人体，并没有在体内留下多少。所以在补钙的同时要注意促进钙质的吸收与转化，而适宜的体育运动可以有助于体内钙质的吸收与转化。国外的医学组织曾经对体育运动和不参加锻炼的两组人群进行过长期的对比观察实验，他们发现在同一年龄段的男性中，其中经常参加体育运动的骨密度明显高于不参加锻炼的人群。这表明经常参加体育运动可以增加骨质的密度，延缓骨密度的降低。很显然，这是因为人们在户外进行体育运动，能够获得更多与阳光接触的机会，太阳光中的紫外线可以使食物中的胡萝卜素转化为维生素 D，而维生素 D 则具有促进钙质吸收的作用，从而帮助人体将食物中的钙质充分地加以吸收与利用。

体育运动对人体关节的影响作用也是多方面的。在人体结构中，骨骼之间的连接点构成复杂多样的关节。这些关节不仅被韧带所环绕以增强其稳定性，还附着肌肉组织，后者既巩固了关节结构，又是驱动关节活动的主要力量源泉。体育锻炼，特别是涉及跑动、跳跃等动作的训练，能够显著提升关节的弹性与灵活性，使经常参与此类活动的人群相较于普通人拥有更大的关节活动范围及增强的稳固性和承压能力。这一现象在杂技等高难度技巧表演中尤为显著，一位高大的演员能够支撑数名伙伴在其身上完成复杂且力量感十足的动作，这充分展示了其关节超乎寻常的坚固性和抗压能力。

另外，通过运动提高了关节的弹性和稳固性，减小了各种外伤发生的概率。因此，经常参加体育运动的人，身体关节活动起来显得灵活、轻松、利落、有力。

但有时候为什么运动时关节会咯吱咯吱地响，或许有这样一些原因：很久没有锻炼或是停止了一段时间，在运动时关节屈伸的方向转变过猛，使关节面互相碰撞，所以发出了咯吱咯吱的声响；由于关节囊内的压力为负压（小于大气压），当关节囊在运动中被拉开时，即有回缩的趋向，在关节囊回缩时，骨关节面相撞，也会发出咯吱咯吱的响声；关节腔一般是个很狭窄的腔隙，其中有少量滑液，在运动中，关节屈伸时，关节面被拉开，由于克服关节面之间的表面张力，所以也能发出响声；关节患了某些疾病（如关节炎、关节外伤等），使两骨的关节接触面处不太吻合，或是有异物存在，或是由于撕裂的骨片未完全整复（半月板撕裂），在走路或是进行体育运动时，便发出咯吱咯吱的声响。

　　正确的坐立、站立姿势是我们生活中极为平常的活动，但是如不注意坐立、站立姿势，也会在一定程度上影响身体健康。常言道："站如松，坐如钟，行如风，卧如弓。"这说明人们自古以来就很注意保持人体日常活动的正确姿势。青春期是身体发育最旺盛的时期。在这个时期，除了要经常参加体育运动和讲卫生以外，还应注意保持身体的正确姿势，为身体的健康发展奠定坚实的基础。这是因为人体不少器官的成熟和健全都在这个时期进行的，如果养成了不良的姿势，就会在一定程度上影响身体的健康发展。

　　人体肌肉的生长与衰退与运动习惯紧密相关。肌肉在经历适宜强度的运动后，会大量消耗储存的营养物质以支持其活动需求。随后，通过合理的休息期，肌肉组织中的营养物质不仅得到迅速补充，而且往往会出现"超量恢复"现象，即补充的量超过原来消耗的量，这一过程促进了肌肉的生长与发育。因此，持续进行体育锻炼的人往往拥有更为健硕的肌肉。相反地，长期缺乏运动会导致肌肉中的毛细血管网络使用减少，血液循环减慢，进而减少营养物质的输送，肌肉因得不到充足的营养支持而逐渐萎缩。这也是"用进废退"的结果。因为肌肉具有这样的特性，我们就应该养成经常锻炼的习惯。在适当范围内，每次运动使肌肉消耗的营养物质越多，经过休息后得到的"超量恢复"也就越多。如果运动量较少，肌肉消耗营养物质较少，这样就有可能不会得到"超量恢复"的效果。但是在进行体育运动时一定要循序渐进，运动量应由小到大，切不可突然进行大运动量锻炼，以免造成机体的不适应。需要注意的是，在运动后要有适当的休息，肌肉的"超量恢复"就是在休息恢复过程中获得的。

## 三、体育运动对青少年呼吸系统的影响

### （一）呼吸系统的一般结构与功能

呼吸过程作为人体与外部环境间至关重要的气体交换机制，其核心在于向人体细胞提供新陈代谢所必需的氧气，并有效地排除在代谢过程中产生的二氧化碳。新陈代谢，作为生命存续的基石，持续消耗氧气并生成二氧化碳。这一过程的连续性依赖人体不断地从外部摄取氧气并排出体内积累的二氧化碳，否则将无法维持正常的生理活动与生命状态。

这一系列的氧气吸入与二氧化碳排出的动作过程，统称为"气体交换"，而呼吸系统的核心职能便是促成这一关键过程。呼吸系统，一个由多个呼吸器官协同工作的复杂体系，主要包括鼻、咽、喉、气管、支气管（统称为"呼吸道"）以及肺脏。这一系统通过各呼吸器官的精密配合，实现了气体的顺畅流通与交换。呼吸运动主要由呼吸肌的收缩、舒张而牵引胸廓的扩大或缩小来完成的。呼吸肌包括：膈肌、肋间肌，以及腹肌、肩带肌、背肌等。人体的呼吸系统主要包括呼吸道和肺泡。其中，呼吸道作为气体进入肺部的通道，不仅具备润湿与净化空气的功能，还通过分泌黏液与浆液来保持空气的适宜状态，尽管它本身并不直接参与气体交换。真正进行气体交换的场所是肺泡，其表面覆盖着密集的毛细血管网，且通透性很高。当血液流经肺泡时，氧气能够迅速穿越肺泡膜进入血液，而血液中的二氧化碳则反向排出至肺泡内，随后通过呼吸运动排出体外。这一肺通气功能主要依赖呼吸肌（如膈肌、肋间肌等）的收缩与舒张运动，它们通过改变胸廓的体积来影响肺内压力，从而驱动气体的吸入与呼出。在一般情况下，人体吸气肌收缩，使胸廓扩大，肺随之扩张，肺内压下降，外界气体进入肺泡，形成吸气。随着吸气肌的舒张，肺和胸廓的弹性作用使肺容积减小，肺内压升高，肺内气体被排出体外，形成呼气。气体必须经过两次气体交换才能使外界的氧气进入组织细胞，并使体内产生的二氧化碳排出体外，这两次气体交换分别是在肺和组织细胞内进行的，故称为"肺换气"和"组织换气"。在肺泡中，当静脉血流经肺泡毛细血管时，由于肺泡内的氧分压高于毛细血管内血液的氧分压，二氧化碳分压低于血液内的二氧化碳分压，所以，肺泡内的氧气进入血液，而血液内的二氧化碳进入肺泡，经肺换气后，静脉血变成含氧丰富的动脉血。在组织细胞中，由于

氧分压较低，二氧化碳分压较高，所以，当血液流经组织毛细血管时，血液内的氧气进入组织细胞，而组织细胞中的二氧化碳进入血液，组织换气后，含氧丰富的动脉血变成含二氧化碳较多的静脉血。在平常的呼吸过程中，人每次呼出或吸入的气量就叫做潮气量，潮气量用以表明呼吸的深度。一般在安静状态下，潮气量约为 500 毫升，潮气量增多或减少，表明呼吸变深或变浅。在平静吸气之后，再继续用力吸气，到不能再吸时为止，还能额外地吸进来不少空气。这额外吸入的气量，就叫作"补吸气"，约为 2 000 毫升。在平静呼气之后，再继续用力呼气，这样多呼出来的气量，就叫作"补呼气"，约为 1 000 毫升。空气经过呼吸道进入肺泡，我们把气体进出肺的过程就叫作"肺通气"。每分钟肺吸进或呼出的气量，叫作"每分肺通气量"。肺通气量的大小，等于每分钟的呼吸次数与呼吸深度的乘积；呼吸次数或呼吸深度增加时，肺通气量必然加大。一般成年人安静时每分通气量为 4～7 升。呼吸次数、呼吸深度、肺活量和肺通气量，都能反映出呼吸系统的机能。经常参加体育运动的人，这四个指标都会出现良好的变化。

在做一次最大的吸气之后，再做最大的呼气，这时能呼出的全部气量，就叫作"肺活量"。肺活量能反映肺的贮备力量和适应能力，也能反映出呼吸器官的最大工作能力，因此可作为呼吸机能的指标之一，肺活量也是少年儿童生长发育和健康水平的重要指标。肺活量等于潮气、补吸气和补呼气三者之和。肺活量的大小，与性别、年龄、身高、胸围、健康状况和体育运动有关。儿童的肺活量较小，但随着胸廓和肺的发育生长而逐渐增大。经常锻炼的人比一般人肺活量要大，训练水平高的游泳运动员甚至可以达到 7 000 毫升以上。肺活量的大小存在个体差异，如个子高和体重大的人，肺活量就大些。反之，个子小和体重轻的人，肺活量就小些。此外，肺活量的大小，与呼吸肌的力量和胸廓扩张的范围有关。在相对安静时，呼吸比较浅，而运动时呼吸深度和呼吸次数都会增加，此时就需要加强呼吸肌活动，加大胸廓扩张的能力，使大部分的肺泡得到扩张保证身体在运动时的需要。长期坚持科学有效的体育运动能增强呼吸肌的力量，扩大胸廓活动范围，使充满气体的肺泡数量增多，肺活量也会随之增大。

人体好像一个大机器，各个器官不停地工作着，各器官的工作（活动）都要消耗能量，这些能量的来源必须是在体内物质代谢过程中产生，而能源物质（糖、脂肪、蛋白质）的氧化需要不断消耗氧气才能释放出能量供给各器官活动的需要。

人处于不同的活动状态，对氧的需要量也有差异。人体需氧量的多少，一般有两种表示方式：一种是用完成某项活动所需要的氧气总量来表示，这叫作"总需氧量"；另一种是每分钟人体所需要的氧量，叫作"每分需氧量"。在安静时，人体每分需氧量在 0.25～0.3 升，运动时需氧量会增加很多。人体的物质代谢过程中实际消耗的氧量（组织细胞所需要的氧量）称为耗氧量又叫作"吸氧量"，安静时人体每分钟的耗氧量：0.25～0.3 升（与安静时的每分需氧量一致）。运动时耗氧量随着运动强度的加大而增加，但因受到循环、呼吸系统机能的限制，每分钟耗氧量的增加有一定限度，这个限度就叫作"氧极限"。

### （二）体育运动能有效地提高青少年呼吸系统的功能

经常参加体育运动的青少年，其肺活量值高于同龄人。在人体运动时，呼吸过程会得到强化，这一过程促使机体吸入更为充裕的氧气，并有效排出累积的二氧化碳，其直接后果便是肺活量的显著提升与残气量的相应减少，进而强化了整体的肺功能。参与任何体育活动的实践，都是提升肺活量的有效途径。然而，值得注意的是，不同运动项目因其独特的属性，对人体各系统，尤其是呼吸系统的影响程度各不相同。例如，游泳与划船等水上项目，由于运动过程中对呼吸节奏与力度的特殊要求，往往能更显著地促进呼吸器官机能的优化；相反地，举重等力量型项目，在提升呼吸机能方面的作用则相对较小。广泛的研究数据支持了一个普遍现象：长期坚持锻炼的个体，因身体具备较强的适应性，其呼吸模式呈现出平稳、深沉且节奏均匀的特点，且在安静状态下的呼吸频率维持在 7～11 次 / 分钟之间，远低于缺乏锻炼人群的 12～18 次 / 分钟，且女性普遍较男性每分钟快 2～3 次。进一步观察发现，若在运动过程中盲目追求呼吸频率的快速提升，反而会导致气体在呼吸道内的无效循环增加，真正进入肺泡进行有效气体交换的量却可能减少。因此，科学有效的运动呼吸策略强调需增强呼吸力量，增加呼吸深度，并适时适度地调整呼吸频率，以此显著提升肺部的通气效率，确保运动状态下肺通气量的大幅增长。具体而言，普通人在运动时的肺通气量通常可达到每分钟 60 升左右，而对于那些拥有良好体育运动习惯的人而言，这一数值能攀升至每分钟 100 升甚至更高。体育运动的益处不仅限于此，它更深层次的价值在于提升机体对氧气的利用效率。一般而言，人们在日常运动中约能利用到自身最大氧气摄入量的 60%，而经过系统的体育锻炼后，这一比例能够显著上升，标志着人体氧气利用能力的飞跃性增强。

有专家指出，相比静坐状态，健身跑等活动时的供氧量可激增 8～12 倍，这充分证明了运动在促进氧气供给与利用方面的巨大潜力。反观那些缺乏或极少参与体育活动的人群，其呼吸肌力量往往较弱，胸廓的活动范围也相对受限。相反地，持续参与体育锻炼的人，在呼吸强度增加的同时，能够动员更多的辅助肌肉群（如腹肌、肩带肌、背肌等）协同工作，从而在吸气时实现胸腔更大幅度的扩张，使呼吸动作更加有力，胸围也随之增大，整体呼吸效率得到全面提升。在深入探讨人体生理机能的提升途径时，一个显著且值得关注的现象是呼吸差的显著扩大，这一变化特指在个体从深吸气状态过渡到深呼气状态时，胸围尺寸所展现出的明显差异。这一现象深刻揭示了运动锻炼对人体呼吸系统有一定的影响。呼吸次数的增多或减少，可以反映出呼吸机能的变化。正常呼吸一般是人在安静时呼吸次数每分钟为 12～18 次，女子比男子稍多，儿童少年比成人多，如 5～6 岁的儿童每分钟约为 25 次，9～10 岁约为每分钟 20～22 次，到 14～16 岁时接近成人，每分钟可达到 18～20 次。呼吸频率与潮气量作为关键因素，直接对肺泡通气量产生影响。潮气量减少时，肺泡通气量随之缩减，加之无效腔（鼻、咽喉、支气管等不参与气体交换的体腔）的存在，实际进入肺泡进行气体交换的空气量显著减少。此时，即便呼吸频率提升，单次呼吸进入肺泡的氧量并未实质性增加。反之，潮气量增大能显著提升肺泡内的气体量，即便呼吸频率稍降，也能维持或增加肺泡通气量。锻炼习惯的差异显著影响呼吸模式：经常锻炼者，肺活量增大，安静时呼吸深长且缓慢，约每分钟 8～12 次，这种呼吸模式在减少呼吸次数的同时，提供了充分的休息时间，有助于减轻呼吸肌疲劳，避免轻度活动时出现呼吸急促或胸闷。相比之下，缺乏锻炼者呼吸多浅快，约每分钟 12～18 次，因肺活量小、换气效率低，在体力活动时易缺氧，导致乳酸等酸性代谢物堆积，即便加快呼吸也难以满足需求，进而引发呼吸肌紧张、胸闷气喘。脑力劳动者虽主要依赖脑力而非体力，但其复杂思维活动也需要大量氧气支持，因为大脑在工作的时候，脑的需氧量很大，是肌肉需氧量的许多倍，脑动脉血管很丰富，脑组织的机能代谢很旺盛，耗氧量较多，对缺氧也很敏感。因此，在大脑工作时，需要大量的氧气和葡萄糖。肺的耗氧量占全身耗氧量的 1/4，约为肌肉耗氧量的 10～20 倍。同时由于长时间伏案学习，胸部得不到充分的扩展，会使胸腔狭窄而肺活量小，稍一参加体力活动就会气喘吁吁，劳动效率也很低，并容易患肺部疾病。经常运动的人，每立方毫米血液中的红细胞比一般人多 100 万～150 万个，血液循环也比一般人快 1.8～2 倍。当血液量增多时，向大脑提供的氧气和养料也就更充足。因此，从事脑力活动的人应注意锻炼。经常参加体育运动，可以使呼吸潜力逐渐增强。这意味着能够提供充足的氧气来满足身体各器官的需要。

呼吸器官是氧气进入人体的门户，是人体与外界进行气体交换的重要场所。所以，呼吸器官机能的好坏，直接影响氧的供应。如能经常进行体育运动，不断地提高呼吸系统的机能，则可以使呼吸的节奏变慢，呼吸的深度加深，呼吸器官的功能潜力增强，从而使每一次呼吸变得更为有效，使肺活量增大。这样，身体便可得到较多的氧气供应满足身体各组织的需要，大脑也有足够的氧的供应。

总之，锻炼使呼吸器官的功能得到一定的提高，并在一定程度上提高了人体的新陈代谢，使人体的血液含氧量增多，从而使能量物质的氧化过程变得更加完善。

### （三）呼吸系统的体育保健

体育运动对青少年的呼吸器官具有良好的保健作用。在锻炼过程中，由于肌肉活动需要大量的氧气用以氧化营养物质，以供应身体活动所需的能量，同时身体在代谢过程中也会产生大量的二氧化碳等代谢产物，在这种情况下，呼吸系统必须加强工作，这也就同时促进了呼吸系统功能的加强和改善。呼吸功能的改善，主要表现在呼吸肌得到了锻炼，肺活量增大，呼吸深度加深、肺内的气体交换（氧气由肺入血，二氧化碳由血入肺）进行得更加充分。

呼吸肌的核心力量源自三大主要肌肉群体：膈肌、肋间肌及构成腹壁的重要组成——腹肌。在进行深度呼吸时，既依赖这些核心肌肉，又得到了肩部与背部肌肉的辅助。在人体活动的剧烈时刻，为了匹配更高的氧气需求，呼吸运动自然加强，这一过程不仅锻炼了呼吸肌，促进了其发育，也带动了胸部的扩张，直接导致胸围的显著增长，并拓宽了呼吸动作的幅度。对于一般人而言，呼吸差即深吸气与深呼气时胸围变化的差值，通常局限在 5～8 厘米的范围内。然而，长期参与体育锻炼的人群，能够显著提升这一数值至 9.16 厘米或更高，意味着肺部能够容纳更多的空气。进一步观察，普通人的肺活量大约为 3 500 毫升，但那些积极投入体育运动的人，其肺脏因频繁的锻炼而变得更加富有弹性，呼吸肌力量显著增强，进而使肺活量可额外提升约 1 000 毫升，呼吸效率更高。在日常状态下，多数人的呼吸模式偏向于浅快，每分钟约进行 12 次呼吸。相反，习惯于规律体育活动的个体，其呼吸节奏则呈现出深长而缓慢的特点，呼吸频率降低至每分钟 8～12 次，这不仅有助于呼吸肌获得更多休息时间，也体现了呼吸系统的优化调整。这种差别在运动的时候表现得更为明显，一般人因肺活量小，换气效率低，在参加活动时容易气喘，而经过锻炼的人却能用加深呼吸的方式来提高换气效率。

随着运动强度的攀升，人体对氧气的需要随之增加。基于这种需求，呼吸系统需通过增加呼吸频率与深度来满足氧气的快速补给。然而，值得注意的是，呼吸频率的提升存在自然极限，一般认为每分钟 35～40 次为最为高效的区间。一旦超过此范围，过快的呼吸节奏将不可避免地限制呼吸的深度，如当呼吸频率高达每分钟 60 次时，几乎每秒都需完成一次完整的呼吸周期，这样的高频率无疑会阻碍深呼吸的进行，导致呼吸变得浅表，换气效率降低，进而影响氧气的吸入与二氧化碳的排出，血液中二氧化碳浓度随之上升，氧气的浓度降低，这样就会直接影响肌肉的活动，并使锻炼者产生不舒服的感觉。因此，为了呼吸合理化，使身体在运动中能获得更多氧气，每个锻炼者应该学会深呼吸。在呼吸过于频繁的时候，要有意识地加以制止。制止的方法最好是作深呼气，因为加强呼气后，才可能吸进大量的空气，同时呼吸频率也自然会减慢下来。除了加深呼吸的深度外，还要注意把呼吸和动作配合起来。例如，在长跑时，呼吸节奏要和跑步的动作节奏配合起来，做到几步一吸，几步一呼。这样既可以避免呼吸节奏紊乱，又使呼吸深而慢，并使呼吸变得更加有效。

因此，在运动中如何有效管理呼吸方式成为一个既复杂又至关重要的议题，尤其是在长跑与游泳等长时间、高强度的运动中更为凸显。根据运动生理学的深入研究，采用口鼻并用的呼吸方式相较于单一鼻呼吸，在长跑及众多体育活动中展现出了一定的优势。虽然鼻腔在静态时能够轻松地完成呼吸，但是当个体投身于剧烈运动时，身体的氧气需求急剧攀升，迫使单位时间内的肺通气量相较于安静状态激增数十倍。这一生理变化迅速超越了鼻腔单一呼吸途径的承载能力，在此情境下，若仍坚持仅用鼻子呼吸，呼吸肌将被迫承担额外重负，再加因为上鼻腔狭窄所以空气更不容易流通，氧气的有效供给难以满足高强度运动的需求，有时其至可能影响心脏的正常运作，迅速引发全身性的疲劳状态。采用口鼻联合呼吸时，这一困境得以显著缓解。科学研究表明，通过口腔进行呼吸时，肺部的最大通气量——运动员在极限一分钟内能够吸入并排出的空气总量，相较于仅依赖鼻腔呼吸，能够提升 2～3 倍。更为值得注意的是，无论是单独使用口腔呼吸，还是与鼻腔呼吸相结合的混合模式（如口吸鼻呼或鼻吸口呼），其效果均不及纯粹的口鼻并用方式。相关实验证明，在运动过程中，口鼻协同工作不仅能够显著提升身体的运动效能，还有助于加速运动后身体机能的恢复。当然，口呼吸并非毫无弊端。相较于鼻腔，它缺乏过滤机制，无法有效滤除空气中的微粒如细菌和灰尘，同时也不能为吸入的空气提供必要的加温和湿化作用，这对于呼吸道健康而言是一种潜在的挑战。但是，只要运动时有意识地选择空气清新的地方，并有意识地在冷空气中逐步加强锻炼，还是可以在一定程度上避免这类不利因素的影响的。

在许多运动项目中运动员都伴有憋气动作，这有助于动作的顺利完成。例如，在举重中的杠铃提举、吊环十字支撑、掷铅球的终极发力、爬吊绳及排球跳起扣球等动作开展时必然会进行憋气。憋气，是人体从事体育活动、重体力劳动、排便及分娩等生理活动中不可缺少的反射性动作。一项针对举重运动员的研究揭示，当运动员面临极限重量挑战时，憋气会成为他们能否成功举起杠铃的关键因素之一。

此外，有人做过背部肌肉拉力和两手握力的实验，结果也证明在吸气时力量最小，而在憋气时力量最大。人在憋气时，胸廓和骨盆得到固定，为上、下肢肌肉的活动创造了稳固的支撑点，所以能增大肢体的力量。此外，憋气时还可以反射性地引起肌肉力量加大。但憋气如果时间长了，由于血液循环障碍引起大脑缺氧，会引起头晕。如果我们经常参加这类体育运动，并遵守循序渐进的原则，由轻到重，由易到难，逐渐使身体适应于憋气，头晕现象就不会经常出现了。

## 四、体育运动对青少年心血管系统的影响

### （一）循环系统的组成与功能

人体的循环系统是体内一系列密闭而连续的管道系统，包括心血管系统和淋

巴系统两部分。心血管系统中流动着血液，淋巴系统中流动着淋巴，淋巴最终也汇入心血管系统。

循环系统的主要功能是不断地把消化器官吸收的营养物质和肺吸收的氧气，以及内分泌器官分泌的激素等物质运送到全身各组织和器官，以满足身体新陈代谢的需要，同时又将各器官和组织的代谢产物（如二氧化碳、尿素等）运送到肺、肾和皮肤等器官排出体外，以保证人体生理活动的正常进行。

心血管系统由心脏、动脉、静脉和毛细血管组成。心脏是血液循环的动力器官，分为左右心房和左右心室四个腔。心脏是中空的肌性器官，心脏的主要功能是通过心肌的收缩与舒张推动血液循环，以满足机体各组织细胞对氧气、营养物质的需要和代谢产物的排出。心脏的左右两侧不直接相通，而心房，心室之间借房室瓣相通，右侧是三尖瓣，左侧是两尖瓣。左侧心室与主动脉相连，右侧心室与肺动脉相连。心室和动脉之间有半月瓣，左心室和主动脉之间是主动脉瓣，右心室和肺动脉之间是肺动脉瓣。瓣膜功能是保证血液在循环过程中不倒流。心脏每分钟跳动的次数称为"心率"，正常人安静状态时心率约为60～80次/分钟。心率有较大的个体差异，不同年龄，不同性别、不同生理状态下，心率有所不同。新生儿的心率较快，每分钟可达130次以上，以后随年龄的增加逐渐下降，青春期时接近成年人水平；在成年人中，女性心率略高于男性；情绪激动和体温升高时，心率会加快；在进行体育活动时，根据活动量的大小心率也会发生不同程度的加快。当心脏每次收缩时，由左心室射入主动脉的血量，称为"每搏输出量"。心脏每分钟由左心室射入主动脉的血液量为每分输出量，一般情况下的心排血量常指每分输出量，成人安静时心排血量为3～5升左右。

人体内的血管可分为动脉，静脉和毛细血管三类。大动脉的管壁厚而坚硬，管壁内含有丰富的弹性纤维，且可称为"弹性血管"，弹性血管可以缓冲血压波动，并保证心脏舒张期继续推动血液循环。小动脉管壁富有平滑肌，平滑肌的收缩可通过改变血管的口径改变血流阻力，故称为"阻力血管"。毛细血管口径小，数量多，通透性好，是血液与组织液的交换部位，被称为"交换血管"。静脉血管的口径大，管壁较薄，因此静脉又称为"容量血管"，静脉内的静脉瓣可防止血液逆流。动脉是从心室发出运送血液到全身各器官的血管，动脉在行程中不断分支，越分越细，最后延续为毛细血管。静脉是从毛细血管引导血液回流至心房的血管。毛细血管是连接小动脉和小静脉之间的细小血管，相互连接成毛细血管网，血液在此处与组织和细胞进行物质交换。淋巴系统由淋巴管道、淋巴器官和淋巴组织组成。在淋巴管道内流动的无色透明液体称为"淋巴"，淋巴器官主要包括淋巴结和脾，淋巴组织是含大量淋巴细胞的网状组织。一些不易通过毛细血管的大分子物质如蛋白质、脂肪微粒、细菌、癌细胞等可进入毛细淋巴管，毛细淋巴管汇合成淋巴管，淋巴管通过一系列淋巴结后汇合成较大的淋巴管最后汇合成两条淋巴导管分别进入左静脉角和右静脉角。因此，局部感染可引起相应淋巴结群的肿大或疼痛。血液在血管内流动时对血管壁的侧压力，这种压力就称为"血压"。各类血管均有不同的血压，但一般所谓的血压，多指动脉血压。动脉血压分为收缩压和舒张压，心脏收缩时动脉血压的最高值为收缩压，相当于100～120毫米汞柱，心脏舒张时动脉血压的最低值为舒张压，相当于60～80毫米汞柱，收缩压与舒张压之差为脉压。血液在心血管系统中不断地循环流动，保证人体各器官组织新陈代谢的进行。当心脏收缩时，泵出血液使动脉血管扩张，压力升高。这时，血液对动脉血管的压力，就叫作"收缩压"或"高压"。而当心脏收缩完毕转入舒张时，动脉管壁靠弹力回缩，使血液继续向前流动，这时血液对血管壁的压力较低，就叫作"舒张压"或"低压"。收缩压与舒张压之差，叫作"脉压"。血压的单位是毫米水银柱（即毫米汞柱），血压值在多少算正常呢？通常一般情况下正常人的血压凡超过140/90毫米水银柱的，则认为是高血压，收缩压低于75～85毫米水银柱以下，视为低血压，需找医生作进一步的检查。血压随年龄、性别而不同。儿童血压较低，但其血压会随着年龄的增长，逐渐升高。少年儿童血管弹性好，所以血压也低些。受许多因素影响，通常血压变动较大，如运动、劳动、饱食、饥饿、喝茶、饮酒、情绪激动、血压增减等都可通过神经和体液调节使血压升高或下降，经过一定时间又会恢复正常。所以，血压始终维持着动态的平衡，从而保证全身的血液供应。

血液在心血管系统中按一定方向周而复始地流动称为"血液循环"。首先，根据血液循环的路径不同，血液循环分为体循环（左心室—主动脉及其分支—全身毛细血管网—各级静脉—上下腔静脉—右心房）和肺循环（右心室—肺动脉干及其分支—肺泡毛细血管网—肺静脉—左心房）。其次，血液作为心血管系统中的流动介质，由细胞组分与液体构成，二者各司其职，共同维系着生命活动的正常运行。其中，细胞总称为"血细胞"，是血液的有形成分；而液体部分，即血浆，占据了全血容量的一半至六成，富含水分及各类生物活性物质，如血浆蛋白、无机盐、葡萄糖、激素等，这些成分共同赋予了血浆维持渗透压平衡、调控血液酸碱度、执行防御任务及体液调节等关键职能。血细胞家族中（红细胞、白细胞和血小板），红细胞数量最为庞大，它们不仅是氧气与二氧化碳的运输者，还承担着调节血液酸碱度的重任。红细胞的这一系列功能，得益于其内含的血红蛋白，这一关键蛋白质与红细胞数量紧密相连，其异常减少很可能带来贫血。相比之下，白细胞则没有颜色，体积略大于红细胞，其数量在生理状态下虽有波动，却能有效地反映机体健康状态，如炎症、进食后或特定生理周期均会引起其数量变化。白细胞可分为颗粒型（中性粒细胞、嗜酸性及嗜碱性粒细胞）与无颗粒型（淋巴细胞、单核细胞），它们协同工作，构成强大的免疫防线，负责抵御病菌、促进免疫及清除体内坏死组织。最后，血小板作为无核细胞，也称"血栓细胞"，其数量在健康成年人中稳定在一定范围内，但其活性易受生理状态影响。血小板在止血与凝血过程中发挥着核心作用，同时也为周围组织提供必要的营养与支持，是血液凝固与修复不可或缺的一环。

血液在人体内担负着极重要的工作，它是全身细胞的生命线，是各种物质的输送者，没有它细胞就不能存活下去。正常人体的循环血量，大约占人体重量的7%～8%。当然，这种比例，不是一成不变的，不仅有个体的差异，就是同一个人在不同的季节里也会不一样。一般说来，男子的循环血量比女子多，身体强壮的人比瘦弱的人多，经常进行科学适宜体育锻炼的人比不常锻炼的人的循环血量要多。人体内储血的地方，可称其为"血库"。在日常生活中，我们身体的活动量很小，消耗的能量也少，不需要太多的血液参加工作，于是多余的血液（主要是红细胞）就存在肝脏、脾脏和皮肤毛细血管网中，以备不时之需。当我们进行运动时，肌肉的活动量增加，能量的消耗也大大增多，于是需要有大量血液参加工作，当我们运动结束后多余的血液又回到"血库"储存起来。

**（二）体育锻炼对青少年循环系统功能的改善**

经常进行体育锻炼可使青少年心肌细胞内蛋白质合成增加，心脏的容量及心脏的直径增大，将这种增大称为"运动性心脏"或"心肌营养性肥大"。心脏运动性肥大的原因，是因为经常的锻炼使心肌进行经常性的收缩，同时由于血压升高冠状动脉（供应心脏本身血液的血管）舒张，增加了冠状动脉循环的血流量，心脏的氧气和营养物质得到充分供应的结果。锻炼使心肌纤维变粗，心容积增大，收缩力增强，这些对维持心脏的高工作能力，有一定的作用。由于心肌增厚而收缩有力，每次输出的血液增加，因而，在安静时心跳次数减少。正常人安静时心跳频率，每分钟约为65～75次，经常锻炼的人心跳频率比一般人要慢，每分钟约50～65次，有些专业运动员的心跳频率会更慢。运动性心脏其心跳频率的减少，实际上就增加了心脏的休息时间。例如，一般人心跳频率75次，每个心动周期（一次心脏跳动的时间，包括收缩期和舒张期）为0.8秒，其中心室收缩为0.3秒，心室舒张为0.5秒，而经常锻炼的人，心跳频率为50次，每个心动周期为1.2秒，一般心跳变慢时心室收缩并不延长，仍然为0.3秒，而心室舒张却增加到0.9秒，因而延长了心脏休息时间。经常锻炼的人，在安静时心跳频率虽然减少，但是每分钟从心脏射出的血液量却不低于一般人，仍然保证机体的血液供应，在轻度活动时，主要靠每搏输出量来提高心排血量，心跳次数增加不多。而缺乏锻炼的人，由于心肌力量弱，则主要靠加快心跳频率来提高心排血量，稍一活动就会出现心跳、气急现象，容易疲劳，不能长时间地保持旺盛的体力。如果活动加剧，心跳每分钟增加到160～180次就会感到难受，出现脸色苍白，甚至恶心，呕吐等现象。而经常锻炼的人在剧烈活动时，心跳每分钟可增加到200次以上，每搏输出量可达150～200毫升，每分钟输出量可由安静时的4.5～5.5升，增至40升左右，心脏作为生命的泵机，其收缩力度的增强是心血管系统高效运作的关键。当心肌强健有力地收缩时，它能更有效地将血液泵送至全身血管网络，显著提升心脏的每搏输出量——每次心跳所泵出的血液量。这一过程不仅意味着心室在收缩后能近乎完全排空血液，导致心室内压力骤降，同时伴随着心肌纤维的适度拉伸，为下一次更为有力的收缩蓄势。长期规律的跑步锻炼，如同一剂强心针，逐渐扩大心室容积，为心脏收缩前预备了更为充裕的血液储备。因此，在锻炼者的每一次心跳中，都能输出比普通人更多的血液，这些是缺乏锻炼的人所达不到的。可见经常锻炼者的心脏活动潜力很大，它能适应时间长，强度大的活动。科学研究表明，运动员的心脏不仅形态上较常人更为发达，体积增大，且在功能上也展现非凡：在静息状态下，他们的心率较低，而每搏输出量则显著增加，这使他们能够迅速适应剧烈运动的需求，同时运动后心率恢复速度也更快。具体而言，普通人在安静状态时每分钟约泵送 5 000 毫升血液，而在剧烈运动时可提升至 20 000 毫升；而受过专业训练的运动员，其峰值可达惊人的 35 000 毫升每分钟。这一生理现象深刻揭示了体育锻炼如何深刻重塑心脏功能，使之在无论静态还是动态环境下，都能以更高的效率满足机体代谢的严苛需求，确保身体机能的持续优化与提升。

血管是供血液循环的通道。在血液循环的过程中，除心脏是一个动力器官外，还必须由血管连成循环路径来实现血液循环的功能。血管分动脉管，静脉管和毛细血管，它分布于全身。血压是血液对血管壁的撞击所引起的侧压。经常进行体育锻炼，中枢神经系统对血液循环器官的调节机能得到一定的改善，使动脉血管弹性增强，减小了小动脉管的紧张度，血流的外周阻力减少，一般人在安静时的血压介于 100～120/60～80 毫米水银柱，而经常锻炼的人比一般人可低到 85～105/40～60 毫米水银柱。由于运动时肌肉有节奏的收缩和放松，呼吸较深，胸内负压较大，这些因素都能加快静脉回流，如安静时血液沿体内循环一周为 18～20 秒，而运动时体内循环时间可缩短到 9～10 秒。一方面，不经常参加锻炼的人则不同，他们的心脏在很快的心跳频率下，心肌收缩力反而减弱，每次输出量增加不多。另一方面，不经常参加锻炼的人，活动着的肌肉中的血管开放不完全，末梢阻力增加，心脏每次射出的血量不能在很短时间内流出大动脉，动脉壁回缩受到阻碍。因此，不经常参加锻炼的健康人，收缩压为 100～120 毫米汞柱，而经常锻炼的人收缩压低到 85～105 毫米汞柱，血管弹性增强，可以减少血流阻力，提高血流量有利于血液循环。随着年龄的增加，人的血管壁弹性会逐渐下降，因而易引起高血压等疾病。适度的锻炼可以增加血管壁的弹性，可以预防或缓解高血压症状。长时间小强度的跑步锻炼可使人体安静时心率减慢，这种现象称为"窦性心动过缓"。窦性心动过缓现象被认为是机体对体育锻炼的适应性下降，可使心脏有更长的休息期，以减少心肌疲劳。经常进行锻炼的人，发生高血压病的比较少。这是因为通过肌肉活动对大脑皮层的影响，使调节血管收缩和舒张的神经中枢活动更加协调。在锻炼过程中，肌肉收缩产生一些化学物质（三磷酸腺苷等），这些物质有扩张血管的作用，从而使血压适度有所下降。因此，适宜的体育锻炼有预防高血压病的作用。冠心病是目前常见的多发病，随着人年龄的增长（但也不限于老年人）该病发病率不断增高。引起冠心病的主要因素有肥胖超重、高血压、高血脂等。体育锻炼可以促进人体新陈代谢的过程，增加纤溶酶的活动，以防止血栓的形成。所以，体育锻炼是保持正常血压，克服胆固醇过高的有效方法，它有助于预防心血管系统疾病的发生。心血管疾病是当今世界上危及人类生命的头号杀手，体育锻炼既可以预防心血管系统的疾病，也可以作为治疗的一种手段。有大量研究表明，参与有规律的体育锻炼可以显著地降低心血管病形成和发生的危险性。冠心病的发生，一般是由于冠状动脉内膜受损、血脂沉积、血管内皮增生、冠状动脉粥样硬化，致使冠状动脉管腔狭窄或阻塞。由于冠状动脉粥样硬化的进一步发展，容易引起栓塞，导致心肌严重缺血，从而引起心肌局部坏死。适当的体育锻炼，促进了人体的新陈代谢，增加脂肪消耗而不积存，加强纤溶酶的活动，有利于冠状动脉扩张和侧支循环的形成，这都有助于控制动脉粥样硬化的进一步发展，改善心肌供氧状况，也有助于冠心病患者心脏功能的改善。无论是高血压患者或冠心病患者，适当的体育锻炼是非常有益的，但关键在于锻炼要适度，必须把握好运动锻炼量。适宜的体育锻炼也有益于糖尿病的预防与糖尿病患者的治疗，糖尿病的特征之一是人的血糖水平很高，科学的体育锻炼能控制血糖水平，降低糖尿病发生的可能性。

体育锻炼对红细胞数量的积极影响显著，尤其体现在能够有效提升原本红细胞数量偏低人群的红细胞数量。有科学研究表明，长期参与体育锻炼的运动员及个体，其红细胞数量相较于普通人展现出明显的增加趋势。需要注意的是，红细胞的数量增长过多也并不是件好事，过度增多反而会加剧血液黏稠度，增加心脏的工作负荷，影响身体健康。因此，体育锻炼调节了红细胞数量的平衡，既促使偏低者回归正常水平，又避免了过量增长带来的潜在风险。谈及机体抗病能力，其关键在于白细胞的数量及活性，尤其是淋巴细胞这类在免疫防御中扮演核心角色的细胞群体。有研究显示，科学合理的体育锻炼能够有效提升白细胞的总数及功能活性，特别是促进淋巴细胞数量的增长，这对于强化免疫防线，预防并抵御疾病侵袭，具有不可替代的价值。

人体作为一个错综复杂而又具有高度精密性的有机体系，其内部各系统协同运作，共同维系着生命的延续。若将中枢神经系统喻为全身的总指挥，运动器官（肌肉与骨骼）视为行动的执行者，那么心血管系统则无疑是连接一切的运输命脉。这一系统，由心脏这一不竭动力源与密布全身的血管网络共同构筑，宛如生命的输油管道，持续不断地为机体输送着生命的能量。心脏，这台人体内的"发动机"，永不停歇地搏动，推动富含氧气与必需营养物质的血液穿越各级血管，滋养全身每一个细胞，同时将保障了代谢组织废物细胞如新陈代谢二氧化碳、尿酸引导它们前往汗腺、肾脏及膀胱等排泄器官，最终将这些废弃物与毒素排出体外，维护机体内环境的清洁与平衡。心血管系统，这一精妙的人体循环系统，不仅确保了氧气与养分的广泛分布，满足了组织器官新陈代谢的迫切需求，还高效处理了代谢废物的清运工作，维护着生命的和谐与稳定。其重要性不言而喻，是维系人体健康运转不可或缺的关键所在。

心脏是血液循环的动力器官，其主要的功能是将血液泵出流向身体各处，每个人的心脏都在不停地跳动以保证血管里的血液周而复始地流动，只有这样血液才能在人体内循环流动并向全身输送营养物质和氧气并带走身体内的代谢产物，以维持人体的正常活动。心脏是怎样跳动的呢？心脏是受神经、体液和心脏本身的特殊传导系统调节的，由神经、体液和心脏本身的特殊传导系统传来的刺激信息引起心房、心室收缩和舒张，就产生了心跳。心室收缩的时候，瓣膜开放（心室与动脉交界有瓣膜），血液被迅速泵入动脉，动脉管壁因而膨胀。当心室舒张时，瓣膜关闭，泵血停止，动脉管壁由于弹性而回缩。动脉管壁的膨胀和回缩产生搏动，这种搏动还能迅速地向外周动脉传播下去。通常，把这种动脉管壁随着心脏的舒缩而出现的搏动，叫作"动脉脉搏"，在身体表浅处的动脉上都能触摸到脉搏，常用的是桡动脉脉搏，这与中医脉诊的部位是一致的。在正常状态下脉搏次数与心跳是一致的，成人脉搏频率平均每分钟约为 72 次，女子比男子多些，青少年比成年人多些。经过体育锻炼的人，心的收缩力增强，心跳（或脉搏）次数可减少到每分钟 60 次以下。训练水平高的长跑运动员，心跳次数甚至为每分钟仅有 36 次。影响脉搏的因素很多，如年龄、性别、气候、运动、精神状态等都会导致脉搏的改变。

科学的体育锻炼对人体各器官、系统具有积极的影响作用，对心血管系统更是如此。经常进行体育锻炼能提高心血管系统的机能。例如，经常从事长跑、足球、篮球、滑冰或游泳等运动项目的锻炼，能使心血管系统的机能得到明显增强，使心肌变得肥厚，心跳舒缓和血压降低。经常参加体育活动的人，由于长期的锻炼，心脏肌肉会逐渐发达变得粗壮有力，在 X 射线透视下，可以看到这种心脏比一般人大些，外形圆满，搏动有劲。这种心脏肥厚的现象，人们将其称为"运动员心脏"。为什么运动员中心脏肥大的人那么多呢？原来运动员在反复参加体育运动时，他们的身体在神经系统的支配下，肌肉的活动加强了，开放的毛细血管比平时多得多，从而肌肉能得到充足的血液，带来更多的养料和氧气，使肌肉逐渐发达起来。一般人肌肉重量只占体重的35%左右，而举重和体操运动员的肌肉能占体重的50%左右。经过锻炼，使肌肉长得丰满、结实、富于弹性，并且工作耐久，不易疲劳。经常参加健康体育锻炼的人，其心脏肌肉由于供应心肌血液的冠状动脉循环机能改善，同身体其他部位的肌肉一样可以得到锻炼，也可以慢慢地变得结实和粗壮，心壁渐渐增厚。大家知道，运动时心脏必须供给肌肉及其他器官大量血液。日常生活中，心脏每分钟只输出5升左右的血液，而运动时输出量会大大增加，剧烈运动时甚至可以达到40多升。运动员的心脏为了保证运动时能充分供应血液，就必须增加每搏输出量。为了适应这种要求，心肌的收缩力和舒张能力不断地加强，心脏逐渐肥大起来。人们通常把这种肥大的心脏叫作"运动员的心脏"。这是人体各个器官适应运动需要的一种良好现象。一个健康的人在安静时心脏每收缩一次所搏出的血量（每搏输出量）约为50～70毫升，而一个经常参加锻炼的人的心脏每次可以排出更多的血量。比如，在安静状态下每分钟心脏搏出4.5升血液就足够全身代谢活动需要的话，如果一个健康的人每搏输出量为60毫升，则心脏每分钟要搏动75次，而如果是一个运动员，每搏输出量为90毫升，则心脏只搏动50次就够了。这样就大大减少了心脏的工作量。运动员和一般不常参加锻炼的人在进行同样的工作时（如以每分钟180步的频率慢跑3分钟时），运动员在运动后的脉搏、血压增加较少，恢复也较快，只需2～3分钟便可恢复；而一般人运动后脉搏、血压变化较大，恢复也慢，往往超过5分钟。这些都说明经过锻炼后，人的心脏机能可以得到发展提高。脉搏、血压、心排血量都可表现出最大的机能能力，由于经常的体育锻炼，运动员出现的心跳缓慢而有力的现象（每分钟低于60次以下）在运动医学上称为"心搏徐缓现象"。运动员在多年的体育锻炼的影响下，改善了中枢神经系统对心脏血管系统的调节机能，增强了迷走神经的紧张性，动脉血压也会相对降低。心脏血管系统机能提高，心肌肥厚有力，心搏徐缓，心脏的休息时间相应增多，因而工作可以更加持久，为参加体育运动提供了雄厚的机能潜力，能在参加极其剧烈的运动时，充分发挥出较高的体能。因此，一个经常从事体育锻炼的人，其精力应是很充沛旺盛的，具备承受繁重工作的潜在能力。

　　人体在运动时，身体各部分肌肉所需要的营养要增加，代谢产物相应也增加。为了满足身体活动的需要，通过神经系统的调节作用心脏的跳动加快和加强。经常参加锻炼的人心肌比一般人肥厚，这是因为进行体育锻炼时心肌经常强力收缩的结果。心肌增厚，标志具有很高的工作能力。所以在进行运动量不大的运动时，心跳次数和血压的变化很小，心脏每次收缩后的间歇也很充分，心脏可以得到足够的休息。而不常锻炼或从事体力劳动的人，偶尔参加甚至是一般的运动或劳动时也会出现心跳加快，血压明显升高的现象。心肌休息的时间显著减少，容易引起疲劳。有体育科学研究证明，一般人和长期坚持体育锻炼的人，在运动时心脏的活动情况是不一样的。其主要区别是，长期坚持体育锻炼的人在安静时心跳较慢，而每搏输出量较多，在运动时心跳频率增加得不如一般人那样明显，但输出的血量却很多。在进行剧烈的运动时，经常锻炼的人比一般人脉搏、血压变化大且恢复快。一个平时很少参加体力劳动或体育锻炼的人，偶尔进行体育活动或体力劳动时便感到很吃力，心跳气喘，血压升高，脉搏次数增多，而一个经常锻炼或参加体力劳动的人则可以从容不迫。这主要是两个人的心脏工作能力不同，因而产生了两种完全不同的结果。经常从事体育锻炼，会引起人体各器官的结构与机能发生适应性的变化，从而使各器官系统蕴藏下很大的潜力。当进行激烈运动时，这种潜力就能很快发挥出来，而在安静状态时，人体生理过程又有"节省化"现象，各器官的机能活动都维持在最小的范围内。例如，有锻炼的人在安静时脉搏次数减少，心动徐缓，血压降低为85～105/40～60毫米汞柱，出现低血压状态。所谓"节省化"现象，就是各器官机能活动小，物质和能量消耗少，并且又能充分保证人体活动的需要。经常锻炼的人各器官系统都储藏有较大的潜力，在进行激烈运动时，其机能反应非常明显，能达到一般人所不及的程度。这说明常锻炼的人其心脏功能很完善，心缩力强，血管舒张很充分。每搏输出量可增至150～200毫升，每分钟输出量可比安静时增加七倍以上，达到45～47升，能完成一般人力所不及的运动活动。当运动停止后，各器官的机能在很短的时间内即能恢复到正常状态。而一般人在运动时，脉搏、血压都增加得不那么明显，但是恢复的时间却很长，这表明各器官机能水平较低。经常锻炼的人和不锻炼的人，心血管系统机能水平如此显然不同。所以说经常进行适宜的体育锻炼是提高心血管系统机能有效的方法。

有科学研究表明，合理适度的体育活动对青少年血管系统的优化具有显著效益。先运动时，血管积极工作，通过增强收缩与舒张功能，促使血管腔径扩张，有效增加了单位时间内血液流通量，进而提升了整个血液循环的效率。这一生理变化不仅促进了毛细血管网的扩展，确保了血液能够顺畅抵达身体各组织细胞，为它们提供必要的氧气与养分，还加速了组织代谢废物向排泄系统的输送，有助于体内环境的清洁与平衡。血液循环的改善直接关联到肌肉耐力的增强，因为它确保了肌肉在持续活动中能持续获得充足的氧气与能量支持，从而减缓疲劳感的产生。针对心脏而言，体育锻炼强化了心脏周边的血管网络及血液循环，为心肌细胞带来了更为丰富的氧气与营养物质，这对预防心血管疾病、遏制动脉硬化进程及辅助控制高血压等方面均展现出积极作用。

## 五、体育锻炼对青少年消化系统的影响

### （一）消化系统的组成和作用

人体生存所需的基础营养物质必须通过消化系统的消化吸收才能被人体利用，消化系统的功能是消化食物、吸收养料、排出废物。人体在整个生命活动中，除了需要和环境进行气体交换外，还必须不断地从外界吸取营养，以供新陈代谢的需要。消化系统的健康是人体健康的基础，是人体新陈代谢正常进行的保证。消化系统由消化管和消化腺两部分组成。消化管包括口腔、咽、食管、胃、小肠（十二指肠、空肠和回肠）和大肠（盲肠、阑尾、结肠、直肠和肛管）。消化管（除口腔外）由内向外分为黏膜层，黏膜下层，肌层和外膜四层。消化管的运动起着接受食物，将食物磨碎、搅拌，使食物与消化液充分调和，并不断向消化道后段推送，将此过程称为"物理性消化"。消化腺有唾腺、胃腺、胰腺、肝脏、肠腺等，分泌各种消化液。在消化液中主要含有各种消化酶，将食物中的糖类、脂肪、蛋白质水解成可以吸收的简单物质，此过程称为"化学性消化"。食物在消化管内进行分解的过程为消化食物经过消化后透过消化管壁进入血液循环的过程，称为"吸收"。消化过程是通过神经和体液的调节，而消化的各环节无不受大脑皮层的管理，大脑皮层在消化过程中，同其他系统的活动一样，占有主要的地位。

### （二）体育锻炼对青少年消化系统的良好作用

体育锻炼可以增强消化系统的功能。人体运动时体内的代谢活动加强，需要消耗体内的能量，肌肉组织细胞对营养的需要量增大，需要补充更多的营养物质。这就需要消化器官加强功能，更好地吸取食物的养料，以满足机体的需要。为满足摄取营养物质的需要，消化系统要充分动员起来刺激胃肠蠕动加快，促使脾、肝、胰等消化腺分泌出更多的消化液，因为吃进去的食物中的营养物质是不能直接被人体吸收利用的，食物中的大分子营养需经消化系统酶解为小分子后，方能被人体吸收。体育锻炼通过加深呼吸、增强膈肌与腹肌等周边肌肉的收缩与舒张，间接地对肠胃产生了类似于按摩的效果，促进了食物的搅拌与排空过程，提高了消化吸收的效率。这一过程不仅优化了营养物质的吸收利用，还确保了体内物质代谢的顺畅进行。

体育锻炼是预防和治疗消化系统疾病的积极手段。人体健康状况在一定程度上往往受消化系统功能的影响，大多数体弱多病的脑力劳动者一般都同时患有消化系统疾病。这主要是一方面由于体力活动少，能量消耗不大，消化系统机能退化，另一方面由于脑力劳动对消化系统正常功能有明显的抑制作用，长此以往，若不设法调节治疗，人的消化吸收机能下降、功能紊乱，人体不仅得不到必要的营养，而且使人深受胃病、消化不良等疾病的困扰。消化吸收工作并非孤立运作，而是受到中枢神经系统的精细调控，其中大脑皮层的作用尤为关键。情绪状态如抑郁、焦虑或过度紧张等，可直接影响消化液的分泌与肠胃蠕动，进而影响整体消化功能。中国医学也强调情志精神对脏腑的影响，如"思伤脾"即揭示了抑郁情绪对脾胃功能的负面作用。而体育锻炼，作为一种积极的情绪调节手段，通过促进身心放松与愉悦，有助于改善情绪状态，从而间接维护了消化系统的健康运作。心境的愉悦状态显著削弱了焦虑与抑郁情绪，并借助大脑皮层的调节机制，促进了脾胃功能的优化与提升。同时，规律性的体育活动能够有效地调控消化液的分泌量，确保其在适宜范围内波动，这对于预防溃疡性疾病的发生具有积极作用。进一步研究表明，体育活动不仅针对胃溃疡、十二指肠溃疡等常见消化系统疾病展现出显著的防治效果，还对缓解胃下垂等健康问题展现出独特价值。胃下垂的成因可归结为腹部肌肉与韧带因无法充分支撑胃的重量而出现的松弛现象。通过参与体育锻炼，特别是针对腰腹部区域的训练，能够显著增强肌肉的力量与韧带的伸缩性，进而强化对胃部的悬垂与固定效果，是治疗胃下垂的一种有效手段。此外，体育活动还促进了腹肌及盆腔肌肉的强化，这有助于维护腹腔内消化器官的正常解剖位置，并加强了消化道平滑肌的功能，提升了整体消化效率。

**（三）体育锻炼有助于青少年消化系统的健康发展**

定期进行适度的体育锻炼，对于促进青少年消化系统的强健功能具有显著效益。消化系统，尤其是胃肠系统，作为我们体内转化复杂食物为简单、易吸收营养物质的核心工厂，其高效运作是维持机体新陈代谢不可或缺的基石。锻炼过程中，肌肉细胞对营养物质的需求加剧，这一生理需求驱动消化系统加速运转，消化系统能力的好坏对于我们身体的健康有着重要的作用。

体育锻炼期间，伴随着呼吸的加深与加快，膈肌与腹肌等关键肌群经历了更为剧烈的收缩与舒张循环。这一系列动作不仅强化了呼吸功能，还因其紧邻胃肠器官，通过物理性的"按摩"效应，有效地刺激了肠胃的蠕动速率，促进了食物的消化进程。膈肌的上下大幅度运动与腹肌的活跃，更是激发了肝脏、脾脏、胰脏等消化腺体的活跃性，促使它们分泌更多消化液，这些消化液如同催化剂，加速了食物分解为可吸收营养物质的过程，进一步优化了消化系统的整体效能。同时，为了满足肌肉活动的能量需求，肠胃系统不得不加强其消化能力，这一过程直接导致消化液分泌增多，消化管道蠕动变得更为频繁，并伴随着肠胃区域血液循环的显著改善。这些生理变化协同作用，确保了食物的高效消化与营养物质的充分吸收，为身体各部位提供源源不断的能量支持。综上，由于体育锻炼对肠胃有这样明显的良好作用，能增进人的食欲，使消化能力得到提高，因此有不少人采用体育锻炼来治疗消化不良等病症，并取得了一定的疗效。当然，患者如果采用体育疗法治疗胃肠道的某些疾病，应该在医生的指导下进行，否则会适得其反。如饭后立即进行剧烈运动或运动强度与量控制失当，反而可能适得其反，对胃肠消化功能造成不利影响。因此，合理安排运动计划，尽量避免上述不利因素，是确保体育锻炼积极效果的关键。

适度的体育锻炼还是增强肝脏功能的有效途径。肝脏作为体内重要的能量储存库，其内储存的肝糖原是应急时刻的重要能量来源。当运动引发能量需求激增，肌肉与血液中的糖分供应不足时，肝脏便能够及时释放肝糖原，确保肌肉获得持续的动力支持。充足的肝糖原储备，不仅是运动持久性的保证，也是身体应对各种挑战时能量稳定供应的基石。运动期间体内糖这一关键能源物质的消耗量急剧攀升。这一生理需求促使肝脏积极响应，通过释放大量储备的肝糖原来满足能量供给，此过程不仅加速了肝脏代谢活动的进程，还无形中促进了肝脏机能的训练与提升。值得注意的是，经过系统训练的运动员，其肝脏内糖原储备量远超过常人，且能在运动时更为迅速且高效地输出，这成为他们运动表现优异的生理基础之一。

　　肝糖原的角色远不止于此，它还是肝脏健康的守护者，具有保护肝脏免受损害的重要作用。正是基于这一认识，医生常建议肝病患者适当增加糖类摄入。运动员展现出较高的肝脏功能水平，这直接关联到他们增强的疾病抵抗力。尤为显著的是，规律运动的人群在调用肝糖原以供能时，展现出更为高效的能源利用模式。肝脏，作为关键的消化腺体，其功能的强化通过体育锻炼得以实现，进而促进整个消化系统的高效运作，优化食物消化过程。这一连锁反应强调了运动对于促进肝脏健康，乃至提升个体整体运动与劳动能力的积极作用。但是肝脏疾病患者需审慎对待运动。在肝脏疾病的急性期，肝细胞受损，此时过度运动可能加剧肝脏负担，加速病情恶化，因此应避免参与体育锻炼。而对于慢性肝炎患者，适度、在医生指导下参与的体育活动，则是增强体质、提升免疫防线、加速康复进程的有效途径。

### （四）消化系统的体育保健

　　在运动后，不宜大量饮水。人在进行剧烈的运动时，特别是在炎热的夏季，往往由于出汗很多，常使人感到格外口渴。有些人只图一时痛快，在运动之后大量饮水，这是不可取的。在人体运动过程中，胃肠道血管会经历显著收缩，导致血液供应暂时性地向运动肌肉集中，以满足其营养需求和促进废物排泄。这一情况下，若即刻大量饮水，由于胃肠道血管收缩引发的吸收功能减弱，水分易在胃肠道内滞留，引发胃部不适感及膈肌活动受限，进而影响呼吸顺畅。运动结束后，心脏负荷得以减轻，应给予充分休息时间。此时若急剧饮水，被胃肠道吸收的水分将增加循环血量，无形中加重心脏负担。此外，汗液排放伴随盐分损失，若运动后仅大量饮水而未补充盐分，进入体内的水分将迅速通过汗液再次排出，伴随更多盐分流失，导致体液盐浓度失衡。体液盐浓度降低会触发机体调节机制，促使更多水分排出以维持平衡，形成出汗增多、盐分和水分进一步耗损的恶性循环，加剧口渴感。这样循环下去，即使喝了很多水，也还不能解渴，却能使汗出得更多。因此，针对运动后强烈的口渴感，建议先采用漱口方式湿润口腔黏膜，减少不适感，并辅以有意识地克制。随后，应逐步、少量地饮用淡盐水，避免一次性大量饮水，以便身体逐步、有效地恢复体液平衡。此方法不仅有助于缓解即刻的口渴，而且能够促进身体的全面恢复，预防因不当饮水导致的健康问题。

当然运动时唾液分泌减少还有其他多种原因。人体在运动时血液的分配情况发生了改变，由于身体运动的需要，大部分血液供应活动的肌肉、心肌和大脑，而其他器官（如消化、生殖器官等）腺体（包括唾液腺）的血液供应相应就减少了。需要的是，运动时交感神经系统兴奋占优势，使唾液分泌量减少，唾液变浓，因而使人感到喉咙发干、口苦。此外，由于运动时呼吸活动加强，致使口腔中水分迅速蒸发，这也是喉咙干、嘴发苦的原因。这种现象在运动后漱口，喝一些水，再经过短时间休息，很快就会消失。

饭后或运动后大量进食冷饮是不可取的。饭后或运动后大量进食冷食，首先会伤及肠胃。因为此时血管突然收缩，使供给肠胃的血液突然减少，致使人体的消化受到阻碍。其次，消化液必须在一定的温度下才会产生作用，如果胃肠道突然受到冷刺激，胃肠道温度突然降低，它的能力也随之下降，造成食物难以消化，长此这样就会导致胃肠道的疾病。人在运动的时候，由于营养物质的消耗，会产生大量的热，这个时候体温比平常高，有时可以达到39℃。这是一种生理性的体温升高，对身体并没有什么害处。在运动后休息的时间里，体内热量就会逐渐向外散去，体温也会渐渐恢复正常。如果由于运动后人体体温的升高，身体大量排汗，身体感到又热又渴，有的人这时往往为了一时痛快便大吃冰冷的食物（如冰棍或冰激凌等）或喝冰冷的饮料，这必然导致胃肠道的血管突然收缩。结果肠胃因受冷刺激而引起功能紊乱，可导致腹泻、腹痛等病症。在平常的日子里，这种突然的变化并不明显，因为身体是处在正常的状态。可是对于激烈运动后体温升高的人来说，突然使胃肠的血管收缩，就容易对身体造成伤害，引起人体胃肠功能紊乱。另外，由于运动后有时咽喉部可能出现充血现象，如果受到过冷刺激，也会造成这一部位的机能紊乱，如喉部发炎，发痛或发哑等局部不适的感觉。所以，在剧烈运动后不宜进食冰棍雪糕一类的冰凉和过冷的食物。

人在激烈运动后往往不想立即进餐。我们在运动时神经系统中管理肌肉活动的中枢处于高度的兴奋状态。在它的影响下，管理内脏器官活动的副交感神经系统则加强了对消化系统活动的抑制性影响。同时，为了保证运动器官氧气和营养物质的充分供应，在运动时全身的血液重新分配，比较集中地供应运动器官的需要，因而腹腔内各器官的血液供应便相对减少。此外，运动时肾上腺素的分泌也大大增加。所有这些因素，既使胃肠道的蠕动减缓减弱，又使各种消化腺的分泌量也大为减少。运动后这种状态并不能立刻改变，而且运动越剧烈，持续时间越长，消化器官的活动就需要更长的时间才能恢复。因此，在长时间的剧烈运动后，往往不想立即进餐是很自然的生理现象。在这种情况下，若勉强进食，食物则因消化液减少和胃肠蠕动缓慢无力而难以消化。不细嚼细咽，食物进入肠胃后不能充分消化和吸收，既浪费，又会造成胃肠道的某些疾病。一般来说，运动后做一些整理活动，可以加速各种机能的恢复。在运动后休息大约 20～30 分钟以后再进餐是比较合乎卫生要求的。按时作息，按时进餐，不暴饮暴食，生活应有规律才能使消化器官有规律地工作，这是维护肠胃健康的一个重要措施。如果不按时进餐而乱吃零食就会破坏消化器官的规律性活动，到了吃饭的时间，消化机能就会下降，抑制了正常的进食活动。

饭后不能立即进行像打篮球、跳高、跑步等剧烈的运动。这样做对胃肠道的消化和吸收作用会有不良影响，对身体的健康没有好处。这是因为饭后胃肠道内充满食物，食物由口腔经食管进入胃里进行消化大约需要经过 3～4 个小时才能排空，然后进入十二指肠、小肠到大肠。如果饭后立刻进行剧烈的运动，胃肠内的食物在重力的作用下震荡较大，肠系膜受到牵扯，会导致腹痛等情况。但是如果我们在饭后散散步，做些轻微的活动，则可以促使肠胃的活动加强，消化液分泌增多，从而有利于食物的消化和吸收。实践经验证明，在饭后 1～2 个小时再进行运动较为适宜。

## 六、体育锻炼对青少年体温、泌尿系统的影响

### （一）泌尿系统的组成和作用

泌尿系统，作为体内重要的排泄系统，由肾、输尿管、膀胱及尿道构成，其

核心功能在于清除代谢废物、多余物质及外来异物，包括尿素、尿酸、多余水分及无机盐等。肾脏不仅承担排泄任务，还精密调控体内水、电解质平衡及酸碱度，对于维持机体内环境稳态至关重要。

### （二）体育锻炼对青少年泌尿系统的良好作用

青少年通过参加体育锻炼，可以有效促进泌尿系统的健康。在日常生活中，人体通过新陈代谢不断产生废物，而泌尿系统作为这些废物的主要排泄途径，其重要性不言而喻。该系统核心包括肾脏、输尿管、膀胱及尿道等器官，它们协同工作以维持机体内环境的稳定。体育锻炼作为一种促进身体健康的重要手段，其对泌尿系统的影响尤为显著，特别是对于青少年群体。在体育锻炼过程中，随着运动强度的增加，全身各器官包括泌尿系统均处于高度活跃状态，新陈代谢速率显著提升，导致废物产生量增多。这种生理变化为肾脏带来了更大的挑战，但同时也为其机能的提升提供了契机。青少年若能遵循适宜的锻炼原则，如循序渐进、持之以恒、运动量适中，则能有效地激发并强化肾脏的排泄与重吸收功能。

具体而言，体育锻炼对肾脏有两方面的积极影响：首先，它显著增强了肾脏的排泄能力。运动时，肾脏需加速处理并排出如尿素、尿肌酐等代谢废物，以及乳酸、酮体等可能影响内环境稳定的物质，从而保障人体在高强度运动中的持续表现能力。其次，体育锻炼还促进了肾脏的重吸收功能。运动引起的排汗增加使体内水分减少，为维持体液平衡，肾脏会加强对水分的重吸收，减少尿液生成，同时调节体内盐分的平衡，确保物质代谢处于稳定状态。针对部分人运动后出现的尿色加深现象，这多为生理性变化所致，无需过度担忧。运动时新陈代谢加速，代谢产物随尿排出增多，加之大量出汗导致的体内水分减少，共同作用下使尿液浓缩，颜色变深。这一现象并非疾病信号，而是身体对运动刺激的适应性反应。因此，青少年在进行体育锻炼时，应正确认识并理解这些生理变化，保持信心，继续坚持科学的锻炼计划。

### （三）人体体温代谢的体育保健

能规律投身于体育锻炼的人群，不仅享受着体质逐步增强的益处，其皮肤状态也悄然发生着积极变化。在冬季进行户外活动中，皮肤面对冷空气挑战，会自然调节以节省热量，表现为毛孔与皮下血管适度收缩，这一生理反应有效防止了体温的过快散失。相反地，在夏季游泳时，身体与冷水亲密接触，运动强度增加促使体内产热激增，为了维持体温稳态，皮肤采取双重策略：一是皮下血管广泛扩张，引导丰富血流至皮肤表面，加速热量散发；二是汗腺活力倍增，通过汗液的快速蒸发进一步调节体温。这一系列生理适应，体现了规律性体育锻炼对提升身体环境适应能力的关键作用。同时，适量的日光浴在锻炼中不可或缺，它促进了皮肤色素的生成与沉积，使皮肤色泽加深，这层天然"防晒霜"能有效抵御紫外线伤害，保护皮肤免受过度暴晒损伤。此外，运动还促进了易受损区域皮肤角质层的增厚，形成"保护茧"，显著提升了对物理冲击与摩擦的耐受力，减少意外伤害。体育锻炼显著改善了皮肤的微循环系统，确保了营养与氧气的充足供应，加速了新陈代谢进程，进而全面提升了皮肤的整体功能。综上所述，体育锻炼作为维护皮肤健康、预防皮肤疾病的重要手段，其积极作用是多维度且深远的。

运动时体温升高对身体是否有害？在正常情况下，人体的温度大约是 36.5℃～37℃，无论是在汗流浃背的夏天或在大雪纷飞的严冬，人的体温上下波动不超过半度至一度。如果人体体温下降到 27℃～29℃，人就会意识不清，如是下降到 22℃时，生命就难以维持了。而人体体温上升到 42℃～43℃，就达最高限度，如再升高到 44℃～45℃，就会导致死亡。人的体温调节机能正常运转时，就能使人体温度保持相对恒定的状态。人在参加体育活动或其他体力活动时，体内的产热和散热过程都会明显加强。肌肉是人体产热的主要器官，活动剧烈时，肌肉的产热量要占全身总热量的 90% 以上。而在安静状态时，肌肉虽然也产生热量，但产生的热量甚少。参加体力活动或体育锻炼时，肌肉产热量能增加 10～15 倍，所以在运动时，体温有不同程度的升高。例如，有人测量，参加中距离赛跑后，腋窝的温度上升到 37.5℃～38.5℃，长距离赛跑后上升到 38.5℃，超长距离赛跑后上升到 39.5℃。运动时体温虽然暂时升高，但因人体能够及时散热，所以运动后，很快就会恢复到正常的体温水平。运动时体温稍微升高，对人体非但没有害处，反而能提高肌肉和神经系统的兴奋性，增强新陈代谢，并能促进血红蛋白释放氧气。这些作用都有利于我们体育锻炼的顺利进行。

体育锻炼能增强青少年的耐寒耐热的能力。在人体表层，广泛分布着专门感受温度刺激的冷热感受器。在大脑中枢还有调节体温变化的体温中枢。当气温降低的时候，冷的刺激传入中枢，中枢立刻发出兴奋，使身体产生一系列的生理变化：如新陈代谢加快，产热过程加强，同时散热过程减弱；皮肤的血管立刻收缩，使流向皮肤的血液减少，致使向外散失的热量大大减少，同时，汗液分泌也减少。这些都有助于保持热量不过分散失，以抵抗冷的刺激。反之，在气温升高的时候，热的刺激传递到中枢，于是就反射性地使皮肤血管舒张，使皮肤的血流量增加，皮肤发红，汗液增多，这样体热就能够大量释放，同时人体的产热过程减弱，因此人就不至于会出现高热而影响身体健康。一个经常锻炼的人，在寒冷的环境中，在神经系统的调节下，产热的过程大大加强，皮肤保持热量不致散失过多热量的反应也很有效而迅速。所以他们甚至能在冰天雪地中掘个冰窟窿去洗冷水浴或游泳，对于酷热的天气，人体也同样能适应。适应环境复杂的变化是动物的本能，所不同的是人类能发挥主观能动作用，通过锻炼主动地适应自然和改造自然。

汗水是数以千万计分布在全身皮肤下面的汗腺所分泌的，汗的成分除水和盐以外，还有新陈代谢产生的一些废物，如尿素等。因此，出汗实际上是体内代谢产生的废物向体外排泄的一个途径。此外，出汗还是维持体温恒定的一个很重要因素。人的体温所以能保持相对恒定，就是由于体内产热和散热这一矛盾的两个方面不断斗争而出现的暂时平衡。当汗水从皮肤表面蒸发时，即带走相当的热量。每有一克汗水蒸发，就要带走 0.5 大卡的热量，所以人在出汗的同时身体也在散热。我们即使在很安静状态也是在不断地出汗，只是数量较少，而且一经透出体表即行蒸发，所以察觉不出。一般情况下，一昼夜约出汗 800 毫升左右，发散的热量约 400 大卡。天气热，出汗就多，尤其是在长时间紧张激烈的运动时，肌肉大量做功，新陈代谢更加旺盛，体内产热显著增加，体温就有升高的趋势，有时可达 38℃ 以上。这时，汗腺的活动大大加强，出汗很多，通过汗水的蒸发向外界大量散热，从而维持体温恒定，同时也排泄了代谢产生的一些废物。因此，运动时大量出汗是正常的生理现象。在较冷的环境里进行运动时，也常常汗流浃背，禁不住要脱去一些衣服，尤其是在长跑时，中途脱衣服的事更为常见。但由于天气冷，出了汗立刻脱下衣服，就会引起感冒。为了避免感冒，在运动前应先做好充分的准备活动，运动开始时衣服尽量少穿一些。最好是在里面穿上汗衫，这样可以吸收汗液。运动完了，稍作一些整理活动，就可以到浴室洗热水澡，更衣。如果没有洗澡的设备，则应将湿衣脱下，用热水擦身或用毛巾擦干身体，迅速换上衣服。另外，由于人的个体差异，身体各部位汗液分泌的多少也不同。例如，有的人在腋窝部汗液分泌比较多，就顾虑腋窝多汗可能是病，实际上这是正常的生理现象。对正常人来说，只要出汗后身体无异常征象，皮肤不发痒、不发红，没有其他分泌物或异臭等反应，就是正常的（当然因病虚弱而出盗汗、出虚汗，则另当别论）。为了预防皮肤病，应尽可能保持皮肤的清洁，勤洗澡勤更衣，特别是保持腋窝部的干燥和清洁。

# 第四章　运动干预的理论基础

要了解具体的青少年运动干预措施，先要了解运动干预的理论基础，这些理论知识能够为青少年运动干预提供科学的指导，帮助青少年更好地提升体质健康水平。运动干预的理论基础包括运动心理学、运动训练学和运动营养学。

## 第一节　运动心理学

### 一、运动心理学概述

运动心理学是一门年轻的交叉学科。一方面，研究人们在从事运动的整个过程中受到哪些心理因素的影响；另一方面，探讨运动作为人类社会实践的一部分，会对参与者的心理产生怎样的影响。所以，我们在学习运动心理学时，需要始终将身体活动与心理活动之间的交互作用作为理解问题和思考问题的关键。

#### （一）心理与心理学

1.心理的内容

在现代心理学的理论架构中，"心理"这一概念也称为"心理现象"，是对个体心理活动的高度概括，是心理过程、心理状态以及个性心理特征等方面内容的综合体现。

（1）心理过程

心理过程，作为人类心理活动展开与演进的轨迹，深刻描绘了客观世界如何作用于个体（尤其是大脑），并在时间维度上促成大脑对现实世界的映射与加工。这一过程不仅涵盖心理事件间的动态交互与转化，还细分为认知、情感与意志三大核心维度，三者相辅相成，共同构成心理活动的基石——"知、情、意"的和谐统一体。

具体而言，认知过程，是探索与运用知识的核心环节，也称为"认识过程"。它囊括从基础的感觉、知觉，到高级的记忆、思维、想象及言语表达等心理活动。人类的感觉器官如同桥梁，连接着个体与外部世界的万千信息。人类通过感觉，可以捕捉到事物的个别特征，如色彩的斑斓、声音的起伏、气味的芬芳、形状的各异及质地的软硬等。知觉，则是对这些零散感觉信息的整合与诠释，它让我们能够把握事物的整体面貌，如飞驰的汽车、矗立的楼宇、激烈的赛事及热情的观众场景等。感知，作为感觉与知觉的紧密融合，构成人们理解世界的基础。

感知所得的经验，如同珍贵的宝藏，被精心储存在大脑的记忆宫殿之中，以待未来之需时能够迅速提取。然而，仅凭感觉系统直接获取的信息终究有限，它仅能触及眼前之物。人类智慧的真正魅力在于，能够借助已有的知识框架与经验积累，通过思维的深度加工，揭示事物的内在本质与普遍规律。这一过程，不仅让人类能够跨越时空的限制，还使人类的认识能力达到了前所未有的高度。

言语不仅是思维的载体，让抽象的思考得以具象化表达；同时，它也是知识传递与经验共享的桥梁，让我们能够将自己的认知成果与他人分享，并从他人的视角中汲取新的智慧。此外，言语还激发了想象的翅膀，让人们能够超越现实的束缚，这些想象不仅丰富了人类的精神世界，也推动了科学与艺术的不断前行。

当个体置身于纷繁复杂的环境中，其面对周遭事物时，总会伴随着一种特定的态度倾向，这种态度内在地激发了一系列复杂而细腻的情感体验。这些体验可能表现为满意与不满的对比，愉悦与苦恼的交织，乃至更为细腻的喜、怒、哀、惧等情感反应，以及更高层次的美感享受、理智的满足、自豪感的升腾或自卑情绪的沉淀。这些丰富多彩的内心状态，在心理学上被统一定义为情绪与情感，它们构成人类情感生活的多彩画卷。

情绪过程实则是个体与其认知世界之间的桥梁，它反映了人们对所接触事物、所执行行为，以及与他人和自身关系的主观评价与感受。这一过程既是心理活动的产物，又是影响个体行为决策与人际交往的重要因素。

事实上，人类不仅具备认识世界、感受世界的能力，还能在此基础上，通过设立明确目标、制订详细的计划，并积极克服沿途障碍，主动地改造世界。这一过程，即个体为实现特定目的而展现出的坚持不懈、勇于挑战的精神活动，被心理学界定为意志过程。

（2）心理状态

心理状态是指人在某一时刻的心理活动水平，是人的心理活动在信息加工过程中出现的相对稳定的状态。例如，一个人在一定时间里是积极向上还是悲观失望，是紧张、激动还是轻松、冷静等。心理状态犹如心理活动的背景。当人处于不同心理状态时，人的心理活动可能表现出很大的差异性。这一点在体育运动中表现得尤为突出，有些运动员在重大比赛中的表现和在平时训练中的表现判若两人，这就是因为他在比赛和训练时处于不同的心理状态。

（3）个性心理特征

个性心理特征是显示人们个别差异的一类心理现象。由于每个人的先天因素不同、生活条件不同，所受的教育影响不同和所从事的实践活动不同，因此每个人身上总是带有个人特征，这样就形成兴趣、能力、气质和性格的个体差异。譬如：每个人的兴趣广泛性、兴趣的中心、广度和兴趣的稳定性不同；每个人的观察能力、注意（能）力、记忆能力、想象（能）力、思考能力及表达能力、运动能力各不相同。所有这些都是个性，它反映了个体心理相对稳定的不同特点。心理现象中的兴趣、能力、气质和性格等内容，统称为"个性心理特征"。

上述心理内容的三个部分之间是紧密联系和相互作用的关系。事实上，我们更应该把它们视为一个有机的整体，它们共同影响着人的行为。心理学家将它们进行划分，只是为了方便我们描述和理解人的心理这一复杂的现象。

2. 心理学的知识体系

心理学是一门研究人类及动物的心理现象，精神功能和行为的学科，它既是一门理论学科，又是一门应用学科。

人们关于心理现象及其特征、规律的研究由来已久。但直到1879年德国生理学家威廉·冯特（Wihelm Wundt）在莱比锡大学创立世界第一个心理学实验室，心理学才从哲学和生物学等学科中脱离出来，成为一门真正独立的学科。心理学成为一门真正独立的学科的主要标志之一，就是放弃了传统哲学中内省思辨的研究方法，而采用实证主义的途径对心理现象进行研究。也就是说，所有知识来源于意识经验，来源于观察与实验。在此之后的一百多年中，心理学的学科知识体系不断拓展丰富，成为一门无论在基础研究领域还是在社会实践活动中都极富活力的学科。

当代心理学研究领域已经涉及人类生活的各个方面，产生了很多分支。这些分支按其性质可以划分为两大类：一是属于心理学的理论研究，通过各种方法和途径，探讨心理活动的基本规律；二是心理学的实际应用，探讨如何使心理学在生活实践的不同领域发挥作用。

（1）心理学的理论领域

①实验心理学与认知心理学。实验心理学借助科学的实验方法，研究科学心理学发展初期的那些传统核心课题，如感觉、知觉、学习、动机和情绪等。实验心理学的实验设计比较复杂，人们需要设计出一定条件，在此条件下用某种刺激引发出所期望的行为，以便进行观察，然后对结果做统计分析。认知心理学与实验心理学相近，致力于研究人的高级心理过程（如记忆、推理、信息加工、语言、问题解决、决策和创造性活动），用科学实验的方法探讨内部心理活动规律，实验设计要求严格。

②人格与社会心理学。社会心理学主要研究人与人之间的行为和社会力量对行为的控制和影响。其典型课题有态度的形成和变化、偏见、顺从、攻击行为、亲密关系和集体行为等。其研究成果有助于人们在人际交往中取得成功。人格心理学研究个人独特的心理特征和个体行为的稳定性特征，同时也探讨人格形成的影响因素并对人格特征进行测量、评估和培养。

③发展心理学。发展心理学研究心理的发生发展规律，一般以人的整个生活历程作为研究对象，探讨人在不同发展阶段上的不同心理特点。但广义地讲，它也包括动物心理学。发展心理学曾一度集中于研究儿童期的心理特点，现在对青春期、成人期，尤其是老年期的心理特点也都进行了广泛的研究。

④心理测量学。心理测量指对行为和能力的测量，通常用心理测验的方法进行。对心理特性加以量化的研究是科学进步的表现，但心理测量不能直接进行，需要间接进行，自然困难很大，因此在测验的设计和使用方法上都有严格的要求。心理测量学已经成为一门单独的学科，各种测验的处理还需要与之相关的统计技术的支持。

⑤生理心理学。生理心理学研究遗传因素对行为的影响，以及大脑、神经系统、内分泌系统和生物化学因素等生理功能在其中所起的作用。现代科学技术的发展对脑功能的研究提供了更为有利的条件，如利用核磁共振和脑成像技术，在研究认知心理学的一些重要方面，取得了引人注目的进展。

（2）心理学的应用领域

①临床心理学与咨询心理学。临床心理学涉及对心理障碍者的评估、诊断和治疗，同时涉及轻度行为和情绪问题的处理，其主要工作方式包括面谈、实施心理测验和提供集体或个人的心理治疗。咨询心理学与临床心理学相近似，二者的主要区别在于咨询心理学面对的心理障碍者的症状较轻，需要做出诊断，更具有指导方面的意义。

②教育心理学与学校心理学。教育心理学是心理学的一个重要领域。作为教育科学的基础，其工作在于研究教与学过程中的心理规律，以提高教育和教学水平，改进师资培训和学业考试，并推动因材施教，培养学生健全人格和创造力等。学校心理学家通常在中小学工作，对在学校中学习困难、适应困难或某种问题行为的学生进行诊断和辅导，并协助家长和教师解决与学校有关的问题。

③工业与组织心理学。工业与组织心理学主要在工业、企业和组织机构里发挥作用。例如，在厂房设备安装和产品质量设计方面考虑到人的因素，可以更有利于促进生产，提高效率；在人事部门中，知人善任是人才选拔、人员安置和人力资源合理利用等一切工作的基础；在企业中，调动员工的积极性，协调关系，既提高生产力又提高职工的满意度，创造良好的企业形象等，都离不开心理学的应用。

④广告心理学与消费心理学。广告心理学研究如何把产品信息传达给消费者，以更好地引起消费者的购买行为。消费心理学则以社会大众的消费行为为研究对象，考察消费动机、购买行为及影响和促进消费行为的各种因素。

⑤运动与锻炼心理学。运动与锻炼心理学主要研究在体育运动和锻炼健身等情境中参与者的心理活动特征与规律。它的研究内容一方面涉及各种身体活动对参与者可能产生的心理效应，另一方面包括个体心理因素对身体活动的表现和坚持性等的影响。

综上，随着心理学科的不断发展，心理学的分支在不断地丰富，新兴的学科分支层出不穷。

### （二）人的心理与体育运动

1. 体育运动心理学的研究与应用范畴

在当前学术语境中，依据不同的运动环境与情境，体育运动心理学被细化为三大核心部分：竞技运动心理学、学校体育心理学和锻炼心理学。其中，竞技运动心理学作为该学科发展史上最备受瞩目的分支，深入探究了高水平竞技舞台上运动员心理现象的复杂性、特性及运行规律。其研究范畴涵盖运动员情绪调控与竞技表现的关系、训练与比赛动机的激发机制、训练竞赛过程中的认知动态（如注意力分配、心理意象、决策制定等）、心理技能的有效训练，以及竞技领域内涉及的社会心理议题。

学校体育心理学则聚焦于学校环境下体育活动所蕴含的心理要素及其规律，这一领域与教育学等学科紧密交织。它不仅探索了体育活动作为一种教育策略在心理学层面的价值，还致力于依据心理科学的原理与规律，提升学校体育活动的效能与多元化功能，促进学生的全面发展。

锻炼心理学作为第三个关键领域，主要聚焦于作为强身健体和休闲娱乐的体育运动的相关心理学议题。这些议题可概括为两个方面：一是体育锻炼的启动与持续动机研究，即探讨个体参与并坚持体育锻炼的心理驱动力；二是体育锻炼的心理效益分析，评估身体活动对个体心理状态可能产生的积极影响。

值得注意的是，体育运动心理学的研究与应用范畴并非固定不变，而是根据个体需求与功能导向呈现出多样化的划分。例如，临床运动心理学专注于干预并纠正运动中的心理障碍，促进个体行为由异常向常态转化；而教育运动心理学则侧重于提升运动心理素质水平，促进个体的正常行为向卓越行为发展。随着社会对个体全面发展与健康生活方式的日益重视，体育运动心理学的科学地位与实践价值正持续获得广泛的认可与提升。该领域的研究范畴不断拓宽，理论与实践应用日益丰富，为实现人的身心和谐与全面发展提供了坚实的理论支撑与实践指导。

需要注意的是，对运动心理学问题的理解需要同时考虑身心交互作用的两个方面：一方面，体育运动受到哪些心理因素怎样的影响；另一方面，体育运动又会如何影响哪些心理因素。这两个方面的问题往往是同时存在、循环作用的，这使我们的研究和实践更加复杂和难以控制。

个体喜欢还是回避参加体育运动既受到身体自我概念的影响，同时也会影响个体的身体自我概念。也就是说，一个人如果认为自己擅长体育，他（她）就会喜欢参加体育活动。而经常参与体育活动的个体对自我身体能力，形象的评价也会提高。

2. 运动心理学研究的对象

作为一门应用科学，运动心理学致力于深入探讨个体在体育运动背景下的行为模式与内在规律，并将这些研究成果转化为实际指导策略，以优化运动表现并促进心理健康。其研究范畴广泛涵盖竞技体育的高强度竞技、学校体育的普及教育和日常身体锻炼的个体实践三大领域。

该学科的核心使命聚焦于两个方面：首先，深入剖析心理因素如何微妙地塑造并影响个体的运动效能，包括动机激发、情绪调控、认知策略等方面；其次，探索体育活动作为一种干预手段，在促进个人心理发展、增强心理素质方面的独特价值，如情绪调节、社会技能提升、自我效能感增强等。

运动心理学的研究议题广泛而深刻，它涉及运动员在竞技与锻炼过程中的动机机制、人格特质、领导力培养、团队动力学、锻炼对心理健康的促进作用、运动员的思维过程与情感体验等多元维度。这些研究不仅加深了我们对运动行为背后心理动因的理解，也为制定科学合理的训练方案提供了理论支撑。

随着实践需求的日益增长，运动心理学逐渐凸显其应用性特质，强调将心理学理论紧密融入运动训练的每一个环节，旨在助力运动员突破心理障碍，优化竞技状态，实现运动成绩的飞跃；同时，也为广大体育锻炼者提供心理指导，促进他们身心健康、提升生活质量，如通过参与体育活动增强自尊自信、缓解压力、增进幸福感，以及培养青少年的团队合作精神与公平竞争意识。

在学校教育领域，体育被视为促进学生全面发展的关键一环。它不仅有助于塑造学生强健的体魄，而且会在潜移默化中促进其心理成长。通过体育活动，学生可以学会团队协作、自我激励、情绪管理等宝贵的社会技能，形成积极健康的自我认知，从而提升整体的心理素质与社会适应能力。

## 二、认知与体育运动研究

### （一）感觉、知觉与体育运动

1.感觉和知觉

（1）感觉和知觉的概念

在认知科学的广袤领域中，感觉被视为人类大脑对直接刺激感官的外部客观对象个别属性的捕捉与映射。个别属性是指客观事物单一的物理、化学的特性，如冷热、颜色和气味等。相较之下，知觉既是大脑对这些直接刺激的整体性、综合性把握，又是对事物整体形象及其相互关系的构建。

感觉与知觉在本质上是人脑对当前直接环境信息的直接反映活动。然而，它们之间又存在显著的层次差异：感觉专注于捕捉事物的局部，而不涉及这些特征所蕴含的意义或整体背景；知觉则在此基础上，进一步整合这些零散信息，形成对事物全面而深刻的理解。

感觉是知觉形成的基础，而知觉则是感觉的深化与拓展。但知觉的构建并非简单地将各种感觉堆砌相加，而是通过对这些感觉信息的有机整合与综合分析来实现的。此外，包括思维活动、情感体验等在内的所有复杂心理现象，其根源均可追溯至感知过程。若无感知作为基础，后续一切心理活动的产生与发展都将无从谈起。

（2）感觉和知觉的种类

在探讨感觉的分类时，我们依据其依赖的感觉分析器的差异，将其划分为两类：外部感觉与内部感觉。前者主要负责接收源自外部环境的刺激，进而映射出外界物体的特性，涵盖视觉、听觉、嗅觉、味觉及触觉五种基本形式。这些感觉功能使我们能够感知并理解周围世界的多样性。

相比之下，内部感觉则聚焦于机体内部的刺激，反映身体内部位置变动、运动状态以及内脏器官的功能状态。具体而言，它包含肌肉运动觉（也称"动觉"）、平衡觉和内脏感觉三个方面。肌肉运动觉，作为动觉的一种，精密地捕捉并反映身体各部位的运动状态与空间位置，是我们在认知过程中不可或缺的反馈信息源。平衡觉，则专注于感知头部的运动速度及方向，对于维持身体稳定与姿态调整至关重要。至于内脏感觉，它深刻影响着我们对体内生理状态的觉察，如饥饿、口渴、饱腹感乃至恶心等，均属于此范畴。

进一步地，知觉作为更为复杂和高级的心理过程，是多种感觉分析器协同工作的结果。在这一联合活动中，往往有某一特定分析器的活动占据主导地位。据此，知觉可划分为一般知觉、复杂知觉及错觉三种类型。一般知觉侧重于某一主导分析器的作用，如视知觉、听知觉、味知觉和嗅知觉，它们分别侧重于视觉、听觉、味觉和嗅觉信息的处理。而复杂知觉则依据所知觉对象的不同特性进行分类，涵盖运动知觉、空间知觉及时间知觉。

2.感觉和知觉规律

（1）感觉的一般规律

①感受性与感觉阈限。在探讨感觉的多样性时，我们不难发现，尽管感觉的形式千差万别，但其产生与演变的内在机制却遵循着统一的规律。感觉，作为对客观刺激的响应，并非对所有刺激物均有所反应，而是受制于刺激物的特定属性及其量的适宜性。当刺激物的强度过强或过弱时，均无法有效触发感觉过程，这一现象深刻揭示了感受性与感觉阈限之间的微妙关系。

感受性，即个体对刺激物进行感知的能力，是衡量感觉敏感度的重要标尺。而感觉阈限，则是指能够诱发感觉并维持其持续状态所需的最小刺激量。在此基础上，进一步细分为绝对感受性与绝对感受阈限、差别感受性与差别阈限两对概念。前者关注的是从无到有的感觉转变点，即刚好能引起感觉的最小刺激量及其对应的能力；后者则侧重于区分不同刺激之间细微差别的能力及其所需的最小差别量。

绝对感受性与绝对感受阈限共同定义了感觉发生的起始边界，是感知世界的基石。类似地，差别感受性与差别阈限则是衡量感觉精细度与分辨能力的关键指标，使我们能够细腻地体验并区分复杂多变的环境刺激。

②感受性的变化。值得注意的是，感受性并非固定不变，而是处于一个动态变化的过程之中。这种变化主要体现在以下三个方面。

其一，适应现象。当刺激物持续作用于感官时，感受性会随之发生适应性变化。这是日常生活中屡见不鲜的现象，如在水中游泳初期感到的水温变化，随时间推移逐渐减弱乃至消失。不同感官的适应速度与程度各异，如视觉、触觉、嗅觉相对较快，而痛觉则较为顽固。

其二，感觉的对比。此现象揭示了同一感受器在接收不同刺激时的相互影响。根据刺激呈现的时间顺序，可分为同时对比与先后对比。前者强调两种刺激同时作用于感受器时的对比效应，后者则关注刺激先后呈现时的感受变化。

其三，感觉的相互作用。指某一感觉的感受性因其他感觉活动的影响而发生变化。这种跨感觉通道的相互作用，展现了感觉系统间的复杂交互，如音乐对肌肉运动觉的促进、微弱声音对视觉色彩感知的增强，以及强光对听觉感受性的抑制作用。普遍规律表明，较弱的刺激往往能提升另一种感觉的感受性，反之则可能抑制。

③社会实践是感受性发生变化的根本条件。人类的感受性经由持续训练能够显著提升，这一现象在具有感觉功能局限性的人群及从事特定专业技能训练的个体中尤为突出。

具体而言，盲人群体因视觉系统的缺失，在长期的适应过程中，其听觉、触觉及嗅觉等感知渠道得以高度发展，成为他们感知世界的重要窗口。同样地，在体育运动领域，以击剑初学者为例，经过为期 3 个月、有计划的专项训练，他们的肌肉运动觉，即对身体部位在空间中位置和运动状态的感知能力，能够提升25%～40%，显著增强了运动表现中的精确性与敏捷度；而体操运动员在长期的专业训练中，对力量控制的准确性亦展现出优于非运动员的显著提升，这一提升幅度可达 25%～30%，体现了专业训练对个体感知与技能融合的深远影响。

综上，只要感觉器官健全，人的感受性都可能有很大发展。教师、教练应该有目的地训练学生或运动员的各种感觉能力。

（2）知觉的特征及其规律

①知觉的选择性。在多种多样的客观事物中，选择个别事物作为知觉对象，对它反应清晰，而其余部分则成为模糊的背景，这就是知觉的选择性。知觉的对象和背景的差别越大，越容易形成清晰的知觉。刺激物在空间距离上接近或形状相似，容易被选择为知觉的对象。另外，人的主观状态的不同也会在一定程度上影响知觉的选择。例如，同是观看一场比赛，运动员精彩的球技会被观众所知觉，而阵型等战术会被教练所知觉。

②知觉的整体性。人的知觉，不是孤立地反映事物的个别属性，其由于经验的作用，总是把个别属性联系起来全面反映，这就是知觉的整体性。

③知觉的理解性。感知主体力图对知觉对象做出某种解释，使它具有一定的意义，这就是知觉的理解性。

由于对客观事物的知识经验的差别，理解程度不同，对某事物知觉会表现出较大的差异。运动员储存的知识和经验越丰富，知觉当前事物的准确性就越高。例如，在对抗性运动项目中，对手的意图和各种假动作就容易被经验丰富的运动员和教练员识别出来。

④知觉的恒常性。知觉的条件在一定范围内改变时，而知觉的对象保持相对的稳定性，这就是知觉的恒常性。例如，在投篮球时无论距离远近，对篮圈的大小看起来都是一样的，不会因为它在视网膜上的影像的大小而变化。知觉恒常性是过去经验作用的结果。在实际生活中作用很大，使人能全面、真实，稳定地反映客观世界，保证有机体对不断变化环境的适应。

3. 体育运动中的感觉与知觉

（1）感觉与体育运动

感觉是一切心理活动的基础，也是从事体育运动的心理基础。在运动中常起作用的运动知觉是由视觉、听觉、平衡觉和机体觉等构成的。学习运动知识技能，主要通过教师示范动作、讲解动作概念及自己积极练习来实现的。在练习动作时，要依靠动觉、触觉、平衡觉和机体觉而深化。需要注意的是，动觉对掌握运动技术，创造运动成绩有着一定的意义，它在形成运动技能的初期与视觉和听觉相比往往处于模糊状态，经常置于被掩盖的地位，因此也有"黑暗感觉"之称，它只有通过训练才能由模糊变为清晰，并成为支配、调节动作的主导因素时，运动技能才会转为熟练技巧。

（2）知觉与体育运动

①运动知觉与体育运动。运动知觉是指人脑对当前外界物体、他人活动或对自身运动的反映。对自身运动的反映叫主体运动知觉；对当前外界物体及他人活动的反映叫作"客体运动知觉"。

在体育运动中涉及的外界物体很多。例如，球类运动比赛中的球，对方队员及对方队员的动作等。涉及的外界对象越多，运动员的运动知觉就越复杂。运动知觉是一种复杂的知觉，在体育运动中起着非常重要的作用。例如，一个乒乓球运动员要接好球，首先要了解对方球的落点、方向、变化、旋转等，这是客体运动知觉；又要对自己的动作有正确的运动知觉，如上肢接球的运动知觉和脚步动作的运动知觉，这是主体运动知觉。不论是主体运动知觉还是客体运动知觉在体育运动中都起作用。一名训练有素的运动员应表现为两种运动知觉天衣无缝地结合。

一个人若没有运动知觉就不可能正确反映外界物体运动变化，无法适应外界环境并做出准确的反应，不能正确反应和控制自身动作，不能学会各种动作和技术。例如，球类运动员的球感、游泳运动员的水感、冰雪运动员的冰感和雪感等。正确的运动知觉也有利于教师，教练员和裁判员及时帮助和纠正运动员的错误动作。因此，可以说正确的运动知觉是运动员学习和掌握各种动作的控制器，也是教练员评价和衡量运动员技术水平的衡量器。

②空间知觉与体育运动。空间知觉是指人脑对物体空间特性的反映。空间特性是指物体的方位、大小、形状距离等。按照物体的空间特性，可把空间知觉分为方位知觉、大小知觉、形状知觉、距离知觉等。而与身体运动关系较大的主要是方位知觉和距离知觉。

正确的空间知觉对于学生或运动员掌握运动技能，技巧是具有重要意义的。可以设想运动场上的所有活动，随时都需要在空间知觉的帮助下进行。例如，一个篮球运动员在篮球比赛中要能准确地估计双方队员、球及篮板与自身的距离从而确定行动的方向，一个体操或跳水运动员能善于辨别自己在空间的位置，从而正确调节动作，这些都需要依靠清晰准确的空间知觉。

③时间知觉与体育运动。时间知觉是指个体对客观事物运动和变化的延续性和顺序性的反映。时间知觉对有效完成身体运动也是十分重要的。特别对身体的协调性或韵律节奏等来说更是不可缺少的因素。在不同的运动项目中，用来估计时间的媒介是不同的。例如，赛跑是以肌肉运动感觉，视觉和机体觉为媒介来测定时间长短，竞技体操主要以肌肉运动觉来估计时间的节奏和速度。教师和教练员应根据项目特点找出估计时间的最佳的媒介，对学生、运动员有意识地进行培养和训练。

④错觉与体育运动。错觉是指人对客观事物不正确的知觉。错觉的种类很多，

其中以视觉错觉最为常见。形成错觉的基本原因，在于有关刺激的干扰作用，另外还由于受到过去经验的影响。

错觉在体育教学和训练中既起消极作用，又起积极作用。例如，一个田径运动员长期在一个 300 米的跑道上训练，到比赛时对标准的田径场就会产生比赛场地大且距离长的错觉，此时运动员会出现恐惧心理，从而影响比赛成绩。这是错觉的消极作用。但是从另一个例子来看，一个划船队在全国性比赛前特地到一条不足百米宽的河里进行训练，由于河面比湖面窄，划船距离就显得长。经此训练后，运动员再到湖里参加正式比赛，就会顿觉距离缩短，从而呈现出良好的竞技状态。因此，我们要学会科学地利用错觉，使其在体育运动竞赛中产生积极的作用。

### （二）表象、想象与体育运动

#### 1. 表象

首先，表象具有直观性。这种直观性使表象接近于直接的知觉体验，能够生动地复现事物的形象，但相比之下，其清晰度、鲜明度及逼真度略显逊色。它如同一幅略显模糊却又不失生动的画卷，让记忆中的景象得以延续。

其次，表象展现出高度的概括性。这一过程是通过多次感知与经验的积累，提炼出事物的核心或基本特征。这种提炼与简化既仅是对信息的有效编码，又是认知过程深化的标志。需要注意的是，表象既不是纯粹的知觉，也非直接的思维活动，而是位于二者之间的过渡状态，扮演着桥梁的角色。它在一定程度上促进了人们从感性认识向理性认识的跨越，为深层次的认知加工提供了必要的素材。

在体育运动领域，表象的作用尤为显著。对于运动员或学生而言，表象是模仿与回忆动作技能的关键工具。通过构建并强化动作表象，运动员能在实践中更加精准地执行技术动作，同时，表象训练也是心理技能训练不可或缺的一环，有助于提升运动员的心理韧性、注意力及自信心等，从而使运动员在比赛中发挥出更好的水平。

#### 2. 想象

想象是一种心理过程，它在外界实际刺激的作用下，促使个体在脑海中对既存的表象进行重构与创新，进而塑造出新颖的形象。这一过程也可以被理解为个体以新颖的方式将头脑中的各种感性形象信息整合重组的动态活动。例如，学生根据篮球教练的指导，在内心模拟赛场上战术布局的灵活变动；艺术体操教练则在既有的动作表象基础上，进行创造性重组，构思出前所未见的体操序列，并在脑海中清晰地预演这一全新动作形象。这一过程即是对客观事物在心智层面进行加工与创新的想象活动。

表象与想象之间是相互依存的关系。具体而言，表象作为现实事物在头脑中的映射，构成想象的原始"材料库"，即"素材"。而想象则是对这些"素材"的深化与再创造，其基础正是这些具象化的表象。缺乏体操中空翻动作的表象积累，便难以构想出跳台滑雪中空翻两周的高难度动作。尽管想象根植于现实，但其成果却在一定程度上超越了现实的束缚，以全新形态呈现，从而展现出比表象更为高级的认知层次。

从理论视角剖析，表象与想象间的联系紧密而复杂。例如，"表象训练""念动训练"及"想象训练"等术语，虽各有侧重，但在心理操作层面却难以作出严格区分。想象作为一种独特的思维形式，与思维活动共享问题情境的触发机制，即在需要探索新解决策略的情境中活跃起来。两者都具有预见未来的能力，但想象侧重于以形象化的方式超前反映客观现实，而思维则依托概念体系实现这一目标。这两者之间既存在差异，又相辅相成。

3. 体育运动中的表象与想象

第一，运动表象、再造想象构成学生与运动员学习运动技能、塑造精准动作的重要基石。在体育教学与运动训练的实践中，运动知识的传递主要依赖运动表象的建立与动作概念的阐释。这一过程通过教师、教练的直观演示、详尽解析，或是借助电影、录像等多媒体教学手段实现，使学生与运动员能够观察并模仿，从而在心中构建起准确且清晰的运动表象。随后，通过再造想象这一心理机制的运作，学生及运动员进一步巩固和精炼所学习的动作，进而从生疏走向熟练，最终达到自动化执行的境界。再造想象不仅促进了动作记忆的深化，还加速了技能掌握的进程，使学习者能够更为灵活自如地应对各种运动情境。因此，学生及运动员脑海中累积的丰富运动表象资源，以及其展现出的强大再造想象能力，直接关联并促进着他们对运动动作掌握的速度与精准度。

第二，通过表象重现训练和想象训练可以达到巩固成套动作的记忆和改进动作的目的。运动表象的复演和想象动作过程并非虚无缥缈的，它们都有其生理基础。许多生理心理学的实验证实，当运动员作赛跑的想象时，可以记录到运动员脚上的肌肉电流明显增强，与实际动作时相同。所以，表象和想象训练有着与实际训练相似的效果，如果两者结合起来，就能取得更好的效果。

第三，创造想象是运动技术、战术创造和运用中必不可少的重要因素。任何创造发明都离不开创造者头脑中进行的想象过程，体育运动中尖端、高难技术动作的创新，独特新颖的战术运用，大型团体操的编排及新的体育运动项目的产生，都离不开创造想象活动。在激烈的对抗性的比赛中，场上情况瞬息万变，如果运动员、教练员缺乏想象力，缺乏预见性，一味地因循守旧，就很难在技术、战术水平上得到突破性的进展。

### （三）思维与体育运动

#### 1. 思维

思维，在一定程度上深刻地揭示了客观事物内在的本质属性与运行规律，它超越了直接感官体验的范畴，实现了对事物间接且概括性的理解。这一过程标志着认知能力的显著提升，是知识构建与深化不可或缺的一环。

与感觉和知觉不同，思维并不直接映射外界事物的具体形态，而是通过构建心理模型，间接地捕捉那些非即时呈现的信息。这种间接性体现在，即便面对遥远或未发生的事物，人们也能凭借已有的知识框架、经验积累乃至逻辑推理，对其状态或趋势进行预判。例如，在万众瞩目的世界杯足球赛揭幕前夕，球迷与专家便能依据各参赛队伍的过往战绩、球员阵容、战术风格等因素，综合分析后预测比赛走向，这便是思维间接反映力量的生动体现。

此外，思维还擅长于概括，它能够提炼出一类事物的共性特征与核心本质，从而简化复杂信息，促进知识的系统化与结构化。例如，人们将篮球、排球、足球等多样的球类活动，统一抽象为"球类运动"这一概念，这一过程不仅简化了认知负荷，也深化了对运动本质规律的理解。

思维的成长根植于感知的沃土，后者提供了思维的初始素材与直观体验。然而，仅凭感知所得，人类难以触及事物的本质规律，唯有借助思维的深度加工，方能洞悉内在。

2. 体育运动思维

（1）运动操作思维

运动操作思维，作为一种高级认知过程，深植于体育运动的动作执行与技术操作中。它不仅涵盖动作思维，即那些直接由肌肉活动驱动的思维形式，更在此基础上展现了独特的融合性。例如，在航模竞赛、汽艇驾驶及摩托车赛等运动场景中，运动员需同时管理自身的动作控制及对运动器械（如飞机模型、汽艇等）的精确操控，二者相辅相成，密不可分。

运动操作思维不仅局限于动作本身，它还强调了在实践中发展个体运动能力与思维能力的相辅相成关系。这意味着，通过反复的肌肉练习与动作训练，运动员能够逐渐掌握动作规律，从而在更高层次上理解和运用操作思维。

体育运动是一项旨在促使个体掌握运用思维指导动作技巧的活动，通过这一实践过程，不仅促进了个人运动能力的显著提升，还同步发展了其思维能力。要实现操作思维的优化发展，必须以扎实的肌肉练习为基石，这些练习为个体提供了深入理解并把握动作规律的机会。因此，在体育教学与训练体系中，将培养学生或运动员的操作思维能力作为核心基本功加以强化训练，显得格外重要。

（2）战术思维

相较于运动操作思维对个体技能操作的直接指导，战术思维则聚焦于运动员在团队竞赛或策略性对抗中的整体布局与决策。它是运动员在完成战术任务时不可或缺的思维活动，其特点包括灵活性、敏捷性、预见性及创造性，这些要素共同构成运动员战术意识的核心。

优秀的战术思维能够使运动员在复杂多变的比赛环境中迅速做出正确判断，调整战术部署，以应对对手的突变或不利局面。反之，若缺乏战术思维的指导，仅凭直觉或蛮力应对，难以在竞争激烈的比赛中取得理想成绩，甚至可能因战术失误而功亏一篑。

3. 体育运动中的思维

（1）思维在运动技术形成中的作用

在运动技术的塑造过程中，视觉感知的深化在一定程度上促成动作概念的初步构建。动作概念，作为运动学习的核心，它揭示了动作元素间错综复杂的内在联系与固有的运动规律。以跳远教学为例，学生若要学习如何跳得远，需要先认识起跳环节的重要性，进而洞悉水平速度与垂直速度融合对于实现充分起跳的决定性作用。这一过程，实质上是思维活动对动作机理深入剖析与理解的体现，它要求学习者超越表面的肢体动作，直达其内在逻辑与原理。

高质量的练习是技术成型不可或缺的环节。这里所强调的"高质量"，不只局限于练习量的累积，更在于练习方式的智慧选择与实践中的精准调控。所谓"巧练"，正是对练习过程中思维参与的高度概括。它倡导在反复实践中，避免机械重复简单的劳作，转而倡导一种积极反思与即时调整的策略。练习者需具备在动态中审视技术动作的能力，能够敏锐捕捉执行过程中的优劣之处，通过逻辑思维剖析问题根源，进而在实践中灵活调整动作结构，以期实现技术的持续优化与提升。

（2）思维在战术运用中的作用

战术，作为竞技活动中根据双方实力对比与特点分析，旨在发挥己方优势、规避劣势，并有效抑制对方强项的一系列策略与行动方案，其构建与实施远超越单纯运动技术层面的范畴。它深刻地植根于思维能力的沃土，要求通过深思熟虑与策略规划来确保战术的精准性与有效性。在此过程中，运动员的战术意识，作为战术思维在实战中的直接映射，成为制胜的关键要素。

战术意识的精髓，即战术思维，是运动员在复杂多变的比赛环境中，能够敏锐洞察场上态势，灵活应对突发状况，快速且准确地决策行动路径的能力体现。这不仅要求运动员具备敏锐的洞察力、细致的分析能力，还须擅长预测、判断与逻辑推理，在瞬息万变的赛场上展现出思维的独创性与敏捷性。这种高度集成的思维能力，是运动员经过系统性、针对性的训练后逐步形成的，它使运动员在面临实际战术任务时能够游刃有余、应对自如。

战术思维的过程复杂而精细，它涵盖从预见比赛发展趋势、预测潜在变化，到即时捕捉并解析对手意图，进而明确自身战术定位，并精准选取执行手段的全链条。其中，预测的精准度对于战术思维的有效性至关重要。预测能力，即运动员在时间与空间维度上超越当前状态，预见未来可能发生情况的能力，包括赛前的全面规划与赛中的即时调整。而要实现高质量的预测，则依赖运动员清晰的感知能力、精确的记忆系统、丰富的想象力等，这些心理素质与认知能力的综合作用，共同构成战术思维的基础与支撑。

### （四）记忆与体育运动

1. 记忆

（1）记忆的概念

记忆是指过去经验过的事物在人脑中的反映，它是以识记、保持、再认和回忆的形式对经历过的事物的反映。没有记忆人们就不能积累和形成经验，离开记忆就不可能有心理发展，甚至连最简单的行动和动作都是不可能实现的。

（2）记忆的分类

根据记忆的内容可以把记忆分为：形象记忆、逻辑记忆、情绪记忆和运动记忆，它可以是视觉的听觉的或味觉的等。其中视觉和听觉记忆在生活中起主导作用。

第一，形象记忆是以表象为主的记忆。

第二，逻辑记忆是以概念、判断、推理为主的记忆。

第三，情绪记忆，作为一种深植于情感层面的记忆形式，其核心在于情绪体验的烙印。此类记忆的映像往往展现出超乎寻常的持久性，部分个案甚至跨越生命长河，历久弥新，成为个体心理图谱中难以磨灭的部分。

第四，运动记忆的构建过程远非单纯动作的累积，而是融合了感知觉敏锐捕捉、思维深度加工及情绪反馈的综合作用。在这一框架下，运动过程中的身体感知，即运动觉、平衡觉、触觉等精细感知，与时间、空间、运动等知觉维度的交织，共同构成运动记忆的丰富图景。这些感知与知觉的协同作用，不仅让学习者在掌握动作技能时能够精准捕捉动作细节与整体概念，还促使他们将身体运动的连贯形象内化于心，形成稳固的记忆结构。值得注意的是，尽管动作记忆主要依托运动觉、平衡觉、触觉等感觉系统，以及时间、空间、运动知觉等认知功能构建其表象，但这并不意味着它是运动记忆的唯一组成部分。

2. 体育运动中的记忆

在对记忆与体育活动之间的关系进行深入探讨之前，需要先清晰界定那些高度依赖记忆的运动与相对独立于记忆的运动类型。记忆，作为个体认知功能的重要平台，其重要性在涉及认知策略的体育活动中尤为凸显，诸如强调对抗性与策略性的篮球运动。相反地，某些已高度自动化的运动技巧，如高尔夫球的精准推击或篮球的流畅跳投，则对记忆的即时依赖程度较低。需要注意的是，无论运动类型如何，其学习过程的初始阶段均离不开记忆的深度介入。优良的记忆能力不仅加速运动员技能习得，强化心理技能训练成效，还能在压力环境下优化运动表现。同时，参与体育活动本身也被证实能全面促进个体记忆功能的提升。

一些体育技能看似较少涉及复杂的认知操作，但其学习过程实则同样依赖记忆的辅助。从知识分类的视角来看，体育技能知识可划分为陈述性知识与程序性知识两大范畴。前者是可通过言语表达并清晰阐述的知识，如技术动作的书面解析或教练的口头指导；后者则侧重于实践操作，可以在行动中自然展现。陈述性知识的学习牢固建立在记忆基础之上，记忆效率的高低直接影响学习效率。而程序性知识一旦内化形成，便能实现无意识下的自动化执行，此时对记忆的即时需求显著降低。

运动技能的学习历程普遍遵循认知阶段、联结阶段至自动化阶段的递进规律。在认知阶段，学习者需首先吸收来自教练与教材的陈述性知识，理解动作要领，并通过反复实践逐步将理论知识转化为实际操作，此阶段记忆扮演着至关重要的角色。其次，随着学习进入联结阶段，学习者已积累了一定的程序性知识，记忆负担相应减轻。最后，当技能达到自动化水平，即进入第三阶段时，动作执行变得流畅自如，几乎不再需要记忆的主动参与。

此外，运动员与教练员常采用表象训练法，作为提升运动员表现的一种有效手段，该方法也间接地强调了记忆在技能巩固与提升过程中的潜在价值。心理技能训练的核心策略，旨在运动员的意识领域内构建并模拟其期望达成的场景与体验。这一过程中，视觉空间记忆板与情境缓冲器作为关键构成要素，对于表象的生成至关重要。除了直接聚焦于表象训练之外，运动员还可采用自我谈话技术作为辅助手段，该方法与表象训练的根本差异在于，它并非在意识层面重现感官形象或体验，而是将焦点置于生成并传递适宜的言辞。此等认知操作显著依赖记忆中的"语音环路"机制得以实现。因此，无论是自我谈话还是表象训练，均深刻依赖记忆功能的运作效率；记忆的优化不仅促进了表象的生动性与可控性，也使自我内部对话更加逻辑清晰、层次分明，从而最大限度地提升了这些心理技能训练的实际效能。

记忆与运动员在压力情境中的运动表现也息息相关。对于依赖记忆的运动而言，压力导致运动员的焦虑和紧张，而紧张和试图对抗紧张情绪的心理操作都会抢夺记忆的空间。而对于不怎么依赖记忆的运动技能操作而言，情况有些不太一样，这样的运动技能均已熟练到自动化的程度，操作时根本就不需要意识地参与就能自如地完成。当运动员紧张的时候，这种情绪的危害既占据记忆空间，又使运动员开始留意自己动作的成败，于是开始运作记忆监控自己的技术动作，但意识监控太慢，根本就跟不上平时已经自动化的动作，结果让本来流畅的动作变得呆滞甚至变形，这是负面情绪强迫记忆参与本来不该它参与的动作程序，结果导致成绩变差的情况。

**（五）注意与体育运动**

1. 注意的概念

注意是一种特殊的心理状态，它是心理活动对一定的事物的指向和集中。例如，运动员在上训练课时，专心致志地听教练讲解，仔细观察教练的示范动作，集中精力思考教练提出的问题。这里的"专心致志""集中精力"等都是对人注意状态的描述。指向性和集中性是注意的两个特征，指向性就是从众多的事物中选择出人在反映的对象；集中性是指人在选择对象的同时，对别的事物的影响加以抑制而不予理会。

注意是人类生存和生活实践中的根本心理因素。它使心理活动具有一定的方向性，能使人及时集中自己的心理活动，正确地反映客观事物，更好地适应客观环境。注意产生时引起生理变化并伴有表情。

2. 注意的种类

（1）不随意注意、随意注意和随意后注意

根据注意这一过程是否有预定的目的和是否需要意志努力，可以将注意分为不随意注意、随意注意和随意后注意。

①不随意注意。不随意注意，也被称为"无意注意"或"被动注意"，是指没有预定目的，不需要意志努力的注意。它是初级的注意，引起随意注意的原因主要在于客观方面，即刺激物本身的特点，那些强烈的、新异的、对比的、活动变化的刺激物，容易引起无意注意。例如，运动场上观众强烈的呼叫声、某个运动员奇特的服装或发型、霓虹灯的明暗变化、高难度的惊险动作等都容易引起人

们的无意注意。还有那些能满足人的需要、符合人们的兴趣和人的情感相联系的事物，容易引起随意注意。例如，球迷看报纸、体坛新闻最易引起他的无意注意。此外，人们的身体状况、情绪状态等都在一定程度上影响不随意注意。

②随意注意。

随意注意，也被称为"有意注意"或"主动注意"，是指自觉的、有明确目的的、需要一定意志努力的注意。有意注意属于较高级的注意。引起和保持有意注意状态除了尽可能排除无关事物的干扰外，主要须依靠主体的努力，加深对活动目的任务的理解，培养对活动对象的兴趣，增强个人和干扰做斗争的意志品质。例如，在嘈杂的多个项目同时进行比赛的运动场中，体操运动员基于对比赛目的意义的深刻认识，积极地暗示自己，通过自己的意志努力，既不去看与比赛无关的其他情况，也不去想比赛可能的结果，专心于自己动作的表演，坚持下去，就可能会取得优异成绩。

③随意后注意。随意后注意是在随意注意的基础上发展起来的，有着自觉的目的，但不需要意志努力的一种特殊的注意形式。随意后注意对学生，在学习系统的、持续时间较长的运动技能时，既有助于他们将心理活动服从于当前的活动任务，又能节省很多心理资源。

（2）外部注意和内部注意

根据人的心理活动指向个体之外的周围环境是个体本身，可以将注意划分为外部注意和内部注意。

①外部注意。外部注意是指个体对周围刺激物的注意，它经常与知觉同时进行。外部注意在探究外部世界中起着重要的作用，并以对当前情况的警戒和准备姿态出现。例如，在足球比赛中，当防守队员注意到进攻方有一名队员突然往禁区插入时，他会以紧贴跟随的方式加强防守，这样的准备状态将有助于他有效地应对场上的变化形势。

②内部注意。内部注意是个体对自身和心理活动的注意。在进行长跑训练时，运动员经常会将注意力集中在自己的肌肉活动和内脏的感受上。此外，在整个活动中，运动员对身体的反馈信号进行监控，这时的注意就是内部注意。

综上，外部注意和内部注意是互相抑制的。在教学或训练中，学生很难在同一时间既专心听教师或教练员讲解，又要思考正在完成的动作。因此，教师或教练员要根据学生的学习的不同任务引导外部注意和内部注意交替发挥作用。

3. 体育运动中注意规律的应用

（1）要善于运用无意注意的规律

无意注意是由刺激物的特点及人的内部状态所引起的。因此，教师或教练员在组织学生注意时既要考虑刺激物的特点，又要考虑学生的心理状态。

①要善于利用有关刺激物的特点组织注意。一方面，要尽量消除分散学生或运动员注意听课或训练的因素；另一方面，尽量创造条件集中他们的注意力。就比赛而言，比赛的场地、环境、观众等都是引起运动员无意注意的刺激物。教练员应善于使运动员将注意力集中在比赛的进程上。

②要考虑学生、运动员的需要、兴趣、知识、经验和情绪状态等。就教学而言，教师要了解学生的实际情况，使教学内容、教学方法符合学生的需要，激发他们的学习兴趣，使他们保持注意。就训练、比赛而言，教练员要善于稳定运动员的情绪，才能使他们集中注意力。

（2）要培养有意注意

学习、训练、比赛都是一种自觉的，以一定方式组织起来的活动。因此不能只凭兴趣，必须依靠有意注意。明确的目的性和克服困难的意志力，是培养有意注意的主要方面。因此教师、教练员要使学生或运动员明确学习训练及比赛的目的任务，激发他们的自觉性，在日常教学及训练中，要有计划地、不断地向他们提出新问题、新任务、新要求。对这些任务和要求提出具体明确，要他们力所能及，同时又需要作一定的努力才能达到，以培养克服困难的精神。另外也可以通过培养他们的间接兴趣，提高学习和训练的自觉性。

（3）要善于运用两种注意相互转换的规律

在教学、训练中如果只让学生，运动员依靠无意注意就难以完成任务。如果过分地要求依靠有意注意，容易引起疲劳，而在一定程度上分散运动员的注意力。因此，应该考虑使两种注意交替使用。

组织两种注意转换，没有固定的模式。主要围绕教学、训练的任务和内容及学生、运动员注意发展规律来安排。在教学、训练、比赛中引起注意力分散因素很多，需要我们创造性地运用各种注意规律。

## 三、体育活动中的认知干预训练

### （一）表象训练

1.表象训练的相关理论

在探讨表象训练的理论时，我们应深入剖析其背后的多重机制，这些机制共同构成理解表象训练作用机理的理论框架。其中，尤为关键的理论框架包括心理神经肌肉理论、符号学习理论、心理技能理论、心理生理信息加工理论及三重编码理论。

（1）心理神经肌肉理论

该理论的核心在于揭示了大脑运动皮层与骨骼肌之间复杂而精细的双向神经通路。这一理论主张，个体通过主动想象执行特定动作，能够激活相应的运动中枢，进而触发微弱的神经冲动，经传出神经传递至肌肉群，引发几乎难以察觉的肌肉微动。基于此，表象训练被视为一种高效的学习手段，其有效性在于它能够模拟实际运动中的神经肌肉活动模式，使生动的表象事件所激发的肌肉活动模式在某种程度上接近于真实的身体运动。尽管这种肌肉活动十分微弱，但它却为学习者提供了一个宝贵的实践模板，促进了运动技能的学习与巩固。

然而，尽管心理神经肌肉理论在理论层面展现出高度的精致性，且不乏日常生活经验的佐证（如梦境与身体反应的微妙联系），但要全面证实表象训练能够诱发与实际运动高度相似的肌肉活动，仍需依赖更为严谨的实验研究。此外，即便存在这样的肌肉活动，单纯将其视为表象训练效果的唯一或主要解释仍显不足，因为表象训练的多维效益可能远超过简单的肌肉运动感觉。

（2）符号学习理论

符号学习理论则另辟蹊径，从认知加工的角度阐述了表象训练的作用机制。该理论将表象视为一种高效的编码系统，通过这一系统，个体能够在中枢神经系统中构建并强化成功的动作程序或"心理蓝图"。这一蓝图不仅加深了动作模式的认知理解，还促进了动作的流畅执行与自动化水平的提升。符号学习理论认为，表象训练的核心在于其对中枢神经系统活动的积极影响，特别是通过认知学习路径来提升运动技能。

从符号学习理论的视角出发，我们可以合理推测，对于那些富含认知成分的运动技能而言，表象训练将展现出更为显著的效果。因为这类技能往往依赖复杂的决策制定、策略规划及执行监控等高级认知过程，而表象训练正是通过强化这些认知要素，为技能的优化提供了有力支持。这一理论框架不仅为表象训练在多种运动领域的应用提供了理论依据，也启示我们在设计训练方案时，应充分考虑技能本身的认知特点，以实现训练效果的最大化。在运动学习的广阔领域中，表象训练的效果展现出了阶段性的差异性，这一发现深刻揭示了其复杂而多变的特性。笔者认为，表象训练在应对富含认知成分的任务时，其效能显著优于纯粹运动导向的任务，这一观察成果为表象训练的符号学习理论奠定了坚实的实证基础。然而，与此同时，对于技艺已臻化境的运动员而言，心理训练在后期阶段所展现的平均效益，相较于初学者在学习初期的收获，显得更为丰厚。这一发现与既有观念——心理训练在学习初期效果最为显著形成鲜明的对比，引发了学术界的进一步探讨。

（3）心理技能理论

心理技能理论认为，"表象训练是通过发展或强化心理技能而影响到行为表现的"[①]。这些核心的心理技能涵盖注意力高度集中的能力、有效管理并降低焦虑水平的能力，以及构建与增强自信心等多维度要素。表象，作为一种心理演练技术，在此过程中扮演着举足轻重的角色，它不仅是这些心理技能发展的重要媒介，也是将理论构想转化为实践效果的桥梁。

心理技能视角下的表象训练理论，使表象训练对运动或动作执行有一定的促进作用，其归因于心理技能层面的深刻转变。这一理论框架在一定程度上超越了传统理论的局限性，为人们提供了一个更加综合的视角。需要注意的是，尽管心理技能理论为表象训练的效果提供了强有力的理论支撑，但它尚未详尽阐述表象训练如何逐步塑造与强化个体的心理技能。

（4）心理生理信息加工理论

心理生理信息加工理论框架内，映像被概念化为一个功能导向的、存储于人类大脑中的有限命题集合体。这一理论架构下，针对某一映像的阐述涵盖刺激命

---

① 刘晓帆，袁志强，马逗逗.技能竞赛选手心理技能训练研究[J].中国培训，2023（8）：65-67.

题与反应命题两大维度。刺激命题聚焦于对表象情境内在要素的详尽描绘，而反应命题则侧重于描述对该情境可能产生的心理及行为响应。此外，映像还蕴含一套运动程序，用以指导个体如何有效地应对并反应于这些情境。

值得注意的是，个体的外显行为与内心生动的表象之间存在着密切的相互依存关系，两者间的任何变动均能触发对方相应的变化。具体而言，表象训练过程中生理反应模式与实际行为执行时的生理变化模式之间的一致性，构成表象训练有效性的生理基础。

这一理论视角强调，在进行表象训练时，重视并促进生理反应激发的重要性。在运动心理学的研究领域内，生理指标常被用作评估表象训练成效的关键指标之一，然而，关于表象训练与生理反应之间深层关联的认识尚显不足。

2. 表象的训练方法

（1）表象的清晰性训练方法

此方法的首要步骤是选取一项体育活动中技术构成相对简易的动作作为起点，参与者需集中精神，在意识领域内反复模拟并细化该动作的每一个环节。此过程强调内部表象的运用，即通过心理活动模拟肌肉在运动中的细微感受，对比分析不同骨骼肌在收缩与放松状态下如何协同驱动身体运动。鼓励练习者构想自己多次连贯且完美地执行该动作，直至该技能在想象中达到近乎自动化的境界。

随着基础练习的熟练掌握，训练应逐步迈向更高层次。这包括将表象对象由单一简易动作拓展至复合动作、系列动作乃至完整的动作组合与成套表演，同时，训练环境也应从纯粹的练习情境向模拟比赛或实战情境转变，以此逐步提升表象训练的难度与复杂性，进而强化运动表象的建构与应用能力。

（2）表象的控制力训练方法

表象控制力训练的核心在于选取当前尚不纯熟的技术动作作为训练焦点。在练习时，需在头脑中频繁且细致地重播该动作的执行过程。一旦发现表象中的技术偏差或错误，应立即中断当前表象流程，转而采用外部与内部表象相结合的方式，细致剖析错误所在及其成因。此后，根据正确的动作规范重新启动表象演练，确保每一次的演练都能精确无误地执行，以此实现对表象过程的精准控制与高效修正。此方法旨在通过反复的实践与反思，提升练习者在表象过程中的自我监测与调整能力，从而促进其技能水平的稳步提升。

### （二）暗示训练

1. 自我暗示的种类

自我暗示主要有三种，包括与任务有关的自我暗示、鼓励和努力、情绪语言。

①与任务有关的自我暗示：这种自我暗示是指能够加强技巧的话语。

②鼓励和努力：这种自我暗示指那些鼓励自己要坚持或更加努力的话语。

③情绪语言：这种自我暗示指那种刺激、激励情绪的话语。

2. 自我暗示训练方法

自我暗示训练有 6 个主要步骤。

①使学生理解认识及其表现方式——语言对情感和行为的决定作用。

②确定体育运动中经常出现的消极想法。

③确定如何认识这种消极想法。

④确定取代这种消极想法的积极提示语。

⑤不断重复相应的积极提示，可以视情况具体规定重复的时间，如可规定每天早、中、晚各重复两次。

⑥通过不断重复和定时检查（训练日记、比赛总结和平时生活），在生活中养成面对困难的积极态度和良好习惯。

# 第二节　运动训练学

通过了解运动训练学的基本理论，我们能够在指导青少年进行体育运动时运用科学合理的方法，防止青少年运动损伤的出现，帮助青少年获得更好的体质提升效果。

## 一、运动训练的基本原理及原则

### （一）运动训练的基本原理

1. 运动训练的运动学基础

运动学基础的核心在于对运动技能的根本性理解。而运动技能作为一种综合能力，涵盖人体在体育活动中习得并高效执行特定动作的能力，这要求大脑在精确的时间与空间维度内，对肌肉收缩进行调控。运动技能的精进，根植于对人体生理功能客观规律的深刻洞察与主动实践之中。在人们参与运动的实践过程中，动力源泉主要依赖骨骼肌的持续活动。在神经系统的精准调控下，骨骼肌收缩带动骨骼，不仅维持着人体的静态姿态，还驱动着局部乃至全身的运动，从而支撑并促进了各种运动动作的顺利执行。此外，内脏器官的正常运作同样依赖平滑肌与心肌的协同作用，它们是维系生理机能稳定不可或缺的部分。

进一步观察比赛前后身体机能的动态演变，可以发现，运动训练是一个复杂过程，其间，多元化的刺激因素作用于运动员的机体，进而触发各器官系统机能的相应变化。基于这些机能变化的表现特征，可将其划分为以下五个阶段。

其一，赛前状态。在比赛前，运动员的身体会经历一系列的生理变化，这被称为"赛前状态"。这种状态可以在比赛前的数天、数小时甚至数分钟内出现。这些变化是身体对即将到来的比赛的自然反应，涉及多个器官和系统的条件反射性调整。

其二，进入工作状态。当训练活动开始后，虽然人体需要经过一定的准备活动来适应，但并不会立刻达到最高水平。这是一个渐进的过程，被称为"进入工作状态"。这个状态的实质是人体机能的逐步动员和调整，使身体逐渐进入最佳的工作状态。

其三，稳定状态。随着比赛的进行，当肌体逐渐适应比赛的节奏和强度时，就会进入一个相对稳定的阶段。在这个阶段，人体的机能活动在一段时间内将保持在一个较高的水平，且变动范围相对较小，这被称为"稳定状态"。

其四，运动性疲劳。在运动过程中，由于肌体对运动训练负荷的反应，会出现一种暂时的运动能力下降的现象，这就是所谓的"运动性疲劳"。这是一种正常的生理现象，适度的疲劳可以在一定程度上刺激机体的潜能提升，但过度疲劳则可能带来健康风险，甚至造成肌体损伤。

其五，恢复过程。"恢复过程"是指人体在运动后，各项生理功能恢复、能源物质补充及代谢物排出的过程。在运动时，体内的代谢过程会加强，以满足运动时能源的补充需要。在运动过程中，能源物质的消耗大于补充，但在运动停止后，能源物质的补充速度会逐渐加快并超过消耗，这是一个恢复与再生的过程。

在研究身体机能变化的基本过程时，我们可以从运动训练的视角来分析。首先，在运动的实践过程中，我们的身体面对训练负荷的刺激会有一系列的反应。可以划分为四个阶段，具体内容如下。

其一，耐受阶段。在运动训练的初期，我们的身体会展现出一种稳定的性能。这就像是在经历了一段休息后，我们的身体已经部分恢复，因此能够以较高的效率完成训练任务。在这个阶段，我们能够观察到身体的工作能力相对稳定，这也是训练任务能够得以有效完成的关键时期。

其二，疲劳阶段。在经历持续且适量的运动训练负荷作用下，人体会逐渐展现出一定的疲劳状态，这一过程伴随着身体机能与效率的渐进性衰减。确定并控制疲劳的深度，乃是运动训练计划中至关重要的环节，旨在通过科学调控以实现特定的训练目标。具体而言，只有当肌肉与身体各系统经历了一定水平的疲劳挑战，方能在随后的恢复期内触发结构与功能的适应性重构，这一过程对于提升个体的运动能力具有至关重要的作用。

其三，恢复阶段。当训练告一段落后，我们的身体便进入了恢复阶段。在这一阶段，身体开始补充消耗的能量，修复受损的部分，并恢复紊乱的内环境。恢复的速度受到两个因素的影响：一是耐受阶段的持续时间，二是运动后能量的补充是否及时。耐受阶段持续时间越长，疲劳程度越深，恢复所需的时间就越长；如果能量补充得当且及时，那么恢复的速度自然会加快。

其四，消退阶段。虽然超量恢复带来了短期的效益，但它并不会永远持续下去。随着时间的流逝，这种超量恢复的现象会逐渐消失。需要注意的是，如果在超量恢复的基础上没有及时施加新的刺激，那么之前通过训练所取得的效果就可能逐渐消退。

综上所述，合理安排运动训练的内容至关重要。这不仅需要考虑到训练负荷的合理性，还需要在每个阶段都给予身体适当的关注和调整。因为，只有在科学、有序的训练下，我们的身体机能才能达到最佳状态，从而实现运动的长效效果。对于运动训练，不仅要强调锻炼的频率与强度，还要关注运动后恢复的重要性。合理的恢复阶段不仅能够让运动员的体能和肌肉得到充分修复，而且可以在实现超量恢复的基础上，更有效地安排下一次的训练计划。这样一来，通过精准的恢复和恢复后的再训练安排，能够有效地提升运动员的运动成效。因此，我们应充分认识到训练后恢复的重要性，并在达到超量恢复状态时及时地调整和安排下一阶段的训练。

2. 运动训练的生理学基础

（1）物质代谢

食物中蕴含丰富多样的营养素，如维生素、矿物质、糖类、脂肪与蛋白质。当食物被人体摄入后，其中的营养物质通过血液循环，输送到人体全身各组织器官。各种营养物质在特定的酶促反应下转化为身体所需的能量。糖类、脂肪及蛋白质通过合成代谢构建和更新生物大分子，储存为如糖原、脂肪等形式的能源。通过分解代谢（氧化分解）释放出化学能，转化为三磷酸腺苷（ATP），从而驱动细胞活动及全身各项生理功能运转。

（2）能量代谢

在进行体育活动时，人们应根据年龄、体能状态及个人目标，选择不同的运动项目。除了进行以有氧氧化为主的耐力运动外，还可以选择依赖乳酸能系统的短时高强度运动，从而锻炼自身的无氧耐力。

运动活动的差异，使人体内各类能量供应系统（如磷酸原系统、糖酵解系统及有氧氧化系统）在提供能量方面的能力与效率展现出明显的异质性。总之，人体在执行运动任务时，各供能系统间的关系依赖运动训练的强度及持续时间。

随着运动时间的延长，人体的供能模式会经历从以糖类有氧氧化为主向脂肪氧化为主的自然过渡。运动过程中的供能，无法由单一供能系统实现，需要多个系统协同工作，共同确保运动能量的充足供应。每个供能系统均拥有独特的效能与特性，其对能源物质的需求、输出功率的强弱及供能持续时间的长短均存在显著差异。

（3）运动与心率

心率是运动生理学中的一项常用生理指标，其动态变化直观地反映了运动强度对人体生理系统的影响。这一指标便于测量，在运动训练、运动员自我管理及医学监测中发挥着不可或缺的作用。随着年龄的增长，人体基础心率通常会呈现下降趋势，至青春期时逐渐趋近于成年人水平。而在运动状态下，心率则成为调节运动强度、评估训练效果的重要参考。随着运动强度的递增，心率也会相应加快，这一现象为我们提供了实时监控与调整训练强度的科学依据。

### （二）运动训练的原则

1. 导向激励与健康保障训练原则

导向激励与健康保障训练原则，作为一种系统性的训练指导方针，其核心在于以既定的训练目标为指引，通过有效手段激发运动员的内在动力，促使其积极参与训练活动，在训练过程中为运动员的身心健康提供保障。这一原则将运动员自我驱动的训练与全面保障其健康的实践策略相融合，构成指导训练活动不可或缺的理论基石。

导向激励可细化为内在动机激励与外部社会激励两大维度。内在动机，即个体内部驱动其采取行动的力量，是推动运动员持之以恒、不懈奋斗的核心要素。正面的动机能够激发运动员的斗志，提升精神状态，负面的动机则可能削弱其意志力，导致训练动力不足。鉴于体育训练的艰苦性与挑战性，培养并巩固运动员积极的内在动机显得尤为重要，这要求运动员自身树立正确的价值观与训练目标，还需教练员在训练过程中不断引导与强化，通过有效的沟通与交流，深入了解运动员的心理状态与身体反应，科学地规划训练管理，确保训练体系与竞赛目标高度契合，从而引导运动员形成并维持积极的运动动机。

健康保障是运动员的基本权益之一，其重要性不容忽视。运动员作为社会成员之一，享有基本的健康权，因此在追求训练成效的同时，必须高度重视运动员的身心健康状况。在训练实践中，应将导向激励与健康保障原则紧密结合，强化医务监督，实施目标导向下的训练控制，注重训练过程中的信息反馈，及时调整训练计划、方法、负荷及安排，严格遵循健康保障训练原则。运动员应树立正确的参训观念，平衡国家与个人利益，以国家利益为重，为国家的体育事业贡献力量。

通过深度挖掘运动员的竞技潜能，对其身体机能提出高标准要求，可以促进竞技体育的发展。同时，这一过程对运动员的健康存在一定的威胁。鉴于此，为了确保运动员的身心健康，在训练过程中必须秉持健康保障训练原则。

在运动训练的实践中，导向激励与健康保障同等重要。应当以辩证的视角审视这两者之间的内在联系及其可能产生的冲突，持续激发运动员的主动性，同时给予其身心健康状况高度的关注与有效的保障。通过优化两者的协同作用，使之相辅相成，在一定程度上提升训练效果。

（1）导向激励与健康保障训练原则的科学基础

①长期艰苦的训练需要不断的动机激励。动机是驱动个体投身于特定活动的内在力量，对于运动员而言，成功动机是其参与训练的核心驱动力。个体普遍怀揣着对未来成功的憧憬与向往而投身于各类活动中，对成功的深切渴望为个体提供了精神上的鼓舞，促使他们自发地、积极地投身于所选择的领域。

②健康保障是运动员的重要人权。体育是现代社会不可或缺的生活元素之一，进行体育锻炼能够使人们获得健康、快乐、成就感与激情。任何违背体育本质宗旨、危害运动员健康的行为与要求，均应受到坚决的反对与防范。使用违禁药物会破坏竞技的公平性，还会对运动员的肝脏、内分泌等生理系统造成不可逆的损害，因此必须严厉禁止；过度训练会导致疲劳累积，严重损害运动员的身体机能，需通过科学训练加以预防；运动员在严重伤病情况下仍坚持参赛，虽展现了顽强精神，却会加剧伤情，此类行为应得到合理地规劝与制止。保护运动员的身心健康，是维护其人权不可或缺的一环。

③健康的身体是保持系统训练并取得优异成绩的重要基础。当代竞技体育的成功案例表明，选拔具备竞技潜力的青少年运动员并对其进行长期、系统的训练，是培育顶尖竞技选手的关键路径之一。在这一过程中，运动员的身体健康状况至关重要，它是支撑其完成高强度、高负荷训练计划，持续提升竞技能力，并在各类比赛中充分展现自身实力的基石。促进青少年体质健康是一项系统工程，需要社会各界的共同努力。共同营造促进青少年健康成长的良好氛围。

在追求训练突破的过程中，保障运动员的身心健康是实现长远发展目标的重要基石。在体育运动领域，运动伤病频繁发生是一个不容忽视的现象。如何以科学合理的方式应对运动伤病的出现，成为至关重要的议题。遗憾的是，部分教练在面对运动员受伤时，仍采取盲目强硬的策略，过度地推崇刻苦训练，导致运动员的伤势加剧，进而严重破坏训练的系统性和连续性。为有效地应对运动伤病，应实施差异化处理，迅速响应并启动治疗程序，同时与医疗专业人员紧密合作，根据科学的诊断结果，制订详尽且具有针对性的医疗康复计划。通过灵活调整训练安排，确保在运动员身体允许的情况下，能够维持一定程度的局部训练，合理规划训练内容，避免对伤病部位造成额外负担，从而在保证伤病尽快恢复的同时，维持运动员一定的体能和技术水平。

（2）导向激励与健康保障训练原则的训练要点

①树立正确的参训动机，协调兼顾国家与个人的利益。运动员投身于竞技体育领域，其行为背后具有明确的目的性，为培养运动员的积极参训态度，有必要通过多元化的途径与策略，深化对训练目的的认识教育，并融合正确的人生观与价值观教育，培养他们自发形成积极向上的训练心态。在此过程中，平衡国家与个人利益是关键。需鼓励运动员将为国家荣誉而战、为集体争光的崇高使命感与个人价值的实现紧密相连，从而催生出强大的目标动机，激励他们勇于面对挑战，坚持不懈地追求训练目标。随着运动员竞技生涯的推进，其参赛目标亦需适时调整，以确保持续有效的激励效果。

②以人为本，加强医务保障。以人为本的现代管理理念在运动员的训练管理中体现为对健康管理的高度重视，运动员是进行训练活动的主体，其身体健康状况直接关系到训练计划的执行效率与训练成果的质量。因此，建立健全健康保障体系尤为重要，包括日常的医疗监控、周期性的健康检查、及时的医疗干预以及应对突发伤病的紧急响应机制。面对运动创伤，必须迅速诊断，并依据伤情决定是否暂停训练或比赛，不应为短期利益而牺牲运动员的身体健康。

③做好目标控制、信息反馈、及时调节。确保导向激励与健康保障原则得到有效执行的前提在于对运动员训练过程的精细化管理和动态调控。需要实施明确的目标管理，完善训练过程中的信息反馈机制，并根据反馈结果及时调整训练策略。训练活动的核心目标是达成既定的训练成效，而非机械地完成训练计划。因此，应科学规划训练周期，科学制定训练内容，采用适宜的训练方法，合理地控制训练负荷。

综上，对运动训练过程实施科学监控与灵活调整，是实现运动员全面发展、达成训练目标、保障运动员身心健康的重要基石。深入剖析运动员技术战术的掌握程度及其潜在短板，监控其体能发展轨迹与训练负荷后身体的适应性反应，全面评估其专项认知能力与专业知识储备的广度与深度，并及时、有效地反馈给教练团队及运动员本人，以作为科学调整运动训练计划的基础。调整过程中，既要激发运动员的训练热情，培养持之以恒的毅力，又要高度关注并维护其身心健康状态，促进运动员全面持续发展。

2. 系统持续与周期安排训练原则

系统持续与周期安排训练原则强调，运动员应当维持一种连贯的运动训练状态，并依据训练目标将整体训练计划分为多个阶段。

此原则旨在通过连续的负荷刺激，促进人体机能的适应性改造，进而逐步提升运动员的竞技能力。运动训练的本质在于通过反复施加适宜的运动负荷，激发人体的生理与心理潜能，实现竞技水平的渐进式提升。持续性的训练实践能够确保训练效果不断巩固，而任何训练活动的中断都可能导致训练成效下降。此外，自然界及物质运动的周期性规律同样体现在运动训练过程中，如人体运动能力的周期性提升趋势、竞技状态的自然波动周期，以及体育赛事的定期举办等，均强调了周期性安排训练活动的重要性。为有效管理周期性训练过程，必须妥善处理负荷与恢复、技能分解与综合训练，以及训练与竞赛之间的内在联系。科学设计周期化训练方案，确保运动员在不同阶段均能得到针对性的训练刺激，同时给予充分的恢复时间，避免过度疲劳，促进超量恢复的实现。

系统的持续运动训练过程需要划分为若干个相互衔接、各有侧重的训练周期。这些周期可根据时间跨度、训练重点及目标的不同进行灵活组合，共同构成一个完整、系统的训练体系。在此过程中，要注重发挥系统训练与周期安排的协同效应，训练者既要确保训练的连贯性与系统性，又要充分利用周期性安排的灵活性与针对性，最大限度地发挥训练效果。

（1）系统持续与周期安排训练原则的科学基础

①人体运动生物适应的长期性。想要取得理想的竞技成绩，就必须进行系统且持续的训练。人体对训练负荷的生物适应是经由复杂的生理机制逐步达成的，通过有机体内各系统、器官、肌肉和细胞的一系列的适应性变化，逐渐增强人体体质。运动员的竞技能力是多元能力的综合体现，不仅涉及生理机能的优化与心理状态的调整，还受个体先天遗传与后天训练环境的双重影响。尤其是人体机能的深度适应性改造，包括中枢神经系统功能的重塑，更是需要时间的沉淀与不懈的努力才能实现。以耐力性项目为例，运动员的有氧代谢能力及其肌肉组织中高度发达的毛细血管网络，均是长期、系统性训练累积的成果，非短时间内所能速成。同样，在集体项目中，队员间默契的战术配合，也是通过无数次反复练习，逐步构建起来的。从人体生物适应的视角看，运动员唯有遵循系统性的训练计划，

才能不断地激发身体的潜能，从而在一定程度上达到理想的训练效果。

②运动训练效应的不稳定性。运动员在承受负荷训练过程中所取得的竞技能力的提升，涵盖体能、技能、战术理解、知识应用及心理素质等维度，均呈现出一定的不稳定性。当训练出现间断或中止，先前通过训练获得的积极效应将逐渐减少，甚至可能完全消失。以体能变化为例，力量、速度、耐力等素质的提升，在训练停止后往往迅速回落，尤其是通过高强度力量训练获得的增益消退速度更快。技能的提升是运动员神经系统内相关中枢间建立稳固而高效的暂时性神经联系的结果，这种联系确保了运动器官、骨骼与肌肉间的协调运动。为维持这种协调性，必须持续且反复地强化这些神经联系。训练的中断将削弱中枢神经系统对肢体运动的指挥能力，导致反应迟缓，最终破坏已形成的动力定型。为有效应对技能与体能衰退，克服训练效应的不稳定性，关键在于在训练效应初现并稳定一段时间后，继续施以重复性的负荷刺激。此举旨在增强并累积训练负荷的正面效应，进而推动运动员整体运动能力的持续优化与提升。因此，为达成理想的训练效果，全面促进运动员在体能、技能、战术运用、知识掌握及心理调适等方面的进步，维持训练过程的连续性、系统性与不间断性尤为重要。

③人体生物适应过程的周期性。人体对训练负荷的适应是长期且多阶段的。机体对单次合理训练负荷的反应，可以分为四个阶段：工作阶段、适应阶段、恢复阶段及训练效应递减阶段。在数月至数年的训练中，运动员的生理与心理状态也会历经竞技状态的上升、稳定及下降这三个阶段。

为了在重大赛事中取得好成绩，运动员需要科学地设计训练计划，使运动员的心理与生理层面都达到最佳备战状态，在竞赛中充分激发竞技潜能。运动员在参赛前的状态即为我们所称的"竞技状态"，其提升过程呈现出周期性变化的特征。运动员在首次面对训练负荷时，机体能量的消耗直接导致疲劳累积，通过机体内在的超量恢复机制，即在恢复过程中获得的超出原有水平的补偿，运动员的竞技能力得以提升。在此基础上增加新的训练负荷，开启下一个训练周期，这一过程周而复始，不断地推动运动员向前发展。运动员竞技状态从发展、保持到最终消退的过程是一个训练大周期。这一大周期的确立应以重要比赛的成功为目标导向，依托运动员竞技状态发展各阶段的特征，进行科学规划与划分，确保训练活动的系统性与高效性。

（2）系统持续与周期安排训练原则的训练学要点

①分段组织系统持续训练过程的实施。在运动训练的组织与实施过程中，应严格遵循其固有的阶段性特征，确保训练进程有条不紊，循序渐进。全程性多年训练规划分为基础训练阶段、专项提高阶段、最佳竞技阶段及竞技保持阶段。一个为期 2～6 个月的训练大周期分为准备期、竞赛期及恢复期三个阶段，单次训练课程同样分为准备、主体训练及收尾三个部分。

训练过程的程序性贯穿于训练各个环节之中。以周期性耐力项目运动员的专项能力提升为例，其根基在于一般耐力与最大速度能力；体操选手在掌握旋空翻技巧前，必须先掌握后空翻两周及后空翻转体 360° 等基础动作。同样，足球队若想高效运用高角球战术，需确保队员能从角球区踢出具备理想高度、远度及弧度的球，同时，还需要有队员能在恰到好处的时间冲刺至门前有利位置，完成跃起争顶及头球攻门的配合。任何一环的缺失都将导致战术执行的失败。练习内容的程序性往往具有不可逆性，必须严格按照既定的程序执行才能收获理想的训练成效。

在训练周期更迭之际，应高度重视两个周期之间的衔接与过渡。在结束一个训练周期并准备进入下一周期之前，进行详尽而科学的评估，深入分析前一周期在体能、技术、战术、心理等方面的进展与存在的不足，总结经验，吸取教训。这些分析与反思将为制订与实施下一周期的训练计划提供依据，确保各训练周期之间能够紧密相连，形成一个连贯、高效且系统的整体，推动运动员的全面发展与竞技水平的提升。

②处理训练安排的固定因素与变异因素的组合。训练周期规划的依据源自两方面周期性特征的考量：一是人体竞技能力变化的周期性规律，二是适宜比赛条件出现的周期性特性。后者是固定参照，确定了训练周期的基本框架，前者是变异因素，因为重要赛事的举办时间通常安排在最适宜进行该项目的时间段内。尽管人体机能受到生物节律的影响，但其并非完全不可控。通过科学合理的训练计划，人类可以调整并优化自身状态，确保在关键时刻达到最佳竞技水平。竞技状态的发展轨迹实则处于人为可控的范畴之内，教练员应当准确调控这一变异性因素，使之与既定的赛事日程完美契合。

3. 适宜负荷与适时恢复训练原则

适宜负荷与适时恢复训练原则指的是依托运动员个体的生理潜能与训练适应性规律，通过精确调控训练负荷强度，并实施高效的恢复措施，促进运动员提升竞技能力，达成理想训练成效。

该原则强调在进行运动训练时，应以运动员当前的身体条件与技能水平为基石，遵循人体机能对于训练刺激的自然适应规律，合理布局训练负荷，实施及时的恢复措施，有效地消除在训练过程中累积的疲劳，在一定程度上加速机体修复与超量恢复的过程。

适宜负荷与适时恢复训练原则要求运动员在训练实践中正确认识适宜负荷与适时恢复之间的关系，充分发挥二者的协同效应。

（1）适宜负荷与适时恢复训练原则的科学基础

①人体机能对外加适宜负荷的适应性机制。为确保训练有效，必须有适量的负荷，适宜的负荷水平是保障运动员身心健康的基础，也是推动其生理机能与运动能力提升的关键。训练负荷应当设定在达到或略超过个体最大可承受范围，以此激发机体的积极适应性反应，促进生理与运动机能的提升，并持续累积正向的训练效果。

②机体在过度负荷影响下的劣变性。运动员机体面对训练负荷时，会自然启动应激反应机制。然而，一旦负荷强度超过了机体的耐受阈值，便会触发负面效应，机体会产生劣变现象。随着负荷的增加，有机体会逐渐建立适应机制，产生"节省"现象。若训练负荷长时间维持不变，不再提高，机体将不再产生新的适应，机体的机能也就不能进一步地提高。只有施加更加强烈的刺激，使机体产生新的适应才能提高机能水平，出现新的训练效果。但是如果训练中的运动负荷不是逐步提高，并达到最大限度，而是提高过快、过猛并超过运动员机体所能承担的最大限度，也不能产生新的适应。这不但提高不了运动成绩，而且有损于健康。

过度负荷的影响是多维度的，包括生理层面和心理层面。生理上的过度负荷常表现为一系列不适症状，包括慢性体重减轻、非创伤性肌肉与关节疼痛、肠道功能失调、免疫系统反应异常、皮肤状况变差、全身肌肉紧张加剧、极度疲惫及睡眠障碍等。若这些症状未得到及时缓解，将可能演化为更为严重的过度疲劳状态，对运动员的身体健康、竞技状态乃至职业生涯构成严重威胁。

心理疲劳是高强度训练与竞赛压力的产物。在高负荷训练周期、重大赛事之后或特定心理压力事件下，运动员可能经历不同程度的心理疲劳。心理疲劳会严重干扰训练计划的执行与比赛的发挥。因此，必须采取综合措施，有效管理运动员的心理疲劳，以确保其能够持续保持最佳竞技状态。

（2）适宜负荷与适时恢复训练原则的训练学要点

①准确把握运动训练负荷的适宜量度。在运动训练中，每一项负荷均涵盖负荷量与负荷强度两大核心要素。负荷量是衡量机体所受刺激量的指标；负荷强度是衡量机体所受刺激深度的指标。负荷量与负荷强度相互依存，彼此制约，任何负荷量的设定均隐含特定的负荷强度要求，任何负荷强度的实施亦需合适的负荷量作为基础。任一维度的变化将不可避免地牵动另一维度的相应调整。因此，在评估负荷整体大小时，务必采用全面视角，将负荷量与负荷强度纳入统一考量框架。

负荷的适宜性评估侧重于分析负荷实施后果，涵盖机体疲劳累积水平、恢复及超量恢复所需时长、技战术训练成效、运动损伤风险及心理健康状态等方面。

利用生理生化参数的监测，如血红蛋白浓度、尿蛋白含量、血清睾酮水平等，可实现对运动员生理疲劳状态的客观量化分析。同时，建立健全医务监督体系，通过定期与不定期的健康检查，能够早期发现并预防运动损伤。深入剖析技战术训练各阶段对负荷的不同需求，有助于精准调控运动训练负荷，优化训练效果。例如，体操运动员在精力充沛状态下更易掌握新技术，故应适度控制练习次数；而对于篮球运动员而言，为提高终场前罚球命中率，则需安排在较高负荷训练后的疲劳状态下进行罚球练习，以模拟比赛情境。

②科学地探求负荷量度的临界值。长期以来，体育界与科学界已达成共识，即增加训练负荷量度是提升运动员表现的有效途径，且这一效益在负荷量度逼近运动员体能与心理承受阈值的边缘时最为显著。鉴于此，众多教练员与科研工作者不懈探索，旨在精准界定这一负荷量的上限。

运动员的负荷量度临界值是一个动态参数，其界定依赖运动员的个体发育阶段、竞技技能水平等因素，同时也受到健康状态、日常休息质量及心理调适状况等因素的影响。因此，对这一阈值的准确测定与科学评估，必须建立在科研基础之上，依赖先进的诊断技术与方法，以确保能够满足每位运动员的需求。鉴于当前人类对负荷极限认知的局限性，实践操作中需谨慎行事，秉持"安全第一，适度为佳"的原则。在确保运动员身心健康不受损害的前提下，合理地规划训练计划，预留必要的调整空间，以有效规避因负荷过量而引发的训练过度风险，从在一定程度上而保障运动员的长期发展与竞技潜力的最大化释放。

③积极采取加速机体恢复的适宜措施。第一，训练学恢复。涵盖多元化训练内容的实施与训练环境的变换，通过负荷的交替安排与训练间歇时间与方式的优化调整，促进恢复。在训练课程中融入轻松愉悦、富有节奏性的练习，调节运动员的身心状态，利用轻微肌肉活动加速乳酸在肌肉与血液中的代谢清除也是有效的恢复手段之一，依据人体生物钟的自然规律，固定每日训练时段，有助于形成习惯性节奏，进而节省神经能量，促进机体全面恢复。第二，医学与生物学恢复。此类恢复涉及多种理疗方式，如各类水浴及物理疗法，旨在通过外部刺激促进机体生理机能的恢复与增强。第三，营养学恢复。鉴于运动过程中运动员能量消耗大，其后的能量补给，在确保补充物量的充足外，还需关注营养素的均衡搭配。例如，运动后糖类的摄入需考虑其对不同部位糖原恢复的具体效应。维生素及多种微量元素作为运动员营养体系中的核心要素，与运动能力的恢复紧密相连。鉴于这些营养素在体内多无法或难以自行合成，必须依赖外源性摄入，因此，合理搭配食品种类与比例尤为重要。第四，心理学恢复。针对运动员的心理恢复，可采用自我暗示、放松训练、转换训练、气功调节、生物反馈等方法。针对每位运动员独特的心理需求与问题，应实施个性化的心理调节或辅导方案，以确保精准干预，有效促进运动员心理状态的恢复。

## 二、运动训练方法

### （一）运动训练方法概述

运动训练方法作为运动训练活动中的核心要素，旨在促进运动员竞技水平提升，确保训练目标的达成。这一领域的理论体系，是对训练方式与策略的系统化概括，是对具体训练方法的精炼表述。

运动训练方法是执行训练计划、达成训练目标的关键手段，更是提升运动员竞技实力不可或缺的工具。回顾现代竞技运动的发展历程，不难发现，运动训练方法的持续创新与科学应用，是推动整个竞技体系不断攀升新高度的核心驱动力。每一种新颖且科学的训练方法都是训练理论在实践中的生动展现，更是无数次实践探索与经验积累的智慧结晶。理解并掌握各类训练方法的功能与特性对于顺利推进运动训练各阶段任务的实施具有至关重要的作用，能够有效调控运动员各类竞技能力的发展轨迹，确保各项能力均衡发展；同时，也为科学提升不同运动项目运动员的整体竞技水平提供了坚实的理论基础。总之，精准地把握训练方法，是推动运动训练事业持续进步，提高运动员竞技能力的有效途径之一。

**（二）现代运动训练方法的创新**

在现代科技的推动下，运动训练正经历着前所未有的变革与创新，新的训练方法与手段不断涌现。

运动训练理论的核心观点唯有通过具体的方法论才能有效转化为实践中的指导力量，为运动员的训练提供科学支撑。同时，专项运动训练理论的深入探索与训练方法的不断创新，为训练实践注入鲜活的生命力，推动其不断向前发展。

审视专项训练理论与方法的历史脉络与当前格局，我们不难发现，其发展路径呈现出多元化趋势，主要集中在以下四个方面。

1. 从专项训练实践中创新

与众多科学理论及方法的诞生历程相似，专项运动训练方法也发端于实践，并在实践中成长。在方法形成的初级阶段，这一过程体现为从实践中提炼感性经验，进而上升为理性认识的转变，可视为训练方法的萌芽阶段。

2. 在不同层次训练理论指导下创新

①专项训练理论内部的逻辑推演。专项训练理论体系的逐步完善不仅为训练方法的深化与系统化提供了强大的理论支撑，还促进了方法研究在广度、深度与细致度上的全面拓展，形成理论与实践相互促进的良性循环。

②一般训练理论的影响。作为训练理论与实践发展至高级阶段的产物，一般训练理论以其普遍性和指导性，为运动训练实践及专项训练方法的精进提供了更为广阔的视野和坚实的基础。依据认识论的指导，这一过程是将一般性理论转化为解决具体问题的特殊策略或行动方案，实现了科学理论的具体化与可操作化。

③项群训练理论的影响。项群训练理论的提出进一步强化了训练理论与实践之间的联系，它通过对同项群项目内在规律的深入剖析，为设计更为精准、有效的训练方法提供了科学依据，增强了训练的针对性和实效性。

### 3. 从其他运动项目移植并创新

近些年来，由于运动训练理论与方法发展很快，变化较大，使完善专项运动训练的问题变得日益复杂，而项间移植则是其中的有效途径之一。它能够激励运动训练的组织者与参与主体拓宽思维边界，增进认知广度，还能够促进新训练技法与手段的探索与创造，最终实现训练成效的提升。

所谓运动训练方法的项间移植，本质上是一种跨项迁移的实践，即将某一运动项目的训练策略迁移并应用于另一项目之中。这一过程彰显了对专项训练方法体系的灵活调整，具有高度的方向指引性与互补性，并在实践中孕育了创新活力，确保了训练效果的达成。

项间移植依据其转化模式的不同，可划分为三个基本类型：第一，模仿型移植。其特点在于移植过程中的变动幅度相对较小，更多保留原训练方法，具有重复性、相似性、相对性及实用性特点；第二，改进型移植。此类移植在引入新方法时对原有方法进行了较大幅度的调整与优化，具有多样性、渗透性、意外性及灵活变通性特点；第三，发展型移植。它基于深厚的科学理论基础，通过创新、发展与完善，孕育出全新的专项训练方法，其过程具有选择性、突破性与重复性特点，是推动训练方法进化与革新的重要力量。

### 4. 受多学科知识的启示而创新

在运动训练方法形成与发展的过程中，受到来自体育生物科学等学科知识的启示而创新。运动训练学一直视体育生物科学为自己的重要基础与应用学科，运动训练学的许多基本原理源于体育生物科学的基本知识，运动训练过程和学科的科学化都可以在体育生物科学群中找到源头和基点。人们利用体育生物科学的基本原理与理论提出新的选材、训练等的方法与技术，发明、创新、革新训练方法与技术，如根据肌肉受到刺激后其力量素质会发生改变的特点，创造了肌肉的电刺激训练法。多学科知识的启示创新训练方法就成为训练方法创新发展的方式之一。

### （三）整体控制训练方法

运动训练方法是提升竞技运动表现、达成训练目标的关键路径与策略，贯穿于整个运动训练实践之中。这些方法在教练员的指导与运动员的实践过程中得以实施，是双方协作完成训练任务的核心手段。深入理解并合理运用各类训练方法对于顺利推进运动训练各阶段任务的执行、精确调控各类竞技能力的发展轨迹，以及科学提升不同项目运动员的综合竞技实力具有至关重要的作用。

运动训练过程本质上是一个多维度、多层次的系统工程，要求教练员在精通特定训练内容的微观技术操作的同时，掌握从宏观层面科学规划并管理训练进程的方法。随着现代运动训练控制理论的兴起，运动训练迎来了具有时代前瞻性的科学理论指导，并为运动训练实践提供了极具价值的科学控制策略。其中，模式训练法与程序训练法是最具代表性的两种方法，彰显了现代运动训练控制方法在理论与实践层面的双重价值。

#### 1. 模式训练法

模式训练法是一种规范目标导向的训练方法，其核心在于精准组织与调控运动训练的全过程。该方法的操作步骤为：对影响运动竞技表现的因素进行深入剖析；收集并量化这些因素的指标参数；构建能够反映运动员竞技能力结构的综合模型；将此模型作为评价基准，阶段性地评估运动员竞技状态的变化轨迹；通过反馈机制，将评估结果反馈至训练过程的各个环节，从而找到偏差的根源；发出调整指令，针对性优化训练策略，确保训练成果逐步贴近预设的目标模式。

#### （1）模式训练法的基本结构

模式训练法由四大构件组成：训练目标模型、检查手段、评定标准及训练方法。

训练目标模型作为未来训练蓝图，明确了运动员在特定阶段应达到的竞技能力，确立并量化影响目标实现的关键因素，构建精确的目标量化模型，为训练提供了明确的导向。

检查手段作为信息采集的枢纽，由检查项目、检查方式及检查工具三要素组成。检查项目包括运动员的机能、技能、体能、技术、战术、心理及智力等维度；检查工具包括电测、机测、光测、磁测等工具；检查方式充分考虑群体与个体差异、环境因素等对评估结果的影响。

评定标准是连接训练实践与预期目标的桥梁，它依据训练目标模型，建立起一套科学的评价体系，用于客观评估运动员当前状态与目标模型之间的差距，为教练员提供参照，帮助他们快速识别训练过程中的问题，为后续的调整与优化提供依据。

训练方法是根据评定结果及反馈所采用的针对性练习手段，旨在持续提升运动员的竞技能力。

（2）模式训练法的特点

第一，信息化。模式训练法以训练模型的指标体系作为控制依据，以评定标准体系作为监督与检查工具。训练全过程都在信息控制下进行，实现了对偏差的即时侦测与校正，有效提升了训练的精确性与效率。第二，定量化。模式训练法无论是训练模型本身还是评价的标准，都具有定量的特点。这一特性赋予了训练过程高度的可预测性和可控性，通过指标体系的明确反馈，训练过程中的每一个变化都能被精准捕捉并转化为数字语言，使教练员能够基于量化数据，对训练过程实施更为精细化的管理与调控。

模式训练法的实施步骤为：第一，依据既定的检测项目进行全面测试，随后将测试结果与评分标准进行比对，依据综合、均衡、适应性的原则，对运动员的当前状态进行等级划分。第二，依据训练模型的指引，设定下一阶段的具体发展目标，并在预设的时间节点上再次进行测试，以验证训练效果，同时利用评分标准剖析存在的问题与不足。

2. 程序训练法

程序训练法是一种高度系统化的训练方法，其核心在于依据训练进程的时间序列与内容的逻辑连贯性，构建一系列有序的训练步骤，形成完整的训练程序。此方法强调严格按照预设的程序框架来组织与实施训练活动，旨在通过科学的控制手段，确保训练过程的有序性和高效性。程序训练法的精髓在于其训练程序的构建，该程序体现了训练内容的内在逻辑关联，反映了训练过程随时间推进的阶段性特征。当训练程序中的内容逻辑更加缜密、时间规划更为细致时，就更有利于提高实际操作中的执行效率与效果。因此，科学合理地编制训练程序，成为成功应用程序训练法的先决条件。

（1）程序训练法的基本结构

程序训练法是一个由训练程序、检查手段、评价标准、训练方法四大核心构件组合而成的体系。每个构件均蕴含丰富的要素，共同支撑起该训练方法的完整框架。从结构视角看，程序训练法与模式训练法的主要差异体现在对运动训练过程控制依据的不同上：模式训练法依托既定的训练模型作为控制基准，而程序训练法则以训练程序作为控制基准。关于程序训练法中检查手段、评定标准、训练手段等构件的具体构成特征及功能阐述，可类比于模式训练法中的相应部分进行理解。这里主要阐述程序训练法中的训练程序。

训练程序分为训练内容、时间序列及联系形式三大要素。训练内容：此要素要求将复杂多变的训练内容体系化地分解为一系列小型的、相互关联且逻辑严密的训练单元。以田径运动中的跳高项目为例，技术训练作为整体训练内容的一部分，可细化为准备、助跑、踏地、起跳、腾空、过杆、落地等环节，每一环节均构成独立的训练内容单元。其中，助跑环节还可细化为助跑距离、助跑弧线、助跑节奏、助跑速度及助跑重心等多个具体子因素的训练。时间序列：该要素强调的是训练过程中时间单位的科学排序与衔接，旨在将整个训练周期划分为若干个紧密相连的时间段，以便将特定的训练内容单元嵌入特定的时间框架中，实现不同训练内容的有序衔接与融合。联系形式：指的是在特定时间内或不同时间内，不同训练内容之间有效衔接的方式。常见的联系方式可归纳为直线式与网络式两种。依据这两种不同的联系方式构建的训练程序，分别被命名为直线训练程序和网络训练程序，它们各自以其独特的逻辑结构和灵活性，指导着训练实践的有效进行。直线训练程序结构简洁明了，但训练内容具有局限性；网络训练程序结构设计较为复杂，但训练内容广泛。

（2）程序训练法的基本特点

第一，系统化。程序训练法的实施过程以训练程序为控制依据，辅以完善的评定标准体系作为监控与评估工具。这一系统性的架构确保了训练进程的每一步都处于有序的监控之中，保证了训练效果的连续性和可预测性。第二，定性化。程序训练法的训练程序通过正确处理训练中的主要矛盾点，为教练员提供了清晰的训练方向和目标。这种定性化的处理方式，使教练员能够更加有效地配置训练资源，集中力量解决关键问题。第三，程序化。训练内容的安排严格遵循既定的训练程序进行，任何内容的调整或变更均需在严格的检查、评定及监督下，依据训练内容之间的内在逻辑与联系，有条不紊地推进。这种程序化的实施方式提升了训练的科学性和针对性，确保了训练过程的稳定性和连续性。

在现代运动训练实践中，程序训练法的精髓在于其双向控制机制的构建：一方面，教练员通过正向控制机制，利用训练程序和手段，控制运动员竞技能力的发展方向；另一方面，通过反馈调控机制，借助评定标准和检测手段，及时获取运动员的实际表现数据，为教练员的决策提供可靠依据。在多次循环的闭环控制过程中，不断地调整和优化训练方案，确保运动员的训练成果科学、精准地趋近于预设的训练目标。

**（四）具体实施训练方法**

运动训练的方法包括完整训练法、分解训练法、重复训练法、循环训练法等。

1. 完整训练法

完整训练法倡导从动作或配合的起始至终结，全程无分割、无间断地进行练习，旨在帮助运动员全面而深刻地理解并掌握技术动作的完整流程与战术配合的内在逻辑。

单一动作的训练、多元动作的训练、个人成套动作的训练、集体配合动作的训练，都可以使用完整训练法。

用于单一动作训练时，应强调各环节间的紧密衔接与相互促进，通过逐步提升训练负荷，确保动作质量的提升。用于多元动作训练时，应侧重多个动作间转换的流畅性与协调性，确保动作序列的连贯与高效。用于个人成套动作训练时，应根据训练目标的不同灵活调整策略，若以动作质量为核心，则注重细节打磨；若以成套动作的完成度与竞技表现为导向，则更侧重于整体流畅性的训练。用于集体配合动作训练时，应以最终战术效果为评价标准，紧密贴合比赛实际，灵活设计训练场景，全面提升团队的战术执行能力与协同作战水平。

2. 分解训练法

分解训练法是一种系统且高效的训练策略，其核心在于将复杂的技术动作或战术配合流程科学地细化为若干独立的环节或单元，进而逐一进行针对性训练。此方法旨在通过各环节的精细化练习，强化关键技术点与战术衔接，最终实现整体表现的提升与训练效益的最大化。在面临技术动作复杂度高、难以直接通过完整训练法掌握，或需对特定环节进行深入雕琢的情境时，分解训练法将变得尤为重要。它能够帮助运动员逐一攻克难关，在整体上优化技术细节与战术执行力。

分解训练法具体可分为四大类。

第一，单纯分解训练法。该方法的核心在于将复杂的训练内容细化为多个相对独立的部分或环节，逐一攻克、逐个掌握，最终实现整体技能的融会贯通。此策略在技术与战术的教学中尤为常见。单纯分解训练法并不拘泥于特定的练习顺序，教练员能够根据运动员的实际情况、技术特长及训练目标灵活调整训练计划。

第二，递进分解训练法。其核心在于将复杂的训练内容细化为多个逐步递进的子部分。训练过程从第一部分开始，待学员掌握后，再引入第二部分的练习。随后，将前两部分融合进行训练，强化相互间的协调与连贯。这一过程持续进行，直至所有部分均被掌握并整合为完整的技术或战术体系。尽管该方法在分解练习顺序上较为灵活，但对于各子部分间衔接的精确性和流畅性却有着严格的要求，以确保最终技术动作的完整性。

第三，顺进分解训练法。该方法遵循技术动作或战术配合的自然发展顺序，将训练内容有序地划分为连续的阶段。训练初期专注于第一部分的练习，随后逐步融入后续部分，直至完成所有部分的练习。此方法的主要特点是其训练流程与技术或战术的实际执行顺序高度吻合，后一阶段的训练建立在先前阶段的基础之上，有助于学员逐步构建技术动作和战术配合的整体概念。此外，这种循序渐进的方式也有助于形成稳固的动力定型和战术意识。

第四，逆进分解训练法。在这种方法下，训练内容被反向划分为多个部分，首先从技术或战术的最后环节开始训练，其次逆向逐一增加练习内容，最后完成整个技术链条。其特点在于训练路径与技术动作或战术配合的自然流程相逆，特别适用于那些关键环节位于末尾的技术或战术体系。

3. 重复训练法

重复训练法的核心在于通过多次重复执行同一或同一组动作，并在每次重复之间安排足够的休息时间，通过持续、反复的刺激，促使运动员深化巩固运动技能，同时刺激机体产生适应性变化，从而促进身体素质的全面发展。重复训练法的关键要素包括：单次（组）练习的负荷量、负荷强度，以及两次（组）练习之间的间歇时间。常见的休息方式包括静坐放松、肌肉按摩、散步等。

根据单次练习时间的长短，重复训练法可进一步细化为短时间、中时间和长时间三种不同类型的训练方法。

第一，短时间重复训练法。短时间重复训练法广泛运用于磷酸盐系统供能下的爆发力与速度型运动技术及素质的提升训练中。此方法针对高强度、短时程的技术动作进行反复练习，旨在通过集中的能量输出与迅速的恢复机制，实现运动表现的提高。在排球运动中，该方法适用于单一扣球技术训练、传（挡、推、截）球与扣（抽）球技术训练，在田径项目中，跨栏技术的分段或全程强化训练，也充分利用了短时间重复训练法。拳击运动的多样化拳法练习，如勾拳、直拳的训练，以及足球运动中围绕射门技术的单项突破及与传、接、投、掷（踢）技术结合的综合训练，均可以使用短时间重复训练法。在表现性项群中，基础技术或高难度技术动作的组合练习，均可使用该方法。短时间重复训练法还能够有效促进体能主导类力量型、速度型项目及技能主导类对抗性和表现性项目中高难度技术的发展。

该方法的特点：单次练习负荷时间短且集中（通常控制在30秒以内），以确保训练强度最大化；动作执行迅速，间歇期充分，配合肌肉按摩等放松手段，加速机体恢复，为下一次练习做好准备。重复次数与组数相对较少，每次练习的质量与效率均得到严格把控，从而确保训练效果最大化。

第二，中时间重复训练法。中时间重复训练法广泛应用于糖酵解供能机制下的各类运动技术、战术及身体素质的训练之中。该方法适用于多种运动项群，包括隔网对抗类项目中技术与战术串联的重复训练，或是强度适中的单一技术动作的多次训练；同场竞技类项目中爆发力强劲、速度要求高的单独技术动作及其组合技术的反复训练；格斗性项目中持续进行的格斗技巧训练及其组合技术的重复训练；以及难美表现类项目中成套动作的完整训练。此外，该方法也适用于运动员在低强度技术学习、形成及巩固阶段，以及局部战术配合的学习和掌握过程中。针对体能主导型且比赛时长介于30~120秒的项目，中时间重复训练法同样适用。

该训练法的特点：单次训练负荷时间相对较长，普遍设定在30~120秒之间；训练时的负荷时长或距离可适度超出主项比赛的实际时长或距离；负荷强度设定为较高水平（如负荷心率达到并维持在180次/分钟以上），且与负荷时间之间呈反向关联；在单次或组合技术的练习中，确保动作结构的连贯性与稳定性；能量供应主要依赖糖酵解系统的运作；间歇期需充分，以促进恢复，具体方式包括慢跑结合深呼吸以及必要的按摩放松，旨在迅速清除体内积累的乳酸。

中时间重复训练法能够有效增强运动员在糖酵解供能条件下的储能与供能能力，提升其速度耐力、力量耐力，以及技能主导类项目中技术动作间的衔接流畅度、规范性和稳定性。同时，该方法对于提升运动员机体的耐乳酸能力亦具有积极作用。

第三，长时间重复训练法。长时间重复训练法应用于无氧与有氧混合供能系统下运动技术、战术及体能素质的强化训练。如技能主导型运动项目，包括多种技术与战术的串联实训、持续攻防对抗模拟、组合技术的重复性练习，以及持续2～5分钟的各种运动素质锻炼。此外，该方法亦能有效辅助难度较低、负荷适中且技巧要求高的单一技术动作或组合技术的训练，同时适用于体能主导型项目中（特别是2～5分钟耐力性项目）的技术与体能训练。在实际操作中，长时间重复训练法常与中时间重复训练法或持续训练法协同运用，以实现训练效果最大化。

该方法的特点：单次训练负荷时长较长，普遍介于2～5分钟；在技能主导型项目中，技术动作多样、训练人数多、战术攻防转换快，模拟实战环境氛围强，均增加了训练组织的复杂度；训练负荷的时长和距离往往略超主项比赛时长或距离；负荷强度与负荷时间之间呈现反向关联性。

该方法能够促进无氧与有氧混合供能能力的提升，增强运动员在无氧、有氧混合代谢状态下的速度、力量耐力及各类技术应用的熟练度与持久性。长时间重复训练法与其他训练法的有机结合可以促进训练效果全面提升，为运动员竞技能力的全面发展奠定基础。

4. 循环训练法

循环训练法的核心在于根据训练目标设计多个练习站点，运动员需遵循预先设定的顺序和路径，逐一完成各个站点的训练任务。此法能够有效激发运动员的训练热情，通过累积训练负荷"印记"与不同体位的交替刺激，实现训练效果的最大化。循环训练法的结构要素包括：每站的具体训练内容、各站的运动负荷量、站点之间的排列顺序、站点间及整个循环周期内的休息间隔，以及循环遍数与组合组数。通过循环训练法能够提升不同水平运动员的训练积极性和参与度，同时，通过个性化调整运动负荷，可以提高训练的针对性。此外，该方法还能有效分散身体负担，推迟疲劳出现，促进运动员身体素质的全面提升。在实际操作中，"站"是循环训练的基本单位，若数个连续站点以无缝衔接方式组织，则这些站点集合可视为一个训练"段"。因此，在规划循环顺序时，需灵活考虑以"站"或"段"为单位进行编排，以适应不同的训练需求。

基于练习间歇的负荷特性，循环训练法可细化为循环重复训练、循环间歇训练及循环持续训练三种类型。组织形式包括流水式、轮换式及分配式。

流水式循环要求运动员连续不断地按顺序通过各站点，促进运动员多项运动能力均衡发展，并实现对全身各部位及内脏器官的全面锻炼。轮换式循环要求分组同时练习，再按顺序轮换站点，着重于强化特定运动机能或身体部位，激发局部反应。分配式循环要求设置更多样化的练习站点，为运动员提供更丰富、更全面的训练选择，进一步拓展其运动能力。

（1）循环重复训练法

循环重复训练法严格遵循重复训练法的核心理念，在训练结构中引入循环机制，对各站及各组循环间的间歇时间不做硬性规定，确保运动员在基本恢复的状态下，能够全力投入每一站或每一组循环练习中。这一方法可以用于技术训练，也可以用于身体素质训练，是众多竞技项目不可或缺的训练手段。以篮球运动为例，可以将跑动接球、运球过人、急停跳投及冲抢补篮等关技术环节设置为独立的练习站，运动员需依次完成这些站点任务，模拟比赛中瞬息万变的场景。为增强训练的综合效应，可将这些练习站进行创造性组合，形成若干个紧密相连的练习。

循环重复训练法的特点：构建练习站点，每个站点进行特定的动作训练，确保练习内容的全面性与多样性。动作设计标准化，以贴近实际比赛需求。练习顺序的编排紧密贴合竞赛特点，通过模拟实战场景，提升运动员的适应能力。强调间歇时间的合理安排，保证运动员有足够的恢复时间，促使身体机能在反复刺激中逐步提升，在连续两组练习后穿插长间歇，进一步促进体能的全面恢复与提升。

循环重复训练法的应用目标：一是强化高强度技术动作的规范掌握与熟练运用，确保运动员在激烈对抗中技术动作的稳定发挥；二是通过模拟实战中的攻防转换，增强运动员的对抗能力与战术应变能力；三是实现技术动作训练、体能提升与代谢系统调节的有机结合，促进三者之间的协同进步，形成良性循环；四是专注于提升运动员磷酸盐系统的能量储存与快速释放能力，这对于高强度、短间歇的运动项目尤为关键；五是针对特定肌群，加强其收缩速度与爆发力的训练，从而提升运动员在比赛中的瞬间爆发力与持续作战能力。

（2）循环间歇训练法

循环间歇训练法的核心在于设定训练过程中的间歇时间，确保运动员在机体未完全恢复状态下进行连续的、多样化的练习。该方法可以应用于提升运动员的体能水平，可以促进技术、战术与身体素质之间的协同发展。

循环间歇训练法的特点：将多样化的训练内容组织成若干个独立的练习站，每个站点的练习负荷时间至少30秒，以确保足够的刺激强度。站与站之间的间歇时间相对不充分，旨在使运动员的生理系统保持在一种适度的疲劳与恢复交替的状态中，从而激发其潜力，促进适应性变化。循环组间的间歇时间更为灵活，可根据训练目标及运动员的实际情况调整，以达到最佳的训练效果。

循环间歇训练法的应用目标：一是提升运动员糖酵解系统与有氧代谢系统混合供能的能力，这对于许多高强度、间歇性的竞技项目而言至关重要；二是增强运动员在特定供能状态下的速度耐力和力量耐力，这对于提升运动员在比赛中的整体表现具有决定性作用。

（3）循环持续训练法

循环持续训练法严格遵循持续训练的基本原则，不同练习站点与组别间不设置间歇期，将多个练习环节紧密串联，形成一个连贯、长时间的训练序列。该法在竞技运动训练中的应用极其广泛。如将同场对抗性运动项目中的运球、传球、接球、投篮（射门）或跑步、接球、投篮（射门）或跑步、策应、传球、投篮（射门）等练习内容设定为练习站并编排成组合技术（练习段），进行5～10分钟的较高强度的循环持续训练，或在联合训练器上进行持续循环训练，都是循环持续训练方法的具体应用。

循环持续训练法的特点：各练习站点之间紧密联系，相互促进。每个单独练习的平均负荷强度相对较低，以保障运动员在长时间训练中能够保持稳定的状态，减少疲劳累积和受伤风险。各站点之间几乎不存在明显中断，一次完整循环的持续负荷时间至少达到 8 分钟乃至更长。循环间的间歇时间根据训练目的、运动员状态及训练阶段等因素灵活调整。有时可完全不设间歇，以强化训练强度；有时则适当安排短暂间歇，以促进恢复与超量恢复。将上下肢练习、身体前后部练习等科学组合，既可集中安排以强化某一区域或能力的训练，也可交替进行以避免局部过度疲劳和协调发展。组织方式可采用流水式或轮换式。运用此方法可提高运动员持久的对抗能力、运动员攻防技术的转换能力、疲劳状态下连续作战的能力及有氧工作强度；可提高有氧代谢系统供能的能力、有氧工作强度及有氧代谢供能状态下的力量耐力。

# 第三节　运动营养学

对运动营养学的知识进行了解，有助于对青少年的营养摄入进行干预，帮助青少年获得更好的运动效果，有效增强体质健康。

## 一、运动与营养

糖类、脂肪、蛋白质、维生素、矿物质以水分是生命活动的基石，是维持体质健康与身体活动的营养学核心议题。科学的膳食营养管理是预防疾病、维持并提升人体健康水平的物质基础，运动锻炼则是强身健体不可或缺的方式。两者在保障人体正常生长发育、维护健康状态、优化生理机能、强化体质及疾病防控中发挥着重要作用。

### （一）体质健康与营养

营养状况、环境因素、社会条件及体育运动等多重因素共同塑造了个体间的体质差异，其中，营养摄取均衡与否是造成体质差异的关键因素。生命的持续、生物体的成长、各类生理活动及体力劳作的执行，无不依赖体内的物质代谢过程。充足且均衡的营养是支持人体健康成长发育的基石，个体体质与体格发展的程度与营养状况紧密相连。合理的营养供给能够促进健康、延长寿命，而营养失衡则可能成为导致疾病，对机体产生不利影响。因此，深入探究合理营养在促进少年儿童成长、调节人体生理机能、预防疾病及提升运动表现等方面具有重要意义。

### （二）合理营养与运动能力

运动锻炼是增强人体各系统、组织及器官功能的有效手段，有利于身体健康。合理的营养摄入，对于运动员而言是维护身体健康、优化竞技表现的基础，随着社会的进步与人民生活质量的提升，对于普通民众而言，运动锻炼同样是确保充沛体力和健康体质的必要条件。在此背景下，营养科学迎来了前所未有的发展机遇，衍生出多个专业，包括临床营养学、公共营养学、儿童营养学、营养流行病学及运动营养学等，这些学科的发展进一步地推动了营养知识在实践中的应用，为提升全民健康水平提供了坚实的科学依据。在当今社会，营养学领域的研究日益深入，人们普遍认识到营养状况与个体健康、疾病风险、遗传特征及民族整体身体素质之间存在着紧密而复杂的关联。这一认识促使不同人群在营养需求上展现出各自独特的标准与偏好。营养摄入的合理性作为影响人体生理状态、生长发育进程及运动潜能的关键因素，其重要性愈发凸显。构建健康生活方式，合理营养与规律运动是不可或缺的两大支柱。运动在促进健康、加速成长与发育方面的积极作用，有赖于科学合理的膳食营养作为坚实后盾。营养是构成和维持人体组织结构的物质基础，直接参与能量代谢、免疫功能调节等生理过程。而体育运动，则通过增强心肺功能、提升肌肉力量与耐力、改善心理状态等多维度效应，进一步强化身体机能。因此，实现营养与运动的科学融合，成为提升人类健康水平的有效途径。

## 二、运动与宏量营养素

### （一）运动与糖类

#### 1. 糖类在运动过程中的供能特点

在运动过程中，最为直接且迅速的能量供应来源于三磷酸腺苷（ATP），然而，人体内 ATP 的储存量极为有限，仅足以支撑数秒的高强度活动，因此必须依赖持续的 ATP 合成过程。在这一过程中，糖类作为剧烈运动时 ATP 再合成的核心基质，主要以糖原的形式分别储存于肌肉和肝脏之中，对于维持运动耐久力至关重要。在无氧和有氧的情况下均能分解为 ATP 供给机体使用。糖在无氧氧化时耗氧量最少，不增加体液的酸度，是机体基本的首选的功能物质。糖经无氧酵解可生成 2 分子 ATP，反应终产物为乳酸。测定血乳酸，可反映运动员的运动强度、训练水平、疲劳程度等情况。

2. 运动中的糖储备

个体的糖储备水平与运动能力之间存在正相关关系；肌糖原的消耗与运动性疲劳及运动性损伤的发生紧密相关。糖储备包括肌糖原、肝糖原和血糖。全身肌糖原约为 250 克，肝糖原 75～90 克，血糖 5～6 克，糖储备总量 300～400 克。一些长距离运动项目可使运动员机体内的糖储备消耗殆尽。

大脑细胞主要靠血糖供能，而且几乎没有糖储备。糖储备耗竭后，极易引起中枢性疲劳，甚至发生低血糖。膳食中糖类比例高，有利于糖原的合成和糖储备的增加。

### （二）运动与脂肪

1. 运动中脂肪的主要营养功能

第一，供给运动能量。与糖类相比，脂肪具有重量轻、能量密度高、发热量高的特点。1 克脂肪在运动中可产生 37.6 千焦能量，比 1 克蛋白质或 1 克糖类高 1 倍多。因此，对于能量消耗较大的运动员而言，脂肪可起到缩小食物体积、减轻食物重量的作用。脂肪参与供能是以氧供应充分为前提的。因此，脂肪可以为长时间、低强度运动项目（如超长距离马拉松和铁人三项）提供能量。脂肪供能时，通过参与供能比例的增加，又可以起到节省糖原作用，从而提高机体耐久力。

第二，构成部分重要生理物质。磷脂、糖脂和胆固醇作为脂类物质，参与构成细胞膜的类脂层，胆固醇又是合成胆汁酸、维生素 $D_3$ 和类固醇激素的原料。

第三，维持体温和保护内脏。脂肪不易导热，皮下脂肪层有隔热保温作用。脂肪的这种性质，对于在寒冷环境中运动的运动员来讲，可防止体温过分散失，这对运动能力的发挥有积极意义；但对于热环境下长时间大强度运动中的运动员而言，由于脂肪阻止散热使体温上升，将对运动能力产生不利影响。此外，人体内脏（如心、肝、肾、脾等）周围都有脂肪层包裹，可以起到防震作用，在一定程度上避免剧烈运动对内脏器官的损伤。

第四，促进脂溶性维生素的吸收。鱼肝油和奶油富含维生素 A 和维生素 D，许多植物油富含维生素 E。脂肪能促进这些脂溶性维生素的吸收。因此，摄取适量的脂类食物是不可缺少的，特别是控制体重的运动员在长期节食期间，也应该注意适当补充脂肪，防止脂溶性维生素的缺乏。

第五，增加饱腹感，防止饥饿。脂肪在胃肠道内停留时间长，所以有增加饱腹感的作用。在长时间运动中可以有效地防止运动员产生饥饿感。

2. 运动与脂肪供能

脂肪是运动的主要能源之一。针对长距离、长时程的运动项目，如马拉松、铁人三项等，运动员合理增加脂肪的摄入量，能够为机体提供更为持久的能量供应，助于维持饱腹感，优化运动表现。运动训练中可增加机体对脂肪氧化利用能力，因为脂肪供能的增加可节约体内的糖原和蛋白质。

### （三）运动与蛋白质

1. 维持细胞的生长、更新和修补

参与构成各种细胞组织是蛋白质最重要的功能。蛋白质是肌肉、内脏器官、骨骼、皮肤和红细胞等的主要组成成分，占细胞内固体成分的 80% 以上。高强度和大运动量的训练比赛可造成肌肉组织损伤，而组织细胞的修复需要蛋白质。运动后休息期机体蛋白质和氨基酸的合成代谢会增强，这有利于组织细胞的修复和骨骼肌支链氨基酸的储备。

2. 合成酶、激素和其他化合物

在运动过程中，体内的所有物质代谢都是在酶的作用下完成的。需要注意的是，酶是具有催化功能的一类特殊蛋白质。蛋白质的基本单位是氨基酸，在体内的激素中，有一部分是从氨基酸演变或合成而来的。此外，一些氨基酸还是合成体内某些物质的原材料。例如，酪氨酸是合成皮肤、头发和眼睛颜色的黑色素的原材料，色氨酸是神经递质血清素的原材料。

3. 合成抗体

抗体是蛋白质生物特异性的典型代表。抗体由氨基酸序列构成，具备识别并区分自身蛋白与外来入侵的微粒（多为蛋白质）的能力，且仅对外来微粒产生免疫反应。这些外源性蛋白质可能源自细菌、病毒、毒素的组成部分，或是食物中引发过敏的特定成分。一旦机体识别到外来蛋白质的入侵，便会启动特异性免疫机制，生成仅针对该入侵者的抗体，从而实现精准且高效的防御，一种抗体仅针对一种入侵者。

4. 保持体液和电解质平衡

一方面，蛋白质利用自身生物大分子和蛋白质亲水性的特征，来维持细胞内外的水分；另一方面，细胞膜上的运输蛋白通过不断地将各种物质运出或运进细胞，来维持体液的组成。

5. 维持体内酸碱平衡

蛋白质可以作为保持血液正常酸碱度（pH 值）的缓冲物质，维持体内的酸碱平衡。例如，当机体 pH 值下降时，蛋白质可以利用其两性电解质的带负电特征接受带正电的氢离子，缓解 pH 值的进一步下降。但是当 pH 值变化过大，超出蛋白质的缓冲能力时，过多的酸会造成蛋白质变性，从而使身体和多个生物过程受到破坏。

6. 提供能量

蛋白质在运动中供能比例最小。蛋白质在运动中供能的比例取决于运动的类型、强度、持续时间及体内糖原的状况。体内肌糖原储备充足时，蛋白质供能仅占总消耗的 5% 左右，肌糖原耗竭时可上升到 10%～15%，在一般运动情况下，蛋白质提供 6%～7% 的能量。蛋白质动用的一般顺序：一是血液和肝脏中的小蛋白质，二是肌肉和其他器官的蛋白质。每克蛋白质产生 17.19 千焦能量，供能是蛋白质的次要生理功能。骨骼肌在长时间耐力型运动中可选择性摄取支链氨基酸进行氧化供能。

## 三、运动与微量营养素

### （一）运动与维生素

维生素在维系人体物质代谢及特定生理机能中发挥着重要作用，其种类繁多，化学性质和生理功能也各有不同，它们既不是构成组织的原料，也不参与功能，但是在体内的生物化学反应及代谢过程中扮演着重要角色，维生素主要参与各种酶的组成，在调节物质代谢和能量代谢中发挥重要作用。维生素虽然需要量很少，但大多数人体自身不能合成或合成量很少不足以维持生命活动所需，必须通过饮食过程从外界获得。依据维生素溶解特性的差异，可以将其划分为两大类：水溶性维生素与脂溶性维生素。这两类维生素在机体内各司其职，共同促进生命活动的顺利进行。

**1. 运动与水溶性维生素**

水溶性维生素主要有 B 族维生素和维生素 C。B 族维生素包括：维生素 $B_1$（硫胺素）、维生素 $B_2$（核黄素）、维生素 $B_3$（烟酸）、维生素 $B_5$（泛酸）、维生素 $B_6$（吡哆醇）、维生素 $B_7$（生物素）、维生素 $B_9$（叶酸）、维生素 $B_{12}$（钴胺素）。B 族维生素一方面在生物体内通过构成辅酶，影响酶的催化功能，进而发挥对能量代谢的调节作用，另一方面对维持红细胞的正常生长和生物学功能起到重要作用。例如：维生素 $B_1$ 作为辅酶主要参与糖代谢，因此当摄入量不足时，糖的氧化供能就会受阻，并且会影响神经组织的能量供应，随着运动强度的增加，运动负荷增大，维生素 $B_1$ 的需求量也随之增加，特别是有氧运动如游泳、乒乓球、健身操等都需要及时补充维生素 $B_1$。维生素 C 参与蛋白质、脂肪、糖的氧化，参与细胞内的氧化还原反应，是活性很强的还原性物质，可以提高生物氧化过程，促进能量代谢，并且可以防止肌细胞受损，从而减轻运动性疲劳和提高运动能力。

**2. 运动与脂溶性维生素**

脂溶性维生素包括维生素 A、维生素 D、维生素 E 和维生素 K。脂溶性维生素不溶于水，易溶于有机溶剂。脂溶性维生素可在人体内储存，主要储存于脂肪和肝脏部位，因此过量摄入会影响机体正常生理功能和运动能力，严重者会引起中毒。

维生素 A 有维持正常视觉、促进生长发育、增强免疫力、清除自由基、促进细胞再生等功能，主要存在于动物肝脏、蛋类、奶类、绿叶和黄叶蔬菜中。

维生素 D 有促进钙、磷的吸收及转运，促进骨与软骨的生长，维持骨骼强壮，维持血钙平衡等功能。机体维生素 D 水平对运动员的健康和运动能力影响较大，维生素 D 缺乏会引起骨头和关节疼痛、肌肉萎缩、失眠、紧张等症状，严重影响运动能力和运动表现。经常晒太阳可以促进体内维生素 D 的合成满足人体需求，每天户外运动 2 小时即可预防维生素 D 的缺乏。富含维生素 D 的食物包括鱼肝油、海鱼类、动物肝脏、奶制品等。

维生素 E 是机体重要的抗氧化剂，与微量元素硒具有协同抗氧化的作用，可降低机体脂质过氧化作用，保护机体免受自由基的氧化损伤，从而对促进疲劳恢复，提高运动能力有重要作用和意义。富含维生素 E 的食物包括花生油、玉米油、大豆油、芝麻油、麦胚油等。

维生素 K 具有凝固血液、制止出血的作用；还可促进骨钙蛋白的形成，从而使骨密度增加，也可使骨质疏松患者血浆中骨钙蛋白增加，促进骨的重建和钙的动员。维生素 K 的来源广泛，富含维生素 K 的食物，如绿叶蔬菜、动物肝脏、蛋黄等食物。此外，一些肠道细菌也可合成维生素 K。

运动导致机体代谢加强加快，作为能量代谢的辅助因素，适时且适量供给维生素，能够促进能量的生成与转化，并进一步优化神经系统的功能表现，满足高强度运动下机体对代谢能力的要求。运动员群体相较于普通人群对维生素的需求量更高，原因在于高强度的运动训练往往伴随着胃肠道吸收功能的暂时性下降，运动促使体内维生素的代谢速率加快，导致需求量相应增加，运动过程中大量排汗带走了水分与电解质，加速了水溶性维生素的流失。因此，运动员经常消耗大量的或体力人群应适时、适量地补充维生素。

### （二）运动与矿物质

矿物质又称为"无机盐"，是构成人体组织和维持正常生理活动的重要物质。人体组织几乎含有自然界存在的所有元素，人体除去碳、氢、氧、氮以外的元素统称为"矿物质"。矿物质和维生素一样，也是人体自身无法合成但又是构成人体组织和维持正常生理功能所必需的一种营养素。

在机体中矿物质主要作为构成机体组织的重要材料，如钙、磷、镁是骨骼和牙齿的主要组成成分，对保持骨骼强壮，防止运动性骨折具有重要作用；铁是血红蛋白不可缺少的成分。矿物质又是多种辅酶或辅酶因子的组成成分，诱导酶的活性，参与机体的新陈代谢，如锌、铁、钙、锰、铜等。另外，矿物质还承担着维持机体电解质平衡，酸碱平衡、细胞渗透压和维持机体神经肌肉组织兴奋的作用，这对运动耐力表现至关重要，如钠、钾、镁、钙等。在促进最佳运动表现方面，矿物质的作用还包括参与糖酵解、脂肪水解、蛋白质水解及磷酸肌酸系统。

在人体新陈代谢过程中，每日都会有一定量的矿物质随着粪便、尿液、汗液、皮肤及黏膜脱落而排出体外，所以，人体每日需要摄入足够量的矿物质以维持机体的正常生理生长活动，尤其是在高温、高湿环境下的运动和体力活动，伴随着出汗量的增加，矿物质的丢失也会随之增大，需要及时补充含有矿物质的液体。

## 四、运动与水

水在体育运动中扮演着至关重要的角色，与运动员的生理机能紧密相连。相较于非运动人群，运动员的水代谢量较大，这主要归因于运动过程中机体内热量的产生，为维持体温稳定，机体将汗液的蒸发作为主要的散热机制，此过程离不开水分的持续补充。水作为基础元素之一，对于保障运动员的身体健康、维持竞技状态及挖掘运动潜能具有不可替代的作用。

### （一）水在体育运动中的生理功能

1. 运动中能量供应依靠水的参与

水的溶解性与流动性在一定程度上促进了机体内代谢过程的顺畅进行，从营养素的消化、吸收、生物氧化、转运，直至代谢废物的有效排除，无一不依赖水的存在。细胞液作为体内生化反应的主要场所，其丰富的水环境为各种新陈代谢及生理活动提供了必要的介质与支持。

2. 运动时依靠汗液蒸发调节体温

正常体温的维持，是机体产热和散热过程动态平衡的结果。机体热产生的来源是组织细胞的各种代谢活动，安静时产热部位主要是内脏，劳动或运动时产热部位主要是肌肉和皮肤。肌肉收缩需要机械能，而能源物质碳水化合物、脂肪和蛋白质氧化释放的是化学能，在能量转换过程中，大约1/4的化学能被直接转化为机械能，剩余部分则以热能形式积聚，导致体温上升。随后，这些热能通过血液循环被带至体表，并依赖汗液的蒸发实现有效散发。所以，运动时出汗是体温调节的重要方式，使体温不致因运动而升高。

3. 水具有润滑和缓冲作用

水是关节、肌肉及体腔内不可或缺的润滑剂。其低黏度的特性能够显著减少运动时的摩擦阻力，降低损伤风险，并为组织器官提供必要的缓冲与保护。

4. 水维持脏器的形态和机能

体内结合水与多种生物分子（如蛋白质、糖胺聚糖、磷脂等）的结合，可以维持脏器的形态稳定与结构完整，促进血液循环的顺畅进行。水分的大量流失会导致血液浓缩、血流减缓，进而干扰供氧效率与代谢废物的清除，可能引发肌肉酸痛、运动耐力下降等不良反应。运动时若出汗较多，供水量也应增加。

### （二）运动性脱水及其影响

根据丢失水分的多少，可将运动性脱水分为轻度脱水、中度脱水和重度脱水。

1. 轻度脱水

失水量为体重的 2% 左右时为轻度脱水。轻度脱水以细胞外液，即血液和细胞间液的丢失为主。血容量减少造成运动时心脏负担加重，运动能力受到影响。轻度脱水时，表现为口渴、尿少，尿钾丢失量增多。

2. 中度脱水

失水量为体重的 4% 左右时为中度脱水。中度脱水不仅丢失细胞外液，还丢失细胞内液，两者的丢失量大致相等。此时可表现为脱水综合征，即严重的口渴感，心率加快，体温升高，血压下降，容易疲劳，运动能力下降。

3. 重度脱水

失水量为体重的 6% 以上为重度脱水。此时，细胞内液丢失量大于细胞外液丢失量。除有中度脱水的表现外，还可出现呼吸频率增加、恶心厌食、易激怒、肌肉抽搐，严重时出现幻觉，甚至昏迷。

运动员重度脱水时可能中暑，表现为体温升高、面色潮红、肌肉痛性痉挛、头痛、脉搏加快、虚弱、晕厥等症状。中暑极严重时可能引起死亡。

### （三）运动中的合理补水

1. 补水原则

脱水不仅影响运动员的运动能力，还威胁运动员的健康。因此，运动中合理补水十分重要。当脱水达体重的 2% 时，人才感到口渴，而此时运动能力已开始下降，所以不能将口渴作为补水的标志。补水的主要原则是：积极主动补水。

2. 补水的方式

对于运动员而言，科学补水至关重要。推荐采用少量多次的饮水策略，并依据不同运动项目的需求，在运动前、中、后适时补充水分，避免一次性大量饮水可能带来的血液稀释、心脏负担加重、红细胞携氧能力下降等负面影响。同时，也能有效防止过多水分通过肾脏与汗腺排泄，从而减轻肾脏负担、节省能量消耗，减少矿物质的流失。此外，大量饮水还可能稀释胃液，影响运动员的食欲与消化功能，在持续的运动过程中可能诱发腹痛与呕吐等不良反应。补充水分的同时还要补充矿物质，从而加速体液恢复平衡，有效预防或延缓疲劳，确保运动员维持最佳竞技状态。

（1）运动前补水

结合个人状况、运动项目和天气等具体情况，运动前应适量补水。运动前 2 小时最好摄入 400～500 毫升水，对维持体温恒定，延缓脱水发生有益。运动前 15 分钟可少量饮水，分次饮用。在赛事前夕，运动员应采取策略性饮水。运动前应避免在短时间内大量饮水，以免给胃肠道、心脏及肾脏带来不必要的负荷，同时减少因过量饮水而诱发的排尿与排汗，从而影响运动表现。需要注意的是，在特别炎热的天气，应额外补水 250～500 毫升。

（2）运动中补水

进入运动阶段，适时补水是防止严重脱水及由过热导致运动能力衰减的关键措施。建议运动员每隔 15～20 分钟摄入约 200～300 毫升的运动饮料或纯净水，优先考虑富含糖分与矿物质的运动饮料，因其能迅速被身体组织吸收，特别是在高温环境下。在剧烈运动时，每小时的水分吸收上限约为 800 毫升，水温以 8℃～12℃为宜。运动中不宜一次性大量饮水，水在胃中潴留会造成不适感，影响膈肌运动和呼吸，从而在一定程度上影响运动能力。

（3）运动后补水

因为运动员在运动中补水量往往小于丢失量，所以运动后也要补水，使水出入量达到平衡。补水量可根据丢失情况而定。在运动结束后，补水同样应遵循"少量多次"的原则，严禁短时间内暴饮，避免尿量和排汗量增加从而加剧体内矿物质流失，对心脏和肾脏增加额外负担。应补充含矿物质或含糖的运动饮料，以促进血容量的恢复。不可只饮用白开水，饮用白开水虽然一时解渴，但可造成血浆渗透压降低，增加排尿量，延长机体的复水时间。暴饮白开水还会稀释胃液，进而影响食欲和消化功能。运动中丢失的体液应在次日晨起得到基本恢复，监测体重可了解复水的程度。

## 五、运动的合理膳食营养

在运动状态下，肌肉的代谢活动显著增强，其能量消耗速率相较于静息状态可攀升至千倍之多。不同类型的体育锻炼项目、不同年龄层次的参与人群以及性别差异，均会导致体内物质代谢途径与营养需求模式各异。

### （一）运动合理营养的基本要求

#### 1.食物的数量和质量应满足健身运动的需要

为保障运动健身活动的效益与个体的健康状态，饮食规划需匹配运动所致的能量消耗，从而维持理想的体重与体脂比例。在量的层面上，应确保食物摄入能够满足运动消耗的需求；在质的层面上，需实现各类营养素的均衡配比。食物中能源物质即蛋白质、脂肪和糖类的比例应适应于不同健身运动的需要，一般情况下蛋白质热量占总热量的12%～15%，脂肪热量占总热量的25%～30%，糖类的热量占总热量的55%～65%，有氧健身运动的糖类热量可达到总热量的70%以上。

#### 2.食物应当营养平衡和多样化

理想的饮食结构应广泛涵盖多类食物，包括谷物、蔬菜、水果、奶类及其制品、水产品、鱼类、肉类、禽类、蛋类与豆制品等高蛋白食品、烹调用油与白糖等纯热量食物。热量不足或过多时，可用主食、油脂或甜食等调节。

#### 3.一日三餐食物的分配

应有较高的热量，并含有丰富的蛋白质、矿物质和维生素等食物。午餐应适当加强，但要注意避免肠胃道负担过重。晚餐的热量一般不宜过多，以免影响睡眠。早、中、晚三餐的热量大致为30%、40%和30%左右。在运动健身期间，要定时进餐，饮食有节，不暴饮暴食。运动时进餐次数除日常基本三餐外，最好增加1～2次点心。

#### 4.运动健身的进食时间

应考虑消化功能和健身者的饮食习惯：一般地说运动应在进餐后1.5～2.5小时进行，鉴于胃内食物的自然排空过程通常需3～4小时，对于某些消化较慢的食物，如牛肉，其在胃中的停留时间可延长至5～6小时，这一生理特性对进食与运动的时间间隔提出了具体要求。若两者时间间隔过短，运动期间的内脏缺血状态将干扰消化功能，降低运动表现；若间隔过长，则可能诱发低血糖反应，同样不利于健康。运动结束后，血液倾向于集中在四肢皮肤血管中，内脏器官暂时处于相对缺血状态，此时立即进食可能加重消化负担。因此，建议运动者在完成锻炼后至少休息 30 分钟，待机体逐步恢复正常血液循环与内脏功能后再行进食，大运动量后要休息 45 分钟以上。

### （二）健身运动与营养膳食平衡

营养膳食平衡旨在确保人体通过饮食所摄取的热量及各类营养素能够全面满足营养生理学上的需求，并在此基础上，实现各营养素之间代谢过程的平衡。具体而言，平衡膳食的构建需从四个维度出发，即氨基酸平衡、热量营养素构成平衡、酸碱平衡及各类营养素摄入量之间的平衡。营养膳食平衡的功能在于促进营养素在体内的消化、吸收、转运及高效利用，从而维持身体各组织器官的正常运作。任何营养素摄入过量或不足，均会打破平衡体系，导致生理功能失衡，进而对人体健康产生不利影响，甚至诱发营养性疾病或慢性疾病。

1. 氨基酸平衡

食物蛋白质的营养价值深受其所含 8 种必需氨基酸的数量与比例影响。只有当这些氨基酸的数量与比例接近人体生理需求时，才能有效促进人体组织蛋白质的合成。反之，则可能降低蛋白质的利用率。世界卫生组织已明确界定了人体所需 8 种必需氨基酸的理想比例，即色氨酸 3.1%、苏氨酸 10%、蛋氨酸 10.7%、赖氨酸 12.5%、异亮氨酸 12.9%、缬氨酸 14.1%、亮氨酸 17.2%、苯丙氨酸 19.5%。食物中这些氨基酸的比例越接近此标准，其生理价值越高；当生理价值接近 100 时，即该蛋白质被人体完全吸收利用，这种状态被称为全部氨基酸平衡，此类蛋白质则被称为完全蛋白质。基于这一标准，可以对各类食物蛋白质进行氨基酸评分，以评估其营养价值。鸡蛋与人奶的氨基酸比例与人体需求高度吻合，被视为氨基酸平衡的理想食物。对于健身运动者而言，由于运动项目、时长及强度的差异，体内氨基酸的消耗模式各异，因此需根据个体运动情况，灵活调整饮食策略，以维持体内氨基酸的动态平衡。

2. 热量平衡

糖类、脂肪与蛋白质是机体能量的重要来源，共同被归类为热量营养素。在摄入量适宜的情况下，这些营养素不仅能够各自发挥其生理功能，还能相互协同，起到对机体的保护及促进作用，此状态被定义为热量营养素平衡。基于广泛的动物实验与人体观测数据，一些科学家认为，当糖类、蛋白质与脂肪的摄取比例维持在大约 6.5 ∶ 1 ∶ 0.7 时，它们在体内经生物代谢过程所产生的热量分配最优，即糖类贡献 60%～70%，蛋白质占 10%～15%，脂肪占 20%～25%，这种分配模式是实现热量营养素平衡的关键。若膳食中糖类摄入超标，将导致能量比例失衡，促使体重增加，加重消化系统和肾脏的负荷，同时减少对其他必需营养素的吸收。脂肪摄入热量过高，则会导致肥胖、高血压及心血管疾病风险的增加。蛋白质热量摄入过量，则可能抑制其正常的生理功能，造成蛋白质浪费，扰乱体内的氮平衡状态。糖类或脂肪供给不足，则会削弱对蛋白质的保护效应，影响整体健康状态。营养素之间的相互作用错综复杂，任何一种营养素的不平衡都可能对身体健康造成连锁反应。因此，根据个人健身活动的特性，科学合理地调整热量物质的摄入量，对于促进健康至关重要。

3. 各种营养素摄入量的平衡

营养学家普遍推荐每日摄入约 20 余种食物，总量约 1 500 克，以确保膳食的多样性与平衡性。对于健身人群而言，更应结合自身的运动特点调整膳食结构，确保各类营养素的充足且均衡摄入，从而促进健康水平的稳步提升。

4. 酸碱平衡

人体血液 pH 值的稳定（维持在 7.3～7.4）是内环境稳态的重要标志之一，适量摄取酸性与碱性食品，有助于调节体液的酸碱平衡，维持这一生理参数的稳定，对于整体健康同样具有重要意义。不恰当的食品搭配可能会扰乱酸碱平衡状态。常见酸性食品包括：大米、鸡肉、面粉、鲤鱼、啤酒及花生等。常见碱性食品包括：海带、西瓜、萝卜、茶叶、四季豆及黄瓜等。当膳食中酸性食品的比例过高，超出身体自然调节的能力范围时，便可能促使血液倾向于酸性环境，导致血液颜色加深、流动性降低，而且在极端情况下，还可能诱发酸中毒。此外，长期的酸碱失衡还会加速体内矿物质的消耗，进而引发缺钙症状，这一状态通常被称为"酸性体质"，影响身体的正常生理功能。

总之，膳食不平衡影响身体健康，严重时还会导致疾病的发生。健身运动只有在膳食平衡的情况下才能增强体适能，从而有效地防止各种慢性疾病。

# 第五章　运动干预的内容

运动干预是为了促进或维持特定个人或人群的运动态度、准则和行为而发展起来的一项实用技术。运动干预方法本身并不可能直接改变人们的行为方式，但是它可以通过影响一个或多个运动行为的决定因素而影响其运动方式。本章介绍运动干预的内容，包括运动处方的制订、运动项目的选择与实施和运动强度与频率的控制。

## 第一节　运动处方的制订

### 一、运动处方概述

体育运动是人类在发展过程中逐步开展起来的有意识地对自己身体素质进行提高的各种活动，在不同的历史阶段，体育具有不同的功能，但其在青少年体质健康的培养方面具有一定的作用。

#### （一）运动处方的概念

处方，即医疗和生产中关于药剂调制的一项重要的书面文书。1969年，WHO开始使用运动处方术语。运动处方，即康复医师或体疗师，对从事体育锻炼者或病人，根据医学检查资料（包括运动测试和体能测试），按其健康、体力及心血管功能状况，用处方的形式规定运动种类、运动强度、运动时间及运动频率，并提在运动时的注意事项。

#### （二）运动处方的分类

随着运动处方研究的不断发展和深入，已经逐渐发展出更多的科学分类方法。

虽然目前还没有完全统一的标准，但是综合国内外的分类方法，可以分为按运动目的分类、按构成体质的要素分类，以及按实施运动处方的环境分类。

1. 按照运动目的分类

（1）体育教学类的运动处方

在青少年群体中，以运动教学处方的应用最为广泛。一般来讲，在体育课的教学过程中，制订运动处方的依据是学生的生理特点和心理状态，以及学校在场地、器材和地理环境方面的综合考虑。比如，位于高海拔地区的学校与平原地区的学校相比，在安排运动类型和运动强度时会有一定的区别。此外，即便是相同环境、相同年龄的教学班，也要根据全体学生测试的结果（包括形态、机能、身体素质、健康状况等方面的内容）进行分析，针对不同情况设计不同的运动处方，才能达到因地制宜、科学教学的目的。

需要强调的是，针对青少年的运动处方，还要考虑通过合理的设计能够激发学生群体的运动主动性和积极性。要优先考虑运动的活泼性和趣味性，从而使青少年在运动中得到身心愉悦。

（2）竞技训练类运动处方

对于有运动特长或运动天赋的青少年，需根据自身情况和发展需要，设计相应的提高运动技能水平的运动处方。比如，按照专项培养方向制订的力量性运动处方、耐力性运动处方、速度性运动处方、灵敏协调性运动处方等。也有以时间为依据的大周期训练处方、训练周处方、训练课处方。

（3）健身类运动处方

对于大部分青少年来讲，他们对运动的主要诉求是在学业之余根据自身兴趣爱好进行一定的体育锻炼，从而达到强身健体的目的，同时丰富日常生活和陶冶情操。

特别是在中国高速发展的大背景下，不仅是成年人，我国的青少年群体同样面临着新时代发展要求下的全新挑战。为了应对未来愈发激烈的竞争，青少年的学习并不轻松。在这样的情况下，制订出相应的符合青少年日常生活学习的运动处方显得尤为重要。既能保证他们在紧张的学习中进行有效的体育锻炼，又能调节压力，进行有效的放松和愉悦。

（4）康复类运动处方

对于某些身患慢性疾病或者身体残疾的青少年，则需要根据青少年的身体发育特点及病患问题，制订针对性较强的运动处方。比如，针对身体器官、各个系统的运动处方。

①改善心血管系统的运动处方。以改善或加强心血管系统功能为主，用于患有心血管疾病的青少年群体，比如青少年高血压等，此类运动处方以预防或康复为主要目标。

②呼吸系统运动处方。以改善和提高呼吸系统功能为主要目的的运动处方，可以有效辅助治疗和康复各种呼吸系统的疾病，如哮喘、肺结核、气管炎等。

③神经系统的运动处方。青少年群体正处于青春期阶段，其生理和心理的发育都对自身提出了极大的挑战。再加上来自学业的压力，一部分青少年或多或少的有睡眠问题，以及由于情绪压力引起的神经衰弱问题。因此，制订一套改善和提高神经系统功能的运动处方是非常必要的。

④消化系统运动处方。改善和提高消化系统功能的运动处方是指针对具有消化不良问题的青少年的运动处方，可以帮助预防、治疗和康复一些消化系统的疾病。

⑤运动系统的运动处方。以改善和提高运动系统功能的运动处方，如治疗肩周炎的运动处方、治疗颈椎病的运动处方等。

**2. 按照构成体质的要素分类**

（1）增强身体机能的运动处方

身体机能，也称为"生理功能"，是人体及其各系统、器官生命活动状态的综合体现。制订相应的运动处方，如增强心血管功能运动处方、增强肺功能运动处方、改善消化功能运动处方等，都可以起到增强身体器官功能、提高健康水平的目的。

（2）改善身体形态的运动处方

对于青少年而言，量身定制的运动处方能够针对性地改善或提升其身高、体重、腰围、臀围等指标。包括设计促进身高增长的专项运动方案、控制体重的运动计划、优化胸围比例的训练处方，以及旨在塑造腿部线条的健美锻炼建议等。

通过制订相应的运动处方，改善和调节身体机能、形态，进而增强体质状况和健康水平，都有良好效果。

（3）增强身体素质的运动处方

青少年群体身体发育变化快，这个时候若能通过制订相应的运动处方，帮助他们增强身体素质、健美体形，都会达到比较理想的效果。如力量、速度、耐力、灵敏性及柔韧性等方面的运动处方。这些处方通过科学合理的训练设计，旨在提升个体的力量素质、加速能力、持久耐力、反应灵敏度和身体柔韧性，从而实现体能的全面发展。

（4）调节心理状态的运动处方

健康的心理水平可在一定程度上影响生活质量，因此保持和维护健康的心理状态，对人际关系互动、学习工作的顺利进行都有着一定的意义。然而，运动处方对心理健康发展也具有相应的作用。比如，增进健康情感的运动处方、培养意志品质的运动处方等。

（5）提高适应能力的运动处方

在面对复杂多变的环境挑战时，人体需具备较强的适应能力以维持内稳态。在这一生理调整过程中，运动处方可以作为一种强有力的辅助手段，促进人体主动或被动地适应内外环境的变化，增强免疫系统对疾病的抵抗力，提升应对压力、紧张及刺激情境的应激反应能力。

3. 按实施运动处方的环境分类

（1）学校健身运动处方

学校健身运动处方按场地主要分为室内和户外两种场景。一是根据室内空间大小及安装的设施设备的种类与数量而设计的运动处方，以备课间学生活动或者体育教学的使用；二是根据学校户外场地规划情况而设计的运动处方。

（2）健身房健身运动处方

在健身房进行体育运动时，根据健身房的条件制订相应的运动处方，可分为徒手运动、器械运动及各种操课的运动项目。

（3）家庭健身运动处方

家庭健身处方是根据各自家庭环境的条件，制订适合家庭人员身体和年龄状况的一些运动处方。可以是家庭多成员共同参加的多人运动，也可以是单人运动。

家庭健身处方可以使人在居家时进行健身活动，既可以增强体质、改善形体，又可以增加家庭成员间的合作互动、增进彼此的感情，还可以减少外出运动时需要花费的时间成本，可谓一举多得。

### （三）运动处方的基本要素

尽管运动处方有不同的种类，但都必须具备构成运动处方的基本要素，即一个完整、科学的运动处方必须有明确的运动目的，根据运动目的和身体机能状态选择适当的运动类型（种类）、运动强度、运动时间，以及在一天中何时运动，即运动的时间带、运动的频度等。

#### 1. 运动目的

运动目的应该是根据每个人的身体状况和个人意愿来设定的。也就是说，每个人在制订运动计划时，应该考虑自己的身体条件和想要达成的运动效果。运动的目的要根植于实际需求之上。基于不同需求的考量，运动处方所设定的运动目的主要包括：促进生长发育；增强体质，防止疾病，促进健康；保持健康，延缓衰老；运动康复，治疗疾病；缓解压力，提高工作效率；丰富文化生活，调节心理状态，提高生活质量；增强专项体能，提高竞技水平；锻炼身体不同部位肌肉，塑造形体美。

#### 2. 运动类型

运动类型指的是人们参与运动时所选择的具体形式或项目。作为确定运动处方性质的关键因素，运动种类的选择至关重要，应以运动目的为选择依据。运动的种类可依据不同标准进行分类。首先，按照项目划分，运动可分为田径、体操、球类等；其次，从身体运动机能能力的角度出发，运动可细分为力量性、速度性、耐力性、柔韧性等多种类型；此外，还可以根据运动时身体的能量代谢特点来分，如有氧代谢为主、无氧代谢为主、乳酸能代谢为主等。综上，分类方法不同，运动种类的确定就不同。

#### 3. 运动强度

在人体运动学领域中，运动强度（也称"负荷强度"）指的是人在单位时间移动的距离或速度，或肌肉单位时间所做的功，它决定了运动处方中的运动量。运动强度分为绝对强度和相对强度两类。过去的运动处方多使用绝对负荷强度，现在相对负荷强度的使用越来越广泛。

确定合适的运动强度，最佳的方法是结合使用靶心率和主观运动强度评估两种方法。首先，根据个人的适宜心率范围来进行运动，并在运动过程中，参照主观运动强度评价表，综合评估并调控运动强度。其次，采用此种方式，运动员或健身者在持续运动中，无需中断以测量心率，即可自我判断当前运动强度是否适宜，从而确保训练或锻炼的有效性与安全性。

在制订健身运动处方时，确定运动强度需要遵循的原则是让运动在人体的有氧代谢工作范围内进行。具体来说，运动强度应该控制在大强度或中等强度以下，这意味着运动时肌肉的工作强度不会过高。此外，根据运动时的能量供应特点，运动处方中的活动应该以有氧代谢为主。对于青少年来说，倡导开展个体乳酸阈值以下强度的有氧运动，既能锻炼身体，又不会对身体造成过度压力。

4. 运动时间

运动时间，即每次运动的持续时长，是衡量运动量不可或缺的一环。在规律性的运动中，时长与强度共同构建了运动量的基石。在制订运动处方时，策略性地调整强度与时长是关键：可以采用较低的运动强度，但持续时间较长，如慢跑、长距离游泳等；也可以采用高强度的运动，但时间较短，如间歇训练或短跑等。一旦强度锁定，持续该强度的时长便成为塑造训练成效的核心。过短则无效，过长则伤身，需精准拿捏，依据目标及个体承受能力，设定最适宜的运动时长，以激发身体最佳反应，实现锻炼效益最大化。

5. 运动的时间段

运动的时间段，即指一天中进行体育锻炼的具体时机，也就是确定在何时开展运动活动。选择运动时间时，应该考虑人体的自然生物节律和日常的生理节律。例如，对于高血压患者而言，白天进行运动比清晨更适合，因为研究显示从晚上8点到次日早上6点，人体的血液流变学指标会呈现不同程度的上升，这可能对高血压患者不利。其中血黏度、红细胞压积和红细胞聚集指标呈线性上升，尤其零点至6点升高明显。这与临床资料显示的脑出血发生在凌晨数小时内明显增多极为相关。特别是冬天，由于气温低，血压也容易升高，所以选择运动的时间非常重要。

空腹运动对健康不利，需谨慎对待清晨空腹锻炼。尤其是对于胰岛素依赖型糖尿病患者，可能引发低血糖风险。此外，饭后立即运动会影响消化吸收，也应避免此行为。为保持健康，建议在餐后稍作休息再行运动。

6.运动频度

运动频度，即每周参与锻炼的次数，是健身成效的关键。它如同细水长流，每次锻炼的积极影响在时间的累积下，方能促成体质的飞跃。因此，持之以恒或按计划周期性地进行锻炼至关重要。理想的运动频度应确保前次锻炼的效果尚未消散时，便启动下一次，同时避免在疲劳未恢复时匆忙上阵，以免累积疲惫，影响效果，甚至损害健康。运动处方的制订中，运动频度的精准设定不容忽视，需依据个人身体状况与运动目的灵活调整，确保每一次努力都能为健康加分。

对于旨在健身或康复的人群，建议每周运动至少3次，并结合强度、时长、个体恢复情况及适应情况进行调整。若单次运动量较小而有效，可适度增加运动频度，但要注意避免疲劳累积。还应将运动融入日常，每日运动1～2次，成为每天生活中的习惯性活动，对身体健康是大有裨益的。

## 二、运动处方的制订原则

运动强度、时间要符合身体特点和锻炼重点的要求，才能取得良好的锻炼效果。因此，在设计制订和实施运动处方时要遵循如下基本原则。

### （一）个性化原则

采用任何形式的体育运动来促进身心健康、预防疾病、提高身体素质等，都必须遵循人体的生理规律。同时，也要符合个人的心理特点，设计运动的内容、锻炼的效果。运动处方制订的个体性由其目的性决定。不同的人通过运动所达到的效果是不同的，由于每个人的身体条件千差万别，同样的运动刺激在不同人身上所产生的反应和适应是不同的，而个人的身体或客观条件也在经常变化，要按运动处方的执行情况，及时调整处方的内容。所以，必须根据每个人的具体情况因人而异，个别对待。

### （二）循序渐进与可调整原则

在制订运动处方时，应考虑运动员的身体承受能力，运动强度过小不易达到预期效果，运动刺激过大将对机体造成疲劳甚至损伤。在开始实施运动处方时，不能因运动量较小就擅自增加运动强度和运动量，使运动负荷增加过快。虽然可能会获得暂时性效果，但是很快就会出现过度疲劳甚至运动损伤而中途放弃，将原本的愉悦身心之举转变为负担，会引发人们对运动的抵触情绪，难以将其培养成终身的健身习惯。为了改变这一现状，我们应遵循"最佳运动强度"原则，逐步提升锻炼强度，确保其既能有效刺激身体，又在我们能够承受的范围内，从而让运动成为一种愉悦且持久的健康选择。此外，还应根据受试者的身体状况变化来调整运动处方。需要注意的是，即便是使用计算机设计出来的运动处方，在应用时也并不能可以让所有人都适应。因此，在预实施阶段，对于初步拟定的运动处方，需进一步调整优化，以确保其最终成为与受试者身体状况高度契合、科学且适宜的运动指导方案。

### （三）以全身耐力为基础的原则

在制订运动处方时，每个人的耐力水平的差别通常比年龄或性别的个体差别要更大一些。耐力素质可反映出人体心血管和呼吸系统的功能与适应能力，是人体健康水平或体质强弱的重要标志，也是其他身体素质的基础。耐力运动可以提高锻炼者的心肺适应能力和全身耐力素质，经过一段时间的耐力运动，会使心脏的储备能力大大提高，肺通气量和最大吸氧量会有明显增加，还能预防一些常见的慢性疾病的发生。因此，在制订运动处方时，不论各个年龄段和性别，通常都以受试者的全身耐力情况作为基础来制订运动处方才是科学适宜的。

### （四）安全性与有效性原则

为提升整体体能耐力，需要进行强度适中的运动，这样的强度能够有效地增强心脏和肺部的功能，这就是所谓的"靶心率范围"。一旦运动强度逾越此上限，或将面临潜在风险，因此，这个上限就代表了安全的运动强度或运动量的"安全界限"。而能够产生最小实际效果的强度下限，则被视为合理上限。这两者共同构建了运动处方的稳健与合理性范畴。

例如，身体素质较差的人（慢性病患者、体质弱者）的运动标准受到更大的限制，必须严格规定运动内容的处方；相反身体素质好的人具有更好的自由度范围和运动性，要求不是那么严格。如果锻炼者是老年人，选择步行或远足等项目均可以，而对于体质较好的年轻人，可承受的运动强度范围较大，因此大多数的运动都可以自由选择。

### （五）体质基础与运动效果的特异性原则

体质较差的人，可以从运动强度较低的运动中获得显著效果，而运动前体质强的人只有在需要较高运动抗压强度的情况下才有效。运动效果的特异性是指运动过程中身体对运动的生理适应性，长期坚持运动，运动效果是有特异性的。因此，明确运动目的和选择合适的运动类型是获取最佳的运动效果的必要条件。

## 三、制订运动处方的步骤

### （一）预检和健康评价

首先，对受试者进行预检和健康评价。通过多种方式收集信息，包括直接询问、观察和让受试者填写调查表，全面掌握受试者的个人健康历史、生活习惯、运动目的、生活环境等信息。其次，在此基础上，进一步实施基础的体检、人体测量（如身高、体重等）和身体成分分析（如脂肪含量、肌肉量等），旨在科学、客观地对受试者的整体健康状况进行初步的评估，即完成健康评价工作。需要注意的是健康评价不能仅限于躯体的健康，也要包括精神、心理状态、道德行为及社会适应能力等多个方面，需要进行多指标的综合评判。因此，此处的健康调查与评价限于条件，只能是初步的定性评价。

### （二）心血管运动试验

根据健康评价的结果进行心血管运动试验，旨在深入剖析个体的心血管效能，及早识别潜藏的心血管风险。依据个体体能、年龄及运动背景的差异，灵活选择适宜的测试方案，其中"多级负荷试验"广受欢迎。对于体能卓越的运动员及活跃的青年锻炼者，极量负荷试验成为挑战自我、评估极限的优选。而面向普通健康人群，尤其是运动新手，亚极量负荷与症状限制试验则更为稳妥，确保安全同时获取有效数据。针对处于亚健康状态的个体，如果其血脂异常但血压稳定、无显著病症，那么运动试验同样适用，但需强化监护措施，确保安全无忧。对于已确诊心血管疾病的群体，则需经过全面医学评估，在排除禁忌后，方可谨慎实施运动试验，通常选用低强度或症状限制试验，并配备严密的监护与应急准备。鉴于安全考量，对心血管患者，直接测定最大摄氧量与心率上限并不可取，可采用间接估算法，在定量负荷条件下，依据心率或吸氧量的变化，对其最大摄氧量进行间接估算。

### （三）制订运动处方，实施运动计划

掌握锻炼者的身体状况、体力水平和运动能力，以及个人情况来制订运动处方。运动处方的核心是运动强度的安全范围和有效范围，每次的运动强度、运动时间以及每星期的运动频率。制订后先按照运动处方进行预实施，对不合适的部分进行修改，调整后一般需要坚持锻炼3～6个月，然后进行体质测试，评估后再重新制订运动处方，以不断提高锻炼的实际效果。运动处方制订流程图必须根据不同的健康状况和要求制订运动处方实施的全过程。

### （四）运动过程中的监督

在运动过程中，应根据不同体质情况的人群需要进行监督（自我监督或医务监督）。在第一次按照运动处方进行锻炼时，在不同方式的监测下进行，目的是指导受试者如何实施运动处方中的要求和注意事项，尤其对于体质弱的老年人或者患有慢性疾病的人群，更要加强锻炼过程中的医学监督，如有不适，需要立即停止，并对运动处方进行相应的调整。

### （五）运动处方的修改和微调

制订完的运动处方并不是固定不变的，应该先实施观察一段时间当锻炼者适应了运动过程，并对运动处方引起的身体反应变化进行观测，然后设置一个"过渡期"，在该过渡期中，不断地修改或调整，来完善运动处方。在之后的实行过程中，可以根据运动者的具体情况来调整运动处方，使运动处方达到适合锻炼者并且能实现运动效果的目的。

## 四、运动处方的实施与自我监控

根据运动处方所规定的具体运动内容，包括强度、时间及频度等要素，进行体育锻炼，这一过程即为运动处方的实施。与学校体育课相比，运动处方更加个

性化，注重依据个体身体机能的实际情况，采取具有针对性和周期性的身体锻炼措施。这种健身运动处方也不同于运动员的竞技运动处方，它是以促进身体健康为目标，更加注重身心健康，而不是强调运动竞技水平的提高。执行运动处方时要在医生的指导下进行。

### （一）实施过程的阶段性

#### 1. 准备阶段

准备阶段即锻炼前的热身阶段，在此阶段需做一些必要的准备活动，其目的是让身体从相对静止的状态逐渐过渡到适合进行强度运动的状态。借助准备活动，可以提高身体的兴奋性和适应性，增加肌肉和心脏的血液供应，使体温升高，加快身体内部的生化反应速度，从而降低肌肉的黏滞性，提高肌肉的弹性和力量，减少运动中受伤的风险。此外，准备活动还能加速身体的物质代谢过程，为身体正式进入锻炼模式奠定基础。

这个过程通常需要超过 10 分钟的过渡期，但具体时间可以根据个人的年龄、所处的季节和运动水平等因素进行灵活调整。儿童少年神经系统灵活性高，准备活动时间可少些；寒冷季节准备活动时间可多些。运动水平低且体弱者，准备活动的运动强度和运动量不能过大，时间不可过长。高水平的耐力性项目运动员准备活动时间可多些，有的要达 30～50 分钟。

准备活动的量与强度应低于正式活动，活动的形式通常可以做一些伸展性的柔软体操，依次活动身体各部位关节，再做一些轻松的节律性运动，逐渐增加运动幅度和速度，使心血管、呼吸系统的机能逐渐动员，直到趋近于正式活动的强度要求。当身体出现发热感，伴有轻微出汗现象，且呼吸频率显著上升时，意味着准备活动已达到适宜水平。在进行充分的准备活动后，应确保有一段恰当的休息间歇，以便身体得以调整。随后，方可开始正式运动。此间歇时间不宜过长，建议控制在大约 3 分钟之内，以确保运动流程的连续性和有效性。

#### 2. 训练阶段

训练阶段是运动处方实施的主要阶段，在此阶段，根据运动处方所规定的运动项目，个体进行持续性运动锻炼，以维持并提升身体机能至一个相对较高的状态。这一阶段的目的在于精准达成并稳固维持适宜的负荷强度，确保机体能够在一种真实且稳定的生理状态下，持续、有效地进行锻炼活动，旨在优化心血管、呼吸及有氧代谢功能，全面提升身体适应性。

适宜的负荷强度，即运动处方中设定的负荷强度，要在实际运用中通过一定时间的自我反复调试和校正，才能达到比较准确的程度。持续运动所需要的时间，即运动处方中设定的时间，一般至少应在 10 分钟。若是采用间歇训练法，整个运动的时间可长些。

3. 整理阶段

整理阶段，作为运动后的关键一环，旨在通过一系列轻缓活动，引领身体从高强度运动状态平稳过渡到宁静恢复状态。此阶段，我们应逐步减轻运动强度，转而进行柔和的身体锻炼，旨在松弛紧绷的肌肉，舒缓心血管与呼吸系统的紧张状态，有效驱散疲惫，加速体力复原。整理活动虽与准备活动形式相仿，却强调反向操作，动作更为和缓，旨在全面放松肌肉。此外，加入肌肉拉伸练习，能进一步促进疲劳消散。建议整理活动持续至少 5 分钟，确保身体得到充分的恢复与调整。

**（二）实施过程中的自我监控**

在实施运动处方时，我们需要按照医生或教练给出的运动计划进行锻炼，包括选择正确的运动类型、控制运动强度、确定运动时间、安排休息间隔及重复次数等。除了这些固定的运动计划，还应密切关注运动过程中及运动结束后身体的即时反馈，以精准调控运动量，并强化自我监测与调节机制。

1. 心率自我检测

自我监测的一个重要方面是学会计算自己的目标心率（也称为"靶心率"），这有助于确保运动的强度是适宜的。为了测量心率，我们可以用手指触摸手腕的桡动脉或耳朵前面的颞浅动脉来感觉脉搏跳动的次数，或者把手放在左胸部直接数心跳次数。需要注意的是，不可以在颈总动脉处测定，因为触摸颈动脉的压力有时会引起心率的明显减慢。通常用运动停止后即刻测得的 10 秒脉搏数乘以 6 近似地作为运动时的每分钟心率。

2. 主观强度感觉

主观强度感觉判定法，作为评估运动强度的利器，巧妙地融合了心理与生理的微妙界限。此方法不仅简便高效，还通过主观体力感觉等级（RPE）直观地展现运动者的身心状态。RPE 虽源自心理层面的感知，却深刻映射出生理机能的微妙变动。

心率结合 RPE 值测试是最常用而简易的方法，这一做法有效规避了单一心率指标的局限性。设想一场景，某健身爱好者设定靶心率为 150 次 / 分钟，对应 RPE 值为 13，但遭遇轻微不适或疲劳后，同样心率下运动却倍感吃力，此时其 RPE 值将呈现出上升的趋势。这或许预示着身体状态的微妙变化。此时，坚持原靶心率无异于冒险。RPE 的引入，恰如一位智慧向导，引领我们适时调整，规避潜在风险。鉴于体能状态的动态变化，运动中融合主观感受与客观生理指标的双轨监控策略，更显科学与人性化。如此，我们得以在享受运动乐趣的同时，确保健康安全，实现身心和谐共进的理想状态。

3. 自我感觉与基础指标检查

自我感觉也是自我监控的一个重要方面。当运动量适当时，我们通常会在睡眠中得到充分休息，第二天早上醒来时不会感到疲劳，反而会感觉轻松愉快，并且体力充沛，愿意再次进行运动。

基础指标检查包括：运动后次日基础状态测定基础心率，每分钟波动不超过 3～4 次；呼吸频率每分钟波动不超过 2～3 次；血压变化范围上下在 10 毫米汞柱；体重减少在 0.5 千克以内。在观察数日后，个体的脉搏与血压出现明显持续性上升的趋势，或肺活量、体重等关键指标发生显著的持续下降，该现象为运动量过大的明确信号，并且可能是疲劳积累的初步征兆。在面对此情况时，务必及时采取措施，适当减少运动量，以确保个体的健康与安全。

## 五、不同体型青少年的运动处方

### （一）偏瘦型青少年的运动处方

偏瘦型的青少年指的是那些身体瘦弱的青少年，当然，他们偏瘦的原因非常复杂。我们这里介绍的只是一些针对瘦弱青少年的简单运动处方，不是因为身体疾病或生理因素造成的身体偏瘦。因此，我们在制订处方的时候参考的对象是身体基本健康的青少年，这些处方对于那些由于身体疾病或生理因素导致身体瘦弱的青少年不太适用。

1. 适宜的活动项目

用哑铃、橡皮筋、拉力器等来增强人体臂力、腿力、腰部和腹部肌肉力量。另外还有单杠、双杠、吊环等体操练习及徒手的仰卧起坐、俯卧撑、引体向上和腰背肌等项目和锻炼方法。另外，游泳、爬山、慢跑等也可以取得良好的效果。运动内容和方式要根据具体的健身项目而安排，每个健身项目都有自己的特点和功能，要把握住健身项目的规律，制订出合理的运动内容和方式。

2. 适宜的活动时间

健身处方的持续时间要根据运动强度而确定，青少年可以采用短时间、大强度、多组数的健身方式。当运动心率达到 150 次 / 分钟以上时，最少持续 5 分钟才会开始收到健身效果。如果运动心率在 150 次 / 分钟以下时，那就需要 5 分钟以上才会有健身效果。

3. 适宜的活动强度

要遵循中等运动强度原则。

运动强度 = 运动量 / 运动时间；运动量 = 运动强度 × 运动时间。中等运动强度的心率控制在 120～150 次 / 分钟。从理论上讲，运动强度、时间和频率越高，健身效果越好。但是强度也有界限，其上限一般为最高心率的 85%，最长时间以 60 分钟为限，频度以每周 3～5 次为适宜。青少年可以选择运动强度大、持续时间短的健身项目，多次重复；初学者可以选择低体能水平的健身活动，循序渐进；健康青少年可以选择中等运动强度的健身项目，每天 30 分钟；亚健康青少年可以选择调整心态的、健身且健心的健身项目。

4. 注意事项

第一，在运动项目进行过程中，可能会面临一系列潜在的风险与安全隐患，存在着引发伤害事故或不良后果的可能性，应予以高度重视。

第二，需要制订一系列的策略和方法来预防在健身、运动过程中可能出现的事故、意外或伤害。

第三，在进行体育运动之前与之后，为确保自身身体安全、提升运动效果，并预防潜在的运动伤害，必须严格遵循身体准备活动与整理活动的相关要求。

第四，在健身活动实施过程中，应严格进行自我监督、医学监督，并高度重视体育卫生与保健等关键方面。

第五，注意根据个人的身体状况对锻炼计划进行个性化调整，尤其是对于那些刚开始锻炼、体质较弱的人，务必全面深入地掌握其体质特征与健康状况，从而依据具体情形及病程差异，科学合理地调整健身处方，确保健身活动的针对性和有效性。

综上，通过实施科学合理的运动处方能够使偏瘦型青少年体型健壮、身体健康，进一步增强青少年的体质。

### （二）肥胖型青少年体育锻炼处方

造成肥胖的原因非常复杂。大部分学者认为肥胖是多个因素相互作用的结果。基本的原因是卡路里摄取量超过身体的消耗量，从而形成大量的脂肪堆积，体内积累了过剩的卡路里。但是，引起能量吸收和消耗的不平衡的原因也非常复杂，有环境因素、遗传因素、社会因素、生理因素等。家庭遗传基因也会对肥胖患者造成一定的影响。研究表明，肥胖有家族的倾向。此外，随着社会的发展和科学技术的发展，物质生活变得越来越丰富，有一些人摄入了过多的高脂肪和高糖的食物，其摄入量远大于身体可以消耗的量，多余的卡路里以脂肪的形式储存在身体上，形成肥胖。

对于肥胖型的青少年，要对其制订运动处方，我们首先要了解青少年的生理特点。其次，当然，并不是所有的青少年都是一样的，要因人而异，在为肥胖患者制订运动处方之前必须测试一次体质，这为制订正确的运动处方提供了有力的保证。

#### 1.适宜的活动项目

运动减肥应聚焦于中等强度的有氧运动，这类运动能够持续较长时间进行，有助于燃烧脂肪。除了有氧运动外，还应该辅以力量训练，以增强肌肉力量和提高新陈代谢。球类运动因为趣味性强，也是很好的选择，可以提高运动的持续性和积极性。最终，运动项目的选择应考虑到个人的体质和喜好，以确保运动计划的可行性和长期性。注意一定要培养青少年的运动兴趣，让他们爱上体育运动。兴趣是最好的教师，这样有利于积极地完成运动目标，达到良好的减肥效果。常用的减肥运动有步行（万米长走）。每天坚持万米长走对人的精神和体力都是一个严峻挑战。此外，游泳、长跑、划船、爬山、健美操等运动都是适宜的运动减肥项目。

### 2. 适宜的活动时间

具体而言，当运动强度提升时，运动所能持续的时间会相应减少；相反，若降低运动强度，则能够延长运动的时间。值得注意的是减肥不等于健身，运动时间不达到一定的标准是难以消耗脂肪的。一般运动时间最少为 30 分钟。美国运动医学会推荐每日中等强度锻炼 30～60 分钟，消耗约 300 千卡能量。减肥者宜确保单次运动超 1 小时，最佳时段为晚餐前两小时。频率上，每周至少进行 3 次运动，但针对青少年肥胖群体，需强化监督，家庭社会齐动员。为加速减脂，建议将运动频率提升至每周 4～5 次，通过调整时长与强度，科学地制订运动计划，助力健康减重。

### 3. 适宜的活动强度

通常来说，通过监测运动过程中的心率变化，可以有效反映运动强度的水平。为确保测量结果的准确性，建议精确记录 10 秒钟内的脉搏次数，并随后将其数值乘以 6，从而计算出运动期间每分钟的心率水平。中低强度的运动容易被肥胖者接受。最适运动心率 = 最大心率 ×60%～80%；最大心率（次 / 分钟）=220-年龄（岁）。根据青少年的身体特点，青少年的一般运动强度可达到本人最大耗氧量的 60%～70% 或最大心率的 70%～80%。

### 4. 注意事项

第一，制订运动处方要因人而异，不同的性别、身体素质和处在减肥不同阶段的人需要根据实际情况区别对待。

第二，减肥不适宜采用高强度的运动、短时间内的剧烈运动以及追求快速爆发力的运动。

第三，减肥需要按照一个逐渐发展的过程进行，不能急于求成。对于体重超标的人来说，他们往往不习惯经常性地进行体育锻炼，因此身体的关节和肌肉可能较为僵硬和不灵活。由于这个原因，减肥者在锻炼时应该逐渐增加运动量，避免一开始就进行高强度的锻炼，以免对身体造成伤害。每次锻炼开始前最好进行 10～20 分钟的热身，切不可求快而伤害身体。

## 第二节　运动项目的选择与实施

近年来，人们开始意识到进行体育运动对于改善青少年身体健康状况的重要性，越来越多的体育活动开始进入人们的生活。

运动种类繁多，可谓五花八门，而要从众多项目中为自己选择一个或更多适合的运动并不是一件容易的事情。在选择体育运动项目时，有很多因素需要考虑，因此在确保身体能适应运动强度的基础上，一些具有挑战性的体育运动项目是青少年的最佳选择。

如果青少年的体质较弱，缺乏运动经验，那么可以选择一些强度小、简单易操作的运动，如健身跑、有氧健美操、乒乓球等。当身体机能和素质达到一定水平以后，再慢慢增强运动强度或选择对抗性比较强的运动项目，如足球、跆拳道等。

青少年需要兼顾运动锻炼与学业，为了缓解学习压力、增强体质、提高身体素质，应该尽量选择能在课余、校外时间坚持参与的运动项目。比如，可以在周末约上好友去踢足球或者与家人去爬山等。

此外，青少年在选择运动项目时，可不要太"贪心"，要秉承"少而精"的原则，选择一两项感兴趣、对身体素质发展有益的运动项目，要坚持参与，如此才能真正感受到运动锻炼带给我们的运动乐趣和身体上的积极变化。本节介绍了一些有助于青少年增强体质的运动项目，可供青少年根据自身情况进行选择。

### 一、健步走跑

#### （一）健步走

健步走运动是一项以提升人们的身心健康水平为目的的有氧运动。健步走相较于其他运动最大的优势就是容易操作。首先，健步走运动对于场地和器材的限制非常小，几乎可以忽略不计；其次，健步走运动非常容易学习，人们可以快速掌握运动技巧；再次，健步走运动的运动强度比较低，不会因为过于激烈而对人体造成损害；最后，健步走运动对体能的要求比较低，身体比较弱的人群和年龄比较大的人群也非常适合进行健步走运动。

1. 健步走的运动姿势

（1）大步走

大步走的走法要求动作的开合程度要大，双臂大幅度摆动，双腿大跨步。大步走能够带动全身大部分肌肉参与运动锻炼，能够很大程度地促进血液循环，提高新陈代谢水平。

（2）"十点十分"健步走

"十点十分"的走法就是将双臂抬高至时针在十点十分时呈现的角度，手臂保持这个姿势进行健步走。"十点十分"的走法能够很好地锻炼肩颈部位的肌肉，维持颈椎健康。

（3）进行有节奏的呼吸

健步走过程中应该增加深呼吸的次数，并且使呼吸的节奏和动作相配合。循环往复的呼吸可以加快氧气和肺泡间的红细胞和二氧化碳的交换速率，使全身处于充氧状态，为身体提供充足的氧气。

（4）扭动走法

在健步走的过程中，可以边扭动身体边向前走，这样做能够锻炼身体腰部和颈部的关节，提升身体的灵活性，扭动身体还能起到按摩身体器官的作用，有利于预防肠胃疾病。

（5）高抬腿走法

高抬腿走法要求在健步走的过程中刻意抬高大腿，这种走法能够很好地锻炼髋腰肌力量。

2. 健步走对于提高青少年体质健康水平的作用

（1）预防心血管疾病

目前，一些疾病开始出现"年轻化"的趋势，心血管疾病便是其中之一。许多青少年因为摄入营养过多或者营养结构不合理，以及运动量不足的问题，导致血液中胆固醇与中性脂肪含量异常升高。这一现象进而促使胆固醇沉积于血管壁，使动脉逐渐硬化、脆化及狭窄化，严重影响血液流通的顺畅性，从而增加了心肌梗死、脑梗死等严重心脑血管疾病的发病风险。根据相关研究，每天进行 20 分钟以上的健步走运动能够有效地燃烧和分解体内的脂肪，增加体内高密度脂蛋白的含量，而这些高密度脂蛋白能够将体内过多的胆固醇带往肝脏，预防出现动脉硬化的情况。

（2）预防脂肪肝

在体育运动过程中，肾上腺素与去甲肾上腺素的分泌量显著上升，这能有效激活脂蛋白酶的活性，促进了脂肪的分解过程，进而减少了脂肪在心血管系统及肝脏中的积聚，对脂肪肝的改善效果尤为显著。持续进行健步走锻炼，能够在一定程度上促进血液在体内的循环流通，确保血液能够深入肝脏内众多微血管的末梢，从而强化肝脏的代谢能力，维护其健康状态。

（3）保持骨骼健康

受到课业压力的影响及电子产品的诱惑，现代青少年在生活中保持最长时间的姿势之一就是坐姿。长时间保持坐姿不变会对肩颈部位的肌肉形成较大的压力，再加上有些学生的坐姿不正确，有驼背等坏习惯，更容易使背部肌肉和肩胛肌肉的负担过重，出现肩膀僵硬酸痛的症状。减轻久坐带来的身体损害的最有效的方式就是经常进行健步走运动，标准的健步走姿势需要人们抬头挺胸，上臂大幅度摆动，下肢大幅度跨进，这样能够拉直背部肌肉和肩胛肌肉，使肌肉得到锻炼，从而减轻久坐带来的肌肉伤害。

（4）舒缓压力，帮助睡眠

快节奏的生活和高强度的竞争环境，不仅会对成年人造成压力，青少年需要承受的压力也不少，在压力过重的情况下有些青少年还会出现抑郁、失眠。而健步走作为一种运动方式，人们在健步走的时候身体会释放出使人身心愉悦的多巴胺，调节人们的低落心理，增强人们的自信和乐观。此外，健步走能够充分锻炼到人们的双脚，人们的脚底分布着数量庞大的神经，脚底的交感神经和副交感神经在运动的刺激下交换会变得更加灵活，能够在一定程度上帮助人们消除压力，改善睡眠状态。

（5）健步走对于维持身体健康的其他作用

据研究表明，健步走运动可以在一定程度上预防乳腺癌，在青少年时期就进行健步走并且一直保持这种良好的习惯对于减少绝经前妇女发生乳腺癌的危险具有一定的帮助，健步走运动是预防女性乳腺癌的最佳的运动；经常进行健步走运动还能够提高学生学习的效率，人们在健步走的过程中血液循环会加快，身体的代谢水平也会提升，从而能促进脑细胞功能活化，保持脑循环通畅，提高人们的认知水平；健步走运动还能减肥塑身，经常健步走能够消耗体内的脂肪，锻炼身体的肌肉，长时间坚持具有很好的减肥塑身效果。

3. 健步走的注意事项

（1）对自己的身体条件进行科学的评估

在进行健身走运动之前要先对自己的身体素质进行一个科学的评估，有心血管疾病的人群尤其要注意这一点，可以先到医院做一个全面的身体检查，然后再向医生咨询自己是否适合进行健步走运动以及应该保持怎样的运动负荷。因为健身走运动而造成身体不适时，应该及时调整运动的负荷或者停止健身走。

（2）循序渐进

对于运动基础比较弱的新手来说，参加健身走运动要遵循循序渐进的规律，切忌一上来就进行大负荷的运动。在开始锻炼时，应该先从较低的运动量和强度开始，以免对身体造成伤害。等到身体对当前的运动负荷完全适应了，即身体能够轻松应对当前的运动强度，没有出现不适或过度疲劳的情况后，再逐渐增加运动量和强度。

（3）其他注意点

在健步走运动结束之后，有一些事项需要注意，以确保身体得到正确的恢复和保护。首先，运动结束后不宜立即坐下或躺下休息，因为这可能导致血液在下肢积聚，影响循环。其次，运动后不宜立刻大量饮水或吃冷饮来解渴，这可能会对胃肠道造成刺激。此外，不宜立即洗澡，特别是用冷水，因为这可能会引起血管收缩，对身体恢复不利。运动后也不宜大量补充糖分，因为这可能会导致血糖迅速上升和下降，影响身体恢复。最后，饮酒解乏是不推荐的，因为酒精会干扰身体的恢复过程，有时可能导致脱水。在运动结束后，建议在半小时后进食，这样可以给身体足够的时间来平复运动带来的生理变化。进食时选择碱性食物较好，因为这些食物可以帮助身体维持酸碱平衡，促进恢复。

**（二）健身跑**

健身跑运动是一种常见的有氧运动，其优势是对场地、器材的限制非常少，对人的体质和运动技能的要求也不高，所以适合大部分人群。健身跑运动需要和跑步运动区分开，健身跑属于跑步运动中的"慢跑"，一般不追求更快、更远、更强的比赛成绩和运动能力，而是追求锻炼身体、放松心情，保持身体的健康。

1. 健身跑的相关技术

（1）基本姿势

健身跑运动是一个比较缓和的运动，在健身跑时要保持身体的放松，使身体在自然的状态下舒展。健身跑的步伐迈动频率不必过快，迈动的幅度也不必过大，脚掌落地时的力度要比较柔和，先是整个脚掌落地，而后转为以前脚掌支撑。

（2）呼吸

呼吸是影响健身跑效果的重要因素，掌握科学的呼吸技术对于减少健身跑运动的难度、获得良好的锻炼效果具有非常重要的意义。当人们在进行健身跑运动时，身体需要多于平时的氧气供应，因此健身跑时的呼吸频率应该加快，也要多进行深呼吸。其中，深呼吸除了能提供更多的氧气之外，还能够起到调节呼吸节奏的作用，在呼吸紊乱时可以适当进行深呼吸加以调节。一般建议人们在进行建设跑运动时，采取两步一呼、两步一吸或者三步一呼、三步一吸的方式进行呼吸。

（3）基本动作

①头部动作。进行健身跑运动时，头部要保持挺直的动作，目光平行于地面，尽量不要仰头或者低头。这样做是因为头部本来就具有一定的重量，跑步者保持头部平衡时头部的重量由脚掌支撑，不会对身体造成压力；但是如果仰头或者低头，头部的力量就需要由脊椎支撑，容易对脊椎造成伤害。

②肩部动作。健身跑运动中肩膀紧缩的问题是一个非常值得人们注意的问题。在健身跑时，应该主动调整肩膀的姿势，使其保持放松，并且保证牵缩肌和牵引肌之间处于平衡状态。同时，还要注意手部动作，使手掌自然握成半拳状而不能紧握成拳头。

③上身动作。进行健身跑运动时，上半身要尽量保持自然挺拔的状态，头部和上身需要处在同一水平线上，身体可以根据上坡或者下坡的需要进行倾斜调整。切记身体不能有较大幅度的前倾或者后仰，前倾幅度过大容易导致步长过短或者背部肌肉负担过重；后仰幅度过大容易导致腹部肌肉过于紧张，增加跑步的难度。

④臂部动作。健身跑运动过程中利用双臂的摆动来维持身体的平衡，其正确姿势为：以肩部为轴，双臂前后摆动，注意向前摆动时，双臂应该稍微向身体内

侧收缩，向后摆动时，双臂应该稍微向身体外侧外张。双臂的摆动频率还会影响跑步速度的快慢，摆臂的频率越高则跑步的速度越快，摆臂的频率越低则跑步速度越慢。

⑤腿部动作。健身跑运动中，先要向前迈动小腿，但是要注意小腿是由大腿肌肉发力带动前进的。当小腿向前伸的时候，支撑腿部的各个关节要随之伸直。当大腿摆动的时候，小腿要保持放松和自然下垂。当大腿向前抬出时，不要拖得时间太长，应该快速下压，小腿应该做前摆动作。

⑥落地动作。健身跑时的标准落地动作是先用前脚掌接触地面，然后再将整个脚掌置于地面。这样做的目的是减少身体落地时产生的冲击力给人带来的伤害，同时也为下一次后蹬前进创造了条件。

2. 健身跑对于提高青少年体质健康水平的作用

（1）对于提升心肺功能的作用

①心脏。心脏的工作好比一个泵的作用，它是血液流向全身各处的主要动力装置。心脏主要由心肌细胞所构成。研究证明，经常跑步健身的人，他们的心脏和血管会变得更健康，更适应运动，人体的有氧工作能力也会相应提高。具体来说，跑步对心血管系统的益处包括如下内容。

第一，增加脉搏输出量。进行有氧运动时，需要大量的氧气供给肌肉的收缩运动，而作为血液传输的动力支持，心脏需要加快收缩的频率，加大收缩的幅度来为肌肉供氧。因此，经常进行健身跑运动能够锻炼心脏的收缩功能，增加脉搏的输出量。

第二，降低基础心率。经常进行健身跑能够增强副交感神经，从而使人体在安静时的基础心率降低，普通人在安静时的平均心率大概为 75 次 / 分钟，但是经常进行健身跑的人在安静时的平均心率大概在 60 次 / 分钟。

第三，心泵的储备功能增强。心泵储备功能的计算方式为：心泵储备功能 = 最大输出量 - 静息输出量。已知经常进行健身跑运动的人在静止时，其基础心率会降低，假设普通人的最大输出量和经常进行有氧跑运动的人相同，通过上述公式可以得出经常进行有氧跑的人的心泵的储备功能增强。

第四，运动性心脏增大。运动训练可以使心脏增大，而有氧运动使心脏增大主要表现为心室容积的增大。

②血管。人体血管主要包括动脉、毛细血管、静脉三类，血液在人体中的流通路径为心脏—动脉—毛细血管—静脉—心脏。其中，动脉血管具有血管壁厚、含有大量弹力纤维的特征；毛细血管则是血液和组织细胞进行气体和物质交换的场所；而血液最终要通过静脉流回心脏。长期进行健身跑运动对于血管有以下益处。

第一，降低血压。当人们在进行有氧运动时，身体供氧需求量的增加会导致血液循环速度的加快，经常进行有氧运动能锻炼血液的流动功能，使血管扩张，血液流动的阻力减小。经常进行健身跑不仅有降低血压的作用，还有维持血压稳定的作用。

第二，增强血管壁弹性。有氧健身跑能促进血管里脂肪代谢，血管会变粗，血液自然就会流动得更加畅通。

第三，提高毛细血管中气体交换和物质交换的效率。有氧运动有助于血液携带的氧气、二氧化碳和营养物质通过毛细血管与组织进行气体和物质交换，有助于机体的新陈代谢，不断维持内环境的平衡，帮助静脉回流量。在运动过程中，骨骼肌的挤压和不参与运动的内脏器官及表皮的毛细血管有助于静脉回流到左心房，静脉回流量有助于心脏做功，可以保证每次搏出量的大小，静脉回流的多少在一定程度上也决定了机体对氧的摄取，同时决定了机体有氧的工作能力。

③血液。血液是人体中必不可少的部分，起着沟通人体内外部环境、连接机体各个部位的重要作用。进行健身跑运动对血液的影响主要体现在以下三个方面。

第一，使红细胞的数量增加、变形能力增强。科学研究证明，经常进行健身跑运动的人，体内的红细胞的数量会增加。而红细胞中的血红蛋白是运输氧气和二氧化碳的载体，参与机体的新陈代谢和气体交换，因此经常进行健身跑运动能够加快人体新陈代谢。除此之外，血红蛋白还具有免疫的功能，经常进行健身跑运动也能够增强人体的免疫功能。经常进行健身跑运动的人体内的红细胞的变形能力也会增强，能够改善体内血液的流动性，提高血液运输氧气的效率。

第二，增加血液中的碱储备含量。血液中储存的碱能够中和肌肉收缩运动时产生的乳酸，而经常进行健身跑运动能够增加血液中碱的含量，增强人体的抗酸功能，有效推迟因为乳酸堆积带来的身体的疲劳感。

第三，活化血小板。人们在进行健身跑运动时，体内的红细胞能够释放出二磷酸腺苷（ADP），ADP能够使血小板活化，活化之后的血小板聚集或者黏附在一起，能够修复血管的微细损伤，提高血管的通透性。

（2）健身跑对于改善青少年体质的其他作用

①改善青少年的睡眠状况。青少年在课余生活中进行适当的健身跑运动能够锻炼身体肌肉，缓解因为长期保持坐姿带来的肌肉紧绷状况；进行健身跑运动时能够促进青少年血液循环的加快，使全身血脉畅通，缓解身体的疲惫感；在运动时，人体会分泌多巴胺，能够使人心情愉悦，自我评价提升。经常进行健身跑运动能够使人身心放松，在一定程度改善睡眠状况。

②提升腿部力量和身体的耐力水平。健身跑运动用到的最主要的部位就是人的双腿，经常进行健身跑运动能够锻炼腿部肌肉，增强腿部力量；健身跑运动是一项有氧运动，其不追求速度更快，但是要求人们在运动时需要坚持更长时间，经常进行健身跑运动能够提升身体的耐力水平。

③健身跑运动对于提升人体的协调能力、灵活性、身体控制能力也有非常重要的作用；经常进行健身跑运动还能帮助提升人的反应能力、情绪控制能力、食欲等。健身跑运动对人的改善是从身体到心理的全面改善，对于提升青少年的体质健康水平具有非常重要的作用。

3.进行健身跑运动时应该注意的事项

（1）跑步之前进行热身准备

运动之前进行适量的热身运动能够给身体一个缓冲的时间，防止身体因为突然进入比较剧烈的运动状态而受到伤害。当身体在处于非运动状态时，肌肉、关节都处于"休眠"状态，血液循环的速度也相对较慢，如果没有过渡直接使身体开始比较激烈的运动，很容易造成关节磨损、肌肉拉伤、心脏负担过重的情况，伤害身体健康。因此，运动之前的热身准备必不可少，正确的做法是先进行慢走，等身体适应之后再进行一些伸展活动和拉伸活动，放松身体的肌肉，活动全身的关节，使身体做好运动准备

（2）选择合适的运动环境

健身跑运动虽然对场地的限制比较少，但是为了自身的健康，还是需要选择合适的环境进行运动。尽量避免在空气污染比较严重的时候进行室外健身跑，因

为空气中的污染物会被吸入体内，对人的呼吸系统造成损害；需要注意的是，过于寒冷的天气尽量不要在室外进行健身跑。在选择健身跑场地时，应注意选择不允许车辆通行的公园或者比较宽敞的人行道。

（3）一些其他注意事项

进行健身跑运动之前不能大量进食，尤其是饭后不能立刻开始健身跑运动，这样容易使肠胃负担过重，引起胃痉挛、胃下垂等疾病；健身跑运动之后不能立刻开始休息，和开跑之前的热身运动一样，结束跑步后身体也需要一定的缓冲时间，可以放慢速度开始慢走，然后进行一些拉伸活动之后再开始休息；开始健身跑运动也是一个循序渐进的过程，要遵循从慢到快，从短距离到长距离，从短时间到长时间的渐进过程，不可心急伤身。

## 二、休闲球类运动

### （一）网球

网球运动是一种以身体的练习为主要手段，人体直接参与并且承载一定的运动负荷的运动项目。网球运动的过程中既包含有氧运动也包含无氧运动，一般的发球、拍球、奔跑等动作为有氧运动，但是瞬间爆发力比较强的跑、跳、跃等动作为无氧动作。因此，网球运动除了能够增强人的体能，还能够对身体的呼吸水平、神经系统、循环系统等产生刺激，提高人的心肺功能，增强人体的反应能力，促进人体的新陈代谢。

网球运动是一种同时具备健身价值和艺术价值的运动方式，能够同时满足人们对"健康"和"美感"的双重需求。人们在网球运动中的参与感和互动感非常强，不同年龄阶段的人群能够在同一个网球运动场地以同样的规则进行一场网球比赛，在运动中完成情感的交流和互动。相比于其他球类运动，网球具有能够减少因身体碰撞而带来身体损害的优势，竞争双方相隔在隔网的两端，互相接触不到，能够有效避免身体碰撞和身体冲突。网球的姿势和动作具有自然、舒展、大方的特点，这使网球运动看起来十分具有艺术性和美感，因此网球运动最开始其实是一项贵族运动。网球运动中包含丰富的文化内涵，体现了人们对于诚信、文明、自信、谦虚等品德的向往，以及对于艺术、美感等价值的追求。

1. 网球对于提高青少年体质健康水平的作用

（1）有助于培养灵活的思维方式

网球运动是一项需要比赛双方不停在进攻和防守之间博弈的运动，这个过程既考验参与者的体力和运动技能，也非常考验参与者的运动智慧和反应能力。经常参与网球运动有助于培养青少年灵活的思维方式，提升自己的智慧水平。

（2）增强青少年的交往能力

网球是一项无法单人进行的运动，必须同时具备比赛双方，这种特征注定网球运动具有很强的互动性。网球运动中既需要和队友进行交流沟通，建立队友之间的默契度，培养团队协作能力；也需要和比赛对手之间建立友好的关系，公平竞争，相互尊重。网球运动是一种人际交往的好方式，青少年可以在网球运动中拓宽自己的朋友圈，或者与朋友进行情感交流，增进友谊，经常进行网球运动能够增强青少年的交往能力。

（3）改善青少年的体型

对于有健身减肥需要的青少年来说，网球运动无疑是一个非常合适的选择。相关科学的数据显示，人们每天进行 30 分钟以上心率为 120～160 次的中低强度有氧代谢运动，就能够在一定程度上达到减肥的目的。网球运动不仅符合这个标准，而且其运动强度还要稍高于此标准，再加上人们在进行网球运动时的动作幅度非常大，能够带动全身肌肉，所以经常进行网球运动能够帮助青少年改善体型。此外，网球运动的互动功能还能增强运动的趣味性，帮助增强青少年运动的热情和决心。

（4）改善青少年的体态

良好的体态能够展现一个人的精神气质和魅力，人们进行运动的目的之一也是改善自身的体态，而网球运动对于改善体态具有非常有效的作用。对于男生来说，经常进行网球运动能够减少其手臂、背部和腹部的脂肪，使其身姿更加健美挺拔；对于女生来说，经常进行网球运动能够锻炼四肢，使四肢变得更加紧致修长，还能够使肩部和臀部变得更加健美。另外，网球运动的动作大方、优美，而且动作幅度非常大，能够拉伸全身的肌肉，使人形成自然挺拔的身体姿态。

2. 网球运动的练习方法

（1）发球技术的练习方法

①握拍：建议选择大陆式握拍方式。

②握球：手里只有一个球的时候，只需要有手指和手掌将球托起即可；手里有两个球的时候，球以上下的位置放在手中，上面的球由大拇指、食指和中指负责托起，而下面的球则由无名指和小拇指负责托住。

③准备姿势：双脚分开保持和肩膀一样的宽度，身体的重心倾斜在脚掌的前半部分。一只手握住网球拍，另外一只手负责拿球并同时扶稳球拍颈部。

④向后拉拍和抛球：随着重心前—后—前移动的同时，两手也同时由下而上沿弧线运动。

⑤盯球：在抛球和击球的同时，要确保视线始终落在球身上，确定球的位置和方向，保证动作不出错。

⑥击球过程：击球时球拍的位置在身体的右前上方，击球过程中的动作顺序为向上—向前—向下三步。击球时需要运动者将身体挺直，手肘部位稍微弯曲，身体的重心放在脚掌的前半部分。

⑦结束动作：球拍将球发出去之后动作不停止，继续下滑完成整个弧形的击球动作，最后在身体的左下方收停动作。

（2）正反手击球技术的练习方法

青少年在进行正反手击球技术练习时，可以借助墙壁辅助练习。具体方法是将墙壁划分成大小不同的区域，根据技术水平由弱到强的发展规律逐渐缩小划分区域的范围。还可以同时设置几个位置不同的区域，假设其为不同位置的队友，进行方位变化的练习。这种练习方式能够锻炼青少年的反应能力、协调能力和判断能力，提升青少年的正反手击球技术水平。

（3）截击球技术的练习方法

截击球技术具有距离短、球速快的特点，要求运动者具有非常灵敏的反应速度。青少年在进行截击球技术练习时，建议采纳短握拍的方式加以实践。初学者在练习时，应将击墙的高度适度调高，距离相应拉远，并融合反弹球的练习，以确保练习者拥有充裕的时间来完成技术动作的完整展现。练习者还可以进行左右手交换练习或者和同伴结伴练习，以提高练习的趣味性，激发练习的信心和耐心。

### （二）羽毛球

羽毛球运动是运动双方隔着球网相互击球对抗的一种球类运动。在运动时，参与的双方分成两队，分别站在球场的两边，分别用球拍击打羽毛球，使其在球网两侧来回。己方的球落到对方的场地，或者击打对方发过来的球使其出界，则视为比赛的胜利。羽毛球是一项充满了竞技性质和趣味性的球类运动，在全世界范围内都非常流行。

1. 羽毛球对于提高青少年体质健康水平的作用

（1）羽毛球运动对于青少年的锻炼作用

作为一种运动方式，羽毛球的锻炼性是其基本属性。羽毛球中包含的技术非常丰富，如在前、后场中的快速击球、高球、扣球、抽球等技术。这些技术需要运动者做的动作是不尽相同的，青少年在运用各种动作完成这些技术的时候就能够锻炼到身体的不同部位，带动全身肌肉运动，从而达到全身锻炼的效果。

同时，羽毛球还是一个对抗性的体育运动，运动是以双方进行比赛的形式展开的，所以人们在进行羽毛球运动时，除了要进行体能的竞赛，还要进行智慧上的较量。因此，经常进行羽毛球运动还能够锻炼青少年的运动智慧，提高青少年的反应能力、判断能力、灵活性。

羽毛球运动还有锻炼人的意志力的作用。坚持经常进行体育锻炼是一件非常具有挑战性的事情，人们可能会因为各种心理因素和身体因素出现抗拒锻炼的态度。即使在运动的过程中，人们也可能会因为体力不支等原因想要中途放弃。保持进行羽毛球锻炼的习惯是一件非常需要意志力的事情，青少年如果经常进行羽毛球锻炼，就能够在坚持的过程中提高自己的意志力水平，这种意志力最终也能够迁移到其他的生活场景中，对他们的人生产生积极的影响。

（2）羽毛球运动对于青少年的娱乐作用

羽毛球运动自从问世以来就受到人们的喜爱，在长期的发展过程中，它除了保持自己的运动属性之外，还逐渐成为一种娱乐方式，具备了娱乐属性。羽毛球具有运动难度较低、运动量不大、场地和器材限制少的优点，这使各种年龄阶段的人们都能够在有限的条件内开展运动，羽毛球也因此被称为"全民运动"。

同时，作为一种以比赛形式进行的运动，羽毛球还具有很强的互动性，人们在你来我往的发球、接球过程中不仅能够切磋技艺，还能够交流感情、培养友谊。

因此，青少年经常进行羽毛球运动除了能够锻炼身体之外，还能够娱乐自己，放松心情，更有利于其成长。

2. 羽毛球动作

（1）握拍动作

①正手握拍。手不能握拍太紧，手掌心和球拍之间保留一定的空间，保证球被打出去之后的运动路径能有一定的弧度变化；食指和中指不能并拢，应该保留大概一个手指的距离，方便发力；拇指和食指负责转动球拍，中指、无名指和小拇指负责发力。

②反手握拍。大拇指顶在拍柄的宽面上，其余四指位于下方，撑住球拍，有利于反手发力。

③钳式握拍。这种握拍姿势一般被用在网前球中，大拇指和其他手指分开处于手柄的两侧钳住球拍，球拍的头部轻轻向下倾斜。

④锤式握拍。锤式握拍的姿势能够为挥拍动作提供充足的力量，一般被用在力量型挥拍动作之前。具体姿势为紧并五根手指，食指指尖位于大拇指下面并与之接触，握紧球拍。

（2）挥拍动作

①内旋挥拍。正手挥拍方式，前臂内侧转动。头顶击球：手腕向外翻动带动球拍做顺时针旋转击球，球拍打正。正手挑球：前臂向外做好击球准备动作，用力向内旋前臂挥拍。

②外旋挥拍。反手挥拍方式，前臂外旋转动，手腕的外伸后带动球拍做逆时针旋转击球。转身后，腿弓步，肘关节向前向上顶起，抬高肘关节直至最高，球拍从身体的腹部向上挥，下面三指用力，拇指和食指放松。前臂首先内旋，不要停顿，肘部伸直，前臂反向外旋。在大力击球时，内外旋手臂混合使用；在反手击球时，外旋前有一个内旋，需要预先使肌肉紧张起来，增大加速过程。

③摆臂挥拍。摆臂挥拍主要用于接发高球。加速过程尽量要长，在软击球中（如正手头顶吊球）加速过程并不重要。

（3）击球动作

①高手击球。高手击球，作为一种常见的击球方式，其显著特点在于击球点

位于头部之上。此方式涵盖四种核心的击球技术，即高远球、平高球、吊球与杀球。其中，平高球在比赛中扮演着举足轻重的角色，它常被用于精准地掌控对方后场底线的两个角落，是运动员在赛场上实现控制与反控制、直接发起攻势或主动转换以谋取进攻良机的重要策略。

②低手击球。低手击球是指击球点低于头部的一种击球方式，主要包括平抽挡球和接杀球两种击球技术。低手击球被运用在后场时，其中的抽球主要对付对方的长杀，以及对方压底线两角时作为反控制的手段。低手击球被运用在中场时，重点是速度要快，不仅击球的动作要敏捷利落，还要保证球在空中停留的时间也要短，因此对击球的力度也有一定的要求。

③网前击球。网前击球技术体系，全面涵盖搓球、推球、勾球、挑球、扑球及放网前球六个关键技术环节。其中，放网前球作为一项策略性技术，常见于运动员因场地位置不利而被迫采用的情况。然而，高质量的放网前球展现出的独特优势——其弧线低平、紧贴网面迅速下坠，往往能够化被动为主动，有效逆转场上局势。

## 三、形体塑造运动

### （一）瑜伽

瑜伽是一种起源于印度的古老运动，以动作舒缓优雅闻名，瑜伽能够拉伸肌肉，疏通经脉，使人身心放松。瑜伽既是一种锻炼身体的方式，又是一门哲学。瑜伽中蕴含的哲学思想为通过模仿动植物的姿势和动作，达到和自然、宇宙融为一体的境界，最终实现保持身心健康、激发人体潜能的目的。

1.瑜伽对于提高青少年体质健康水平的作用

（1）瑜伽能够塑造青少年的形体

青少年时期是一个人形成体态习惯的重要时期，但是因为受到一些不良习惯的影响，青少年身上很容易出现含胸、驼背、骨盆前倾、脊柱变形等体态问题，不仅会影响体态的优美性，严重时还会损害身体健康。瑜伽运动一个非常重要的作用就是能够改善人的体态状况，瑜伽中有大量大幅度的拉伸、舒展动作，能够使人的体态看起来更加自然和挺拔。另外，瑜伽中的拉伸动作不是立刻就结束的，而是会维持一段时间，经常进行瑜伽锻炼能够使肌肉生长得更加均匀，人的体型也会显得更加匀称。人们在青少年时期进行瑜伽运动能够培养良好的体态习惯，使其终身受益。

（2）能够减轻青少年的心理压力

瑜伽是一种富含哲学的运动方式，其内涵是使人身心放松，达到和世间万物融为一体的境界，因此瑜伽运动能够减轻人的心理压力，使人保持内心的宁静。从呼吸方式上说，瑜伽鼓励人们在运动过程中进行舒缓的深呼吸，能够放松人的情绪；从运动方式上来说，瑜伽的拉伸动作是一种能够使肌肉放松的训练，可以放松个体的神经，能够很好地释放内心压力；此外，瑜伽运动时配合的音乐一般都是比较舒缓的音乐，对于使人心情放松也有很大的帮助。青少年面临着激烈的求学竞争环境，难免要承受一定的心理压力，而瑜伽锻炼具有使人身心放松的作用，是一种非常适合青少年进行锻炼的运动方式。

2. 瑜伽运动中形体的训练内容及实施方法

瑜伽是一种非常有效的形体塑造运动，经常进行瑜伽运动能使人身材匀称，身姿挺拔，塑形也是很多人选择瑜伽运动的主要目的。下面从瑜伽运动的形体塑造功能出发，阐述瑜伽运动中的形体训练内容和形体训练的落实方法。

（1）形体训练内容

①把杆训练。把杆训练是瑜伽中最基础的训练内容，其目的是让学生在训练中感受瑜伽动作，了解动作要领和细节，为后续的练习打基础。把杆训练的具体内容是借助把杆练习站立、踢腿、转体、跳跃等动作，有助于培养学生形成规范化的身体姿势，能够锻炼学生的腿部力量、身体协调能力、平衡能力和身体的灵活性。

②"地面"训练。地面训练是指学生以坐、卧、躺等方式在地面上进行的动作练习，一般在学习瑜伽的初期需要进行大量的"地面"训练。"地面"训练的主要的作用是对肌肉进行拉伸，提升肌肉的张力，防止形成块状的肌肉，使肌肉呈现流畅的线条形状，达到修身健美的效果。

③舞姿组合训练。舞姿组合训练是瑜伽训练中的关键内容，一般会在瑜伽学习的中间阶段进行，对于学生突破基础的动作学习，理解瑜伽的动作艺术具有非常重要的作用。舞姿组合训练的具体做法就是对芭蕾舞蹈中的一些基础动作，如

单腿屈膝前（后）举站立、单腿后举站立、单腿侧上举站立等舞姿进行练习，学生能够在舞姿的练习中锻炼肢体动作变化的灵活性，感受通过四肢、头部和躯干的协调配合形成的姿势的艺术性。舞姿组合训练是在学习者掌握了一定的瑜伽姿势和动作之后进行的，有利于学生将分解的姿势和动作结合，加深对瑜伽的理解和掌握。

④身体动作组合训练。身体动作组合训练是在瑜伽学习后期进行的训练内容，是针对一些难度动作而开展的一种形态训练，主要的动作类型为跳、平衡、转体、波浪与柔韧四种。通过系统性的身体动作组合训练，帮助学生学习并掌握基本动作的正确方式。在训练过程中，学生将学习如何使全身各部分协调配合，以完成更为复杂和高难度的动作。此外，训练还强调了在动作中交替使用紧张与松弛的韵律，这有助于展示出身体各部位的正确姿态和动作的最大幅度。学生还会学习如何保持动作的稳定性、移动的轻巧性，并深入理解动力、幅度与动作速度之间的紧密联系。

（2）形体训练的落实方法

①先练形体后学瑜伽。瑜伽运动是一个对形体要求非常高的运动，只有先掌握标准的形体姿势，才能真正开始瑜伽的学习，否则根本无法达到理想的运动效果。在一般的瑜伽训练中，需要将整个学习课时前1/4的时间留给形体训练，这样连续的学习过程能带来比较好的学习效果。形体训练的内容包括把杆练习、徒手组合练习、手位练习等，能够很好地锻炼学生的身体协调能力和灵活性，增强学生的空间感受能力和动作感受能力，使学生能够做出正确优美的姿势，为后续的瑜伽学习奠定基础。

②形体训练贯穿整个瑜伽学习过程。瑜伽学习的整个过程中都需要进行形体训练，在瑜伽学习的课时中，要分别在学习开始的时候和学习结束的时候进行形体训练。课前进行形体训练能够起到热身的作用，激发身体的活力，使身体能够更加快速地进入正式的瑜伽学习中；而课后的形体训练则起到拉伸的作用，能够放松肌肉，减慢心率，同时还可以巩固课上学习的内容。

**（二）健美操**

健美操运动是一种非常受欢迎的新型有氧健身运动，它集体操、音乐、舞蹈的元素于一身，非常具有艺术性。近年来，健美操运动凭借着其超强的韵律性和趣味性，受到了众多健身人士的喜爱，成为风靡一时的时尚运动方式。健美操运动中包含三种具体的运动方式，分别是竞技性健美操、健身性健美操和表演性健美操，我们在这里只对健身性健美操进行具体阐述。

1. 健美操对于提高青少年体质健康水平的作用

（1）增强青少年的健康美

健康美，是指人身体的各个器官、各项机能都处于最佳的运转状态，人的身体十分健康。人体要达到健康美，需要心肺能力、肌肉力量、平衡性、灵敏性、协调性、柔韧性都处于绝佳状态，并且相互之间协调配合。青少年进行健美操运动能够提升自己的身体素质，锻炼柔韧性、协调性、力量和耐力等。健美操运动还是一种十分具备活力和动感的运动，青少年还能够在进行健美操运动的过程中提升身体的活力，形成健美标准的体形。经常进行健美操运动对于增强青少年的健康美具有重要的作用。

（2）提升青少年的美学水平

健美操是一种集合了音乐、舞蹈、体操、美学等领域的元素于一身的运动方式，除了具有增强人体健康的运动锻炼价值，还有非常强的美学价值。青少年进行健美操运动时，能够通过聆听具有强烈节奏感的音乐增强自己的韵律感，还能够通过富有艺术性的动作提升自己的艺术感受能力和欣赏水平。青少年经常进行健美操运动可以帮助其培养发现美、认识美、分析美的能力，提升其美学水平。

（3）提高青少年的注意力水平

青少年具有思维十分活跃的特点，因此一些青少年身上存在注意力不集中的问题，经常进行健美操运动能够提升青少年的注意力集中水平。健美操运动的强度不算非常大，但是动作的难度却比较高，灵活多变是其基本特征，加上不对称的动作非常多，动作的节奏感又比较强，锻炼过程中注意力稍不集中就会跟不上动作。青少年经常进行健美操运动能够培养其注意力集中的习惯，并且能够将这种好习惯迁移到生活和学习中去，在一定程度上提高青少年的注意力。

2. 健美操的相关练习

（1）头、肩练习

①头颈前后屈。身体微微下蹲，上半身挺直，双手叉腰，双脚分开和肩部等同的宽度。头颈做前屈、还原、后屈、还原的动作。

②头颈左右侧屈。双脚并拢站立，两臂自然下垂，左脚向左侧跨步，双腿稍下蹲，左臂向左侧平举，掌心向下；右臂垂于体侧，头颈向左侧屈，还原。方向相反，做右侧屈。

③双肩提沉。两脚开立，两臂垂于体侧，两腿稍下蹲，肩部下沉，两腿蹬直，重心移向左腿，两肩上提。反方向做同样的动作。

④左右转肩。双脚分开站立，双臂在身体的两侧水平举起，手掌朝上，五根手指分开。左边的肩膀向下压，右侧的肩膀向前翻转。右臂随右肩向前转动，同时向左顶髋，右膝稍屈内扣。同样的动作反方向重复。

⑤肩部绕动。两脚开立，两臂下垂，重心移向左腿，左肩下沉向前、向上、向后绕动一周，右肩放松下沉。方向相反，重复进行一次，再两肩同时下沉后，向后、向上、向前绕动一周。

（2）上肢练习

①摆臂屈肘。两只脚分开站立，两只手自然握成拳头状垂放在身体的两侧，两腿呈屈肘状向前伸，双臂向前摆动，达到水平位置后手臂上半部分保持水平状不动，然后屈肘使小臂面向身体的方向，拳心后转。大臂保持水平部位，两腿屈伸一次，两臂伸直下落经体侧，向侧举至水平部位屈肘，大臂保持水平状，拳心相对。

②举臂合胸。两肩尽量向前运动，两腿伸直，两手手心向上，两臂向侧水平打开尽量向后运动，胸部向前挺出。

③开臂展胸。两脚开立，两臂下垂，两腿稍屈下蹲，两臂由下经体侧举至水平，向前合并（手臂向前）至手腕相靠，低头合胸。

④侧移胸部。两脚开立，两臂下垂，左臂向侧平举，五指张开，掌心向前，胸部尽量向侧移动，腿髋固定。还原，方向相反，重复进行。

（3）下肢练习

①滚动步。两脚合并站立，两手叉腰。在第一个节拍时，抬起左脚踵，膝盖部位关节稍微弯曲并且呈内扣状，身体的重量由右腿承担。同样的动作换方向再次重复。

②屈伸步。站立时，双脚并拢，双手叉腰，姿态端正。在第一个节拍，左腿自然屈膝上抬，同时右腿轻微下蹲，以维持身体平衡。随后，左脚向前平伸，前

脚掌轻触地面之际，右腿也随之伸展。在第二个节拍，左腿缓缓抬起，轻微屈膝后收回，全脚掌平稳着地，与右脚并拢。与此同时，右腿进行一次屈伸动作，以保持动作的连贯与协调。在第三、第四个节拍重复第一、二个节拍的动作。在第五、六个节拍时，左脚向左侧做屈伸步。在第七、八个节拍时，右脚向右侧做屈伸步。

③跑跳。在第一个节拍时，右脚站在原地轻轻上跳，左腿配合右脚上跳的动作，膝盖弯曲并轻抬。在第二个节拍时换方向重复第一个节拍的动作。

④跳踢腿。在第一个节拍时，右腿在原地轻轻上跳，左腿膝盖伸直向前上方进行大踢腿的动作，脚的高度要超过肩膀。在第二个节拍时，右腿在原地重复轻跳一次，同时高高抬起的左腿放下。在第三、四个节拍做第一、二个节拍的动作，在五、六、七、八个节拍换方向重复前四个节拍的动作。

## 第三节　运动强度与频率的控制

青少年在生理、心理上与成人相比是有差异的，并存在着明显的薄弱环节，这些薄弱环节和差异决定了青少年的运动强度与频率在许多方面和成人应该是不一样的，应具有他们本身的特点。

青少年正值生长发育时期，因此，在运动强度与频率的安排上，应考虑促进他们正常的生长发育，总体运动强度与频率应以适应为主。

青少年具有承担一定运动强度的能力，但容易疲劳，因此总的运动强度应以运动量的积累为主，适当注意强度的安排。运动强度的增加应与年龄和训练年限相一致。不同年龄阶段运动强度应有侧重和增加，青少年运动强度在不同年龄阶段应有所侧重和增加。针对青少年不同阶段各种运动素质的敏感期，在运动强度与频率的安排上应有所侧重，这样能使训练得到更好的效果，为今后高水平的发展打下扎实的基础。

对青少年采用的运动强度与频率的安排原则要符合他们本身的特点，且针对性要强，千万不能照搬成人的训练手段。青少年正值长身体时期，身体需要更多更好的养料，特别是生长加速期需要增加营养物质。但早期成人化的大运动量训练，消耗了他们体内供生长发育所需的养料，可以说是"耗竭"了养料，其结果必然严重影响青少年正常的生长发育。青少年过早地进行成人化专项训练会使其心肌壁增厚，心腔缩小，从而在一定程度上影响青少年成才率。

## 一、运动强度的控制

运动强度是指单位时间内的运动量，运动量是运动强度和运动时间的乘积，适宜的运动强度是取得较好健身效果和安全保障的关键，也是科学运动健身的核心内容。人体在运动中所承担的负荷量及所消耗的能量，通常以运动中的吸氧量占最大吸氧量的比值来确定该运动的强度。最大吸氧量是人体进行有大量肌肉群参加的力竭性运动中，机体的呼吸循环系统机能能力达到最高水平的状态，在单位时间内，个体所能达到的最大摄氧量，其水平紧密关联于心肺功能的强健、肌肉的大小、血液对氧气的承载与输送效能的高低，以及组织对氧气的吸收与利用效率的强弱。此指标作为科学评估体系中的一项重要内容，能够精准地反映出个体的体质健康状态及运动能力水平。通过运动可以提高最大吸氧量值，最大吸氧量值越大表示身体的机能能力越高。同一运动负荷，对不同体质和运动能力的人，所产生的运动强度也不同。例如，每分钟 300 米的慢跑运动，对于有运动基础、身体机能水平高的人来说是小运动强度，但是，对没有运动基础、身体机能水平低的人来说就是中等强度运动。

体育健身中，运动强度的把控是确保安全与成效的关键。高强度训练虽能显著提升体能，却也潜藏安全风险，如过度则可能适得其反。反之，低强度虽安全无忧，却难以激发身体潜能，成效有限。因此，个性化定制运动强度至关重要，需综合考虑个体的体能状况与锻炼目标。理想状态是找到安全与效果之间的平衡点，既能让身体承受适度挑战，促进健康改善，又能确保安全无虞，让每一次锻炼都使个体受益。

运动强度分为四个等级，即极限运动强度、亚极限运动强度、中等运动强度、小运动强度。

极限强度运动：吸氧量占最大吸氧量的 95%～100%。

亚极限强度运动：吸氧量占最大吸氧量的 70%～90%。

中等强度运动：吸氧量占最大吸氧量的 55%～65%。

小强度运动：吸氧量占最大吸氧量的 50% 及以下。

吸氧量是指人体每分钟所摄取的氧气量，又称摄氧量。需氧量是指人体每分钟所需要的氧气量。氧亏是指人体在安静时，机体内的氧的裹挟供应与需求之间保持平衡，体内没有氧的缺欠；而运动时，机体的需氧量增加，吸氧量不能满足需氧量，这种需氧量与吸氧量之间的差值，称为"氧亏"。

正常人在运动时吸氧量最大可以达到 5 升 / 分钟或更多，是安静时的 2 倍或更多。此时，呼吸器官和心脏必须加大做功使呼吸加深加快、心跳加快，提高吸氧量，以满足身体运动时的需氧量。如果运动负荷继续增加，吸氧量不能满足机体的需氧量，这就发生了氧亏。长时间的氧亏对身体会有不利影响，健身运动应严格地控制运动强度，不要发生氧亏现象。

体育健身运动中，运动强度，是依据人体在参与体育运动过程中所产生的生理反应量进行衡量。此外，心率作为关键生理学指标之一，具体表现为单位时间内心搏的频率，也常被用于评估运动强度。安静状态时心率较慢，一般人为 60～90 次 / 分钟，如散步时由于运动强度较小，心率增加较少，慢跑步时运动强度比散步时要高，因此心率比散步时要快些。跑步速度加快，心率就明显增快。因此，用运动过程中的心率反映运动强度比较客观和正确。在体育健身运动实践中，心率（脉搏）的测定也很方便。一般以 10 秒为单位的心率数表示运动强度。

针对身体健康状况良好的个体，体育健身活动中，确保运动安全且有效的关键在于控制适宜的心率范围。因此，可通过一个科学合理的公式来估算其适宜心率，即有效心率 = 安静心率 +（最高心率 – 安静心率）× 60%。但是，由于该公式仅适用于健康人群。

对于已通过体格检查和运动负荷试验的人员，可以依据检查和试验数据，利用上述公式来确定适宜的运动强度。然而，对于没有条件进行这些检查和试验的普通健身者来说，无法通过公式来确定适宜运动强度。这部分健身者可以采用循序渐进的方式，慢慢探索适合自己的运动强度。在初期，依据年龄估算安全心率范围，从低运动强度起步，如每分钟 90 次心跳，逐步适应两周后，提升至每分钟 108 次，再经历两周适应期，随后继续加码，直至逼近个人有效心率目标，如每分钟 120 次。此过程强调自我感知与身体反馈，灵活调整，确保健身既有效又安全，让每个人都能在没有专业指导的情况下，科学地规划自身运动强度。需要注意的是，任何人在开始进行体育健身活动时，应该采用这种方法，逐渐使体育健身运动的强度接近个体所能胜任的运动强度。

除了参与者的运动能力水平、具体的健康状况等因素外，在确定运动强度的过程中，还需充分考量参与者的年龄、性别及以往的健身经历。一般来说，身体健康的青少年可以胜任运动强度大的体育健身运动，运动强度大的体育健身运动对青少年的体质增强作用比较明显。在相同条件下，经常参加体育健身活动的人运动强度适当可以大些，而从未参加过体育健身活动的人，在开始进行体育活动时，运动强度显然应该要小一些。

## 二、运动频率的控制

运动密度，具体而言，涵盖两个维度：一是每周的运动密度，二是每日的运动密度。日常的体育活动是健康生活不可或缺的一部分，每日坚持锻炼，视之为生活乐趣而非负担，是追求品质生活的表现。建议每周至少有 5 天的体育锻炼计划，关于每日的锻炼密度，个性化定制是关键，结合作息与兴趣灵活安排。对于学业繁重的青少年，可巧妙规划，分两次进行锻炼，既适应紧凑日程，又确保运动质量。

# 第六章　青少年体质健康的运动干预实施策略

学校是青少年日常生活的主要场所，家庭是青少年成长的重要场所之一，社会是青少年思想道德教育的主要阵地，医院是保障青少年健康的关键机构。青少年体质健康的促进离不开学校、家庭、医院和社会的共同努力。因此，促进青少年体质健康的工作要以青少年为本，重视学校、家庭、医院和社会之间的沟通工作，共建坚实的后盾，为青少年的身心健康发展打好基础。

## 第一节　学校干预青少年体质健康的实施策略

一个人从幼儿时期到成熟时期一般都处于学校教育环境中，其知识获取、健康成长都离不开学校。学校的教育理念与教育环境与青少年的心理健康和生理健康息息相关，对青少年的健康体质养成和个人的全面发展的影响都不可忽略，因此，学校要积极探索适合青少年体质健康发展的路径。具体来说，学校可以从以下三个方面对青少年的体质健康发展进行干预。

### 一、优化体育课堂教学

体育课是学生了解基本的体育与保健知识的主要途径，开展体育课堂教学能帮助学生提高运动技术水平。体育课是实现学校体育目标和促进青少年体质健康的基本途径。就目前的教育形势来看，学校优化体育课堂教学需要做到以下四点。

#### （一）尊重学生的主体地位

学生是体育教学的主要对象，尊重学生主体地位是优化体育课堂教学的重要途径，具体来说，可以从以下两方面着手。

1. 尊重学生的兴趣爱好

全面发展是当前教育的主要目标，对体育教学而言，同样需要朝着这一目标努力。要发挥学生的主体地位，教师就要尊重学生的兴趣爱好，并在此基础上丰富体育课堂教学内容，提高他们对运动技能的掌握。体育课可以开展更多具有趣味性的训练项目，如啦啦操、武术等，学生可以根据自身喜好进行选择，这不但有助于拓展学生对体育运动的了解，还能激发其对体育课的兴趣。教师教学时要对学生的基本情况有所了解，针对那些毫无基础的学生，应当先采取引导方式，系统地介绍各类体育运动的魅力，旨在激发学生的运动兴趣与热情，随后再通过实际的练习和指导来提升学生的运动技能。而对于已具备一定基础的学生，教师应灵活调整教学策略，可适当给予其自由活动的空间，让他们选择适合自己的体育项目进行练习，教师适时提供指导即可。

2. 发挥教师对学生的引导作用

教师要尊重学生的个性与爱好，但并不意味着教师完全不发挥作用，相反，教师在引导学生健康成长、全面发展方面扮演着至关重要的角色，其引导作用具体体现在以下 3 个方面。

（1）以准备活动培养学生的体育兴趣

准备活动是开启体育课堂的第一步，跑步是体育课上最常见的准备活动，让学生先绕操场跑几圈，帮助其活动关节、热身，预防随后运动时因热身不到位带来的身体损害。因此，教师在进行教学设计时要不断地引进新内容，以不同的、富有趣味性的热身方式唤醒学生，这样一来既能达到活动关节、预防运动损伤的目的，又能激发学生的学习欲望。例如，教师可以将准备活动改为蛇形跑，即无规则地随意跑。

（2）以正确的教学方法增强学生的能力

体育课中有各种各样的教学方法可用来促进学生体育能力的提升，接下来以篮球启发式教学为例进行说明。篮球运动本质上属于团队协作的竞技项目，并非仅凭个人鲁莽与体力的比拼。在训练过程中，学生之间需建立深厚的默契，紧密配合，方能有效突破对方的防线，从而训练他们学生的团队协作能力。另外，篮球运动还需要学生充分发挥主观能动性，预测敌方的下一步攻击，这样可以有效培养他们的动脑能力。

（3）以激励的语言提升学生的积极性

教师的表扬和激励的语言对学生而言十分重要，这是对学生学习成果的肯定，能有效激发学生的学习积极性和追求成功的心理。体育教师需要明确，教学中的鼓励不只是面向优秀的学生的，对于水平不同的学生要善于发现其各自的优点，如水平较差的学生要关注他们的进步并及时予以鼓励，使其拥有持续努力的动力；水平较高的学生也要给他们展示自己的机会，让其成为其他学生的表率，给他们足够的肯定，激励其向着更高的目标努力。

### （二）创新体育教育理念

教学活动的开展离不开教学理念的引导。深化对通识教育理念的认知，是确保体育通识教育质量稳步提升的基石。教师和学生都应当明确体育教育是通识教育的重要组成部分，应当树立正确的体育教育理念。学校要发挥主导作用，统一办学思想，引导师生树立正确的体育理念，尤其是在提倡全面发展、素质教育的当下，学校更应及时更新体育教学理念，将体育教学与素质教育挂钩，使体育教学活动对学生的成长产生积极的影响。

### （三）明确体育课程目标

体育课程的目标可分为运动参与、运动技能、身体健康、心理健康、社会适应五个层面。体育教师应通过体育教学引导学生从以上层面理解体育的深刻内涵与意义。对体育教师而言，在课堂教学中要注意以增强体质为教学目标，尽量避免教学时目标偏差。当然，教师在贯彻增强体质这一目标时，要关注学生的兴趣与需求，处理好体育教学的趣味性与体育训练的艰苦性的关系，并要尊重个体差异，平衡好总体目标与学生个体差异的关系。

### （四）实施心理刺激调节教育

心理刺激调节教育有助于激发学生的学习兴趣和学习潜能，就体育教学而言，实施心理刺激调节教育能帮助学生克服消极的学习心态，借助暗示和激励，引导其形成积极向上的学习心理，从而调动学生的学习兴趣，主动参与体育训练，在学习中尝试创新、探索，寻找最适合自己的学习策略，从而挖掘自己的学习潜能。实施心理刺激调节教育需要教师对学生的心理活动与行为表现有充分的了解，通过信任、期望、启发、评价、疏导等一系列流程让学生敞开心扉，并尝试改变。

## 二、改进课外体育活动

课外体育活动，系指学生在课余时段进行的，旨在增强体质、愉悦身心的体育锻炼活动。课外体育活动是学校体育教学的重要内容之一，是体育课程的延续和补充，也是促进青少年体质健康的重要途径之一。通常，学校课外体育活动可以通过以下三个方面完成改进。

### （一）优化运动场地

大多数学生不参加体育运动很大程度上是因为运动场地和设施受限。一般来说，学校的运动场地主要是足球场、篮球场，但对于其他运动项目并没有提供场地，如乒乓球、羽毛球等，这对于需求多元的学生群体而言显然是不够的。因此，学校要对校内的运动场地进行优化和合理布局，紧密围绕学生实际需求，积极增设体育设施。同时，需要合理地规划校园空地资源，切合实际地开发更多契合学生需求的运动场所，如设置一面网球墙、提供一些简单的羽毛球场地等。

### （二）提供运动器材

没有好的运动器材就难以发挥运动项目的作用。因此，学校应尽力为青少年学生提供齐全的运动器材，并采用免费或低价租借的方式供学生使用。学校可以设立租借体育器材的部门，本校学生可凭借学生证进行租借，在限定期限内归还即可。为了方便管理，最好安排专门负责租借事项的人员，对器材的使用情况、数量和租借情况进行记录，并管理好器材，有遗失或损坏要及时上报处理。学校也要提供一定的经费，用于维修和更新器材。形成一套完备的租借体系后，学生的体育运动有了一定的保障，学校的体育器材也就发挥了最大用处。

### （三）培养健康意识

要使青少年学生重视体育运动，要先从思想上认识到身体健康的重要性，要明确身体是学习和生活的资本，对于学生而言要树立身体与学习并重的意识。如果不能在青少年时期引导学生养成运动习惯、增强健康意识，其在成年后就更难以重视体育运动。因此，学校要着重培养学生的健康意识，帮助学生真正理解体育运动对生活、学习的重要性，激发其自主参与体育运动的意识，进而形成体育运动的习惯。当然，意识的培养不是一蹴而就的，只依靠学校的力量远远不够，可以呼吁社会力量参与，创造一个重视体育运动、关注个人健康的社会环境，让健康意识在学生心中生根发芽。

### 三、加强师资队伍建设

就课程模式来看，目前学生可以自主选择教学内容、授课教师、上课时间等，这种选课的形式能让学生根据自身兴趣来选择，对其主动性和积极性都有积极影响。同时，这一模式对体育教师提出了新的挑战，教师教学质量、教学方法和教学能力都成为学生的考量因素。基于此，学校要及时对教师进行培训、提升，引导其更新教学理念和教学方法。学校体育教研部可以定期举办学术活动、培训班，帮助教师提高教学技能，引导其与时俱进，激发其创新意识，在正确教学理念的指导下进行教学，最终培养出优秀的教师队伍。学校主要可以从以下方面来加强师资队伍的建设。

#### （一）加强职后培训

有条件的学校应加强对体育教师的职后培训，提高教师队伍的总体素质。例如，学校可以不定期开展一些职业讲座、校外教师交流活动，为体育教师提供更多学习的机会。此外，学校也可以举办一些有奖竞赛，激励体育教师自我提升。

#### （二）促进专业发展

现有的体育教师大多专业水平不是很高。因此，学校要对教师结构进行调整，以提高他们的专业水平。除了一些职后培训外，学校还要让教师认识到仅讲授几条抽象的运动理论、一些简单的运动技巧是不可能教出体质健康水平很高的学生的。教师应在教学实践中不断地学习国内外优秀的教学理论和经验，并结合学生的实际情况进行体育教学。例如，学校要鼓励教师在实践中摸索有利于学生体质健康发展的教学方法，对于优秀的教学方法可以给予一定的奖励。

# 第二节　家庭干预青少年体质健康的实施策略

家庭是青少年成长的一个重要场所，对其今后的发展影响深远。青少年体质健康既是学校应当关注的问题，也是值得家庭重视的问题，家庭干预对青少年体质健康的提高影响巨大。一般来说，家庭干预青少年体质健康的实施策略包括以下方面。

## 一、优化家庭教育

家庭教育就是家中长辈对子女的教育，家庭教育的好坏可以直接在子女的行为、个人素质上体现来。当今社会，家庭教育的内涵被不断丰富，从单向的长辈对子女的教育，转变为家庭成员间的相互影响。与此同时，对于家庭教育的研究在不断扩展，教育观、教育策略、家庭基本状况（如经济条件、生活环境等）等都成为优化家庭教育的切入口，对青少年的成长产生着持续影响。

家庭教育可以通过以下 3 种方法实现优化。

1. 树立正确的家庭教育观

家庭教育要重视青少年的德才兼备，全面发展。因此，树立正确的家庭教育观是优化家庭教育的第一步，只有家长了解家庭教育的重要性，积极配合学校教育，才能对青少年的健康成长产生全面影响，这种配合既是知识教育的配合，又是体质健康层面的配合，学校与家庭通力合作，才能让青少年树立正确的运动意识，关注自身体质健康。

2. 采用科学的教育方法

家庭教育的方法直接影响家庭教育的效果，科学的教育方法对青少年的体质健康、性格培养、"三观"（世界观、人生观、价值观）养成都具有积极影响。正确的教育方法应当是严而不厉、爱而不溺，对青少年的教育不是一蹴而就的，家长要有耐心、有恒心，对其进行循序渐进的教育。家长要与其多沟通，对孩子的优点与缺点有较为全面的把握。一方面，家长要善于发现孩子的优点，对其特长与优势予以关注，鼓励其挖掘潜能、发展个性；另一方面，家长要客观面对孩子存在的不足，帮助其改正缺点，寻找正确的发展方向。

### 3. 营造良好的家庭氛围

和谐的家庭氛围对青少年的情绪、心理和性格都有直接的影响。家长要营造良好的家庭氛围，给孩子创造积极向上、和谐乐观的家庭环境。环境会对青少年产生潜移默化的影响，从而帮助其形成健康的心理和正确的行为习惯。

## 二、发展家庭体育

家庭体育就是在家庭内部开展的体育娱乐活动，主要目的是帮助家庭成员学习一些基本运动技能、培养兴趣爱好、丰富家庭生活，并通过体育活动来增进家庭成员的感情，释放压力并提高身体素质。家庭体育具有多样性、自主性、全面性和灵活性的特征，既可以将它看作娱乐活动，也可以看作特殊的家庭教育方式。有研究表明，家庭体育的发展在促进青少年体质健康方面具有以下三点意义。

### （一）补充学校体育

家庭体育最大的特点是自由，无论是体育项目，还是锻炼时间、强度，都可以自主安排，这也是其与学校体育的差别所在。家庭体育能满足青少年在体育运动上的个性需求，学校体育课程受时间、教学目标等限制，体育活动的类型少、时间有限，家庭体育正好能与学校体育形成互补。在学校学习的体育知识可以在家庭体育中得到巩固，弥补学校体育的不足，两者共同发挥作用，提高青少年的体质健康。

### （二）培养良好的生活方式

不良的生活方式对青少年的身体产生着持续损害，如暴饮暴食、熬夜等。家长通过组织家庭体育能引导青少年转移注意力，激发青少年的积极性，从而在长期的体育运动中树立健康意识，养成良好的生活习惯，逐步克服不良习惯，提高自律能力，加强身体素质。

### （三）树立终身体育意识

意识的形成需要经过漫长的历程，引导青少年树立终身体育的意识需要学校与家庭的长期配合。学校体育能引导学生初步认识体育的重要性，为其树立终身体育的意识奠定基础，家庭体育要配合学校体育，与学校体育相互协作，进一步地激发青少年的自主锻炼意识，鼓励其成为热爱运动的积极分子，家庭体育不追求功利性，能让青少年更好地体会运动的乐趣，在不知不觉中提高体育技能，增强体育意识，并在达到享受体育运动的状态时，自然形成终身体育的意识。

综上所述，大力发展家庭体育不仅可以帮助青少年养成坚持体育运动的意识，还能帮助他们学会管理自己的课余时间。

## 三、提供营养膳食

人体的生长发育、组织更新需要营养来维持。所谓营养，就是人体通过摄入、消化、吸收等方式从食物中转移到自己身上的养分，即满足生长所需的成分。运动后要及时补充营养，尤其是身体正处于快速生长阶段的青少年。通过食物获取的营养素能被人体吸收，进而为日常活动提供能量，营养还是维持人体器官正常运转、提高身体机能的主要物质。因此，家长要了解青少年的基本营养需求，结合其成长阶段和身体需求提供合理的营养膳食，保证营养供给。

### （一）青少年的基本营养需要

运动需要充足的能量供给，运动结束后需要及时补充矿物质、维生素和热能。

1. 矿物质

①钙。青少年平均每天需留存 300 毫克钙。如果机体对食物的钙吸收率为 30%，那么青少年每天钙的需要量至少为 1 000 毫克。

②铁。铁元素的主要作用是促进血红蛋白与肌红蛋白合成，青少年更是需要大量的铁元素。

③锌、碘。青少年的生长发育、性成熟等离不开对锌的适量补充。为了避免引起甲状腺肿，也要适当补充碘。

2. 维生素

维生素也是青少年不可缺少的营养元素，且随着年龄的增长，对维生素的需求也在不断改变。在青春期阶段，对维生素 A 的需求不高，对维生素 D 的需求较低，但随着年龄增长，需求量会逐渐增加。此外，由于青春期阶段青少年身体的热能供给增加，因而对水溶性维生素（维生素 $B_1$、维生素 $B_2$、烟酸）的需求量也在不断增加。

3. 热能

青春期是人类对热能的需求最高的时期，如果热能不足会造成营养不良，进而影响学习和体质，若热能过多又会引发肥胖等问题。因此，家长必须注意在这段时间为青少年提供适宜的热能膳食。有专家认为，我国青少年男女生每天的热能供给量应分别控制在 2400～2800 千卡、2300～2400 千卡。

**（二）青少年的饮食原则**

一般来说，青少年的饮食摄入须遵循以下 8 个原则。

①一日三餐要吃好，要保证碳水化合物、脂肪和蛋白质的摄入量。

②不挑食，及时补充维生素与矿物质。多吃蔬菜，保证营养均衡，降低成年后患上高血脂、心血管疾病的概率。

③每日摄入足量蛋白质，肉、蛋、奶、豆制品是优质蛋白质的主要来源。

④不能为了减肥而挨饿，否则容易得冠心病。

⑤不要过度依赖营养品，青少年的营养摄入主要还是通过日常饮食。

⑥多喝水，不要用饮料代替。

⑦按时吃饭，一日三餐不能少，运动消耗过大时要适当增加营养摄入。

⑧超重、肥胖的青少年少吃高热量食物。

# 第三节　医院干预青少年体质健康的实施策略

随着社会的发展，人们的生活方式发生了转变。"以治疗疾病为中心"的卫生理念无法解决健康问题，逐渐无法满足人们日益增长的健康需求。对此，在中共中央、国务院印发的《"健康中国 2030"规划纲要》中明确指出："健康是促进人的全面发展的必然要求，是经济社会发展的基础条件。"

青少年体质健康的"医疗技术管理"是一项专业任务，通常由资深医师负责执行。他们采用先进的检测技术，如侵入式的身体成分分析，包括血脂肪、胆固醇等生化指标的检测，以及 3D 心脏超声波和运动心电图等心肺功能测试。此外，肌肉功能和关节柔韧度的评估也是必不可少的，如肌肉纤维的检测和关节量角器测量等。评估方法涉及多学科临床诊断，包括内科、放射科、骨科和康复科的综合分析。临床医师不仅提供运动建议，制订个性化的运动处方，还可能针对青少年的健康问题，实施物理治疗、针灸推拿等康复措施。同时，行为介入策略也十分重要，包括提供健康促进咨询，帮助青少年修正不良生活习惯和饮食行为。定期监控和记录个人健康状况，是促进青少年体质健康状态的有效手段。这一综合性的医疗技术管理，旨在全面提升青少年的身体健康水平。

## 一、以健康教育为基础

根据《中华人民共和国宪法》第四十六条的规定："中华人民共和国公民有受教育的权利和义务。国家培养青年、少年、儿童在品德、智力、体质等方面全面发展。"该条款为我国青少年儿童体质健康教育的开展提供了坚实的法律依据。青少年健康教育，作为一项系统工程，旨在通过多元化、科学化的教育手段与方法，引导青少年在掌握基本卫生知识的基础上，实现健康认知的深刻转变，树立正确的健康价值取向，进而促使其行为模式与生活方式发生积极变化，全面促进青少年身心的健康成长，为其终身健康的发展打下坚实的基础。具体来说，要根据特定规范、条件和要求，实施有针对性、有目的、有计划、有评价的健康教育活动。

## 二、主动实施青少年体质健康预警

青少年体质健康预警是以青少年体质健康测试数据为依据，以数据分析为基础而构建的警示模式。从现有研究资料来看，国内外关于青少年体质健康预警的研究相对较少，没有直接可供借鉴的模式。

青少年体质健康预警机制不仅具有评价功能，同时也具有预警与监控功能，并提供青少年个体健康亟待改善的关键信息，医院可以主动向学校、家长和社区发布预警，配合学校、家长、社区引导青少年改善营养，保证睡眠，形成健康的生活方式，实施科学锻炼，以提高青少年体质健康服务水平。

### 三、加强青少年体质健康管理

#### （一）加强青少年体质健康管理的必要性

随着社会经济发展，青少年的行为和生活方式已经发生了一定的变化。由于营养改善，青少年身体形态发育水平不断提高。同时，越来越多的青少年出现肥胖和视力问题，部分青少年还面临心理压力和情绪困扰。因此，我们必须采取更有效的措施来加强青少年的体质健康管理，以促进他们的全面健康发展。医院在青少年的体质健康管理中扮演着重要角色。

#### （二）加强青少年体质健康管理的意义

青少年的体质健康管理，对国家、社会、家庭、个人成长等都具有举足轻重的意义。

一是青少年体质的强弱，不仅深刻影响着个体的身心发育与成长轨迹，还紧密关联着其学业成就的高低及生活品质的优劣，是关乎其全面发展的关键要素，同时也关系到家庭的幸福与和谐。

二是青少年的体质健康管理关系到我国的经济建设。我国改革开放的成果初步显现，目前正处在经济社会发展的关键时期，青少年是未来建设社会主义强国的生力军，其体质的好坏关系到我国未来的经济社会发展。

三是青少年的体质健康管理关系到我国的国防建设。青少年是未来国防建设的主力军，青少年体质健康问题关系到我国国防建设问题，甚至关系到国家安全。

四是青少年的体质健康管理有利于减轻政府和社会的经济负担。青少年如果体质差，就容易产生各种疾病，尤其是慢性非传染性疾病，给政府造成很大的财政压力。因此，加强青少年体质健康管理，提前进行健康预警，将有助于减轻政府和整个社会的经济负担。

五是青少年的体质健康管理是教育事业稳步发展的必由之路。提升青少年体质需要教育部门发挥监管职能，加大青少年体质健康管理的力度，引导学校重视健康管理，探索更多行之有效的健康管理方案。

#### （三）青少年体质健康管理的主要内容

一是医院应当积极搜集并系统整理关于青少年体质健康的相关信息，深入进行信息分析工作，敏锐洞察并揭示信息背后潜在的青少年健康问题，从心理健康、生理发育、生活行为模式等维度进行全面深入的剖析与研究，以便采取相应的措施来改善青少年的健康状况。

二是医院可以走进学校通过讲座等方式定期进行健康知识普及，并向学生传授一定的提升体质的技能，帮助其形成健康管理的意识。

三是定期进行检测，主要检测健康管理的相关指标，如视力、听力、血压、脊柱状态等，通过直观的数据便于了解青少年体质状况，从而有针对性地进行健康管理。

四是对青少年体质健康状况定期进行评价，并基于科学手段对青少年体质健康的发展趋势进行预测，为随后的体质健康管理提供警示和参考，也让青少年群体对自身体质状况有所了解。

五是针对青少年体质健康的主要问题与发展趋势进行规划、干预。具体来说，应建立全面跟踪监测体系，组织体质健康评选活动，并强化电话回访等沟通机制。同时，对于影响青少年体质健康的各类危险因素，务必实施科学分类与精准指导，以确保青少年体质健康水平的稳步提升。

## 四、配合运动处方师制订运动处方

运动处方的制订与实施包括解青少年的基本信息、确定运动处方的目的、测试与评定、制订运动处方、指导实施处方、监督执行情况、定期调整处方 7 个阶段。在制订运动处方之前，一定要通过询问、问卷调查、医学检查、体适能测试等途径，了解青少年的体能和健康状况，并进行危险分层。这部分工作可由体育教师、家长、医生、运动处方师共同完成。实施运动处方时也需要医务人员做好安全保障措施，且身体康复运动处方还需医务人员进行运动处方的效果评价。

# 第四节　社会干预青少年体质健康的实施策略

青少年的体质健康影响着我国教育和社会经济的发展，因而提高青少年体质也需要社会大环境的干预。要鼓励社会广泛关注青少年健康问题，团结社会各领域的力量，采取有效的干预措施，共同提高青少年体质健康水平。总的来说，从社会层面来看，增强青少年体质的干预路径包括以下两个。

## 一、营造体育健身氛围

社会各界可以从以下三个方面为青少年学生营造良好的体育健身氛围。

第一，社会各界应合力创造良好的网络文化环境。网络能为青少年提供自主学习、获取文化知识的途径，也能给其带来一定的负面影响，如网络游戏、不良网络信息等。社会各界可以通过网络为青少年提供丰富的体育文化知识，唤起其运动热情，让其离开屏幕，用富有趣味性的体育竞赛活动取代网络游戏，将课余时间更多地用在运动、锻炼上。

第二，社会各界可以利用体育传媒（体育节目）来熏陶青少年，帮助其树立体育健身意识。体育节目举办单位可以经常组织青少年观看体育赛事、体育新闻。例如，一些可以承办大型体育赛事的单位可以给青少年发放优惠入场券，尽可能地让他们参与活动。另外，体育节目举办单位还要加强与学校的合作，帮助青少年了解体育、喜欢体育、参与体育，最终帮助他们提高体质健康水平。

第三，改变青少年家庭对体育运动的认识。社会各界要对家长进行多方位的宣传，使家长建立体育运动意识，从而支持青少年参与体育运动，培育体育价值观。

## 二、加强体质健康管理

### （一）设立专门管理机构

为加强体质健康管理，社会中可以先设立专门的管理机构，形成完备的管理流程，通过完善的、系统的管理来监督并落实增强青少年体质健康的目标。具体来说，一个管理机构应当包括以下 3 个部分。

#### 1. 主管领导

主管领导主要职责是统领全局，这一职位一般由负责青少年工作的管理者担任。管理者不仅要对体质健康管理工作有全面了解，还要对青少年的体质健康管理状况进行综合把握，为管理工作设定目标，并引导其他部门合作实现该目标。

2. 执行机构

执行机构是承担体质健康管理各项工作的具体实施者，确保管理举措得以精准落地。其组建形式灵活多样，既可专门设立，又可由体质健康研究室兼任，以高效推动体质健康管理的深入实践。执行机构要遵循管理计划来落实管理工作，朝着体质健康管理的最终目标努力。

3. 合作部门

体质健康管理涉及多项工作内容，需要与其他部门相互合作，这些部门统称为"合作部门"。通过合作能最大限度地调动社会资源，形成社会合力，广泛开展体质健康教育，提供更全面的体质健康服务。

### （二）制定相关管理制度

体质健康管理还需要一定的制度保障，因此要制定相关管理制度，规范管理工作，依据具体情况及时对管理制度进行调整，确保体质健康管理的顺利推进。

1. 完善体质健康管理的相关法规

关于健康管理中存在的风险，国家应当出台相应法规，明确责任制度。

2. 制订体质健康管理方案

明确的方案能为体质健康管理的实施指明方向，有关部门要根据学校体质健康管理现状制订目标明确、可落到实处的管理方案，充分考虑学校和学生的需求，按需规划、清晰明确。

3. 为体质健康管理提供资金支持

体质健康管理的实施需要资金支持，相关部门应为其设立专项资金，帮助学校体质健康管理工作的顺利推进。有了资金支持，相关研究才能深入开展；有了资金支持，更能调动学校和学生开展体质健康管理的积极性。

### （三）构建网络服务平台

随着网络技术的不断发展，体质健康管理不再只依靠人力进行，可以借助网络技术构建体质健康网络管理服务平台，使健康测试、评估、干预和咨询都可以在网络平台完成，还能借助网络将各大环节的信息统一起来，将全国各地信息进行汇总，便于后续的研究、交流。服务平台的构建还能解决管理难、数据庞大等问题，将数据上传网络平台，形成专业的数据资源库，就能轻松实现数据的智能化管理，节省大量人力。如今，数据的录入形式更为多元，不仅可以通过电脑录入、智能手机录入，还能批量录入，在一定程度上简化了管理工作，让管理更为便捷、高效，为青少年提供更全面、更迅速的健康管理服务。

# 参考文献

[1] 翟一飞.体育运动促进青少年体质健康的攻略研究[M].哈尔滨：东北林业大学出版社，2022.

[2] 王哲.全民健身背景下青少年体质健康与促进研究[M].长春：吉林人民出版社，2021.

[3] 张业安.青少年体质健康促进的媒介责任与传播路径[M].上海：上海人民出版社，2023.

[4] 王鹏.互联网环境下的青少年体质健康促进研究[M].西安：西北大学出版社，2020.

[5] 赵祥.新视野学术论著丛刊青少年体质健康与促进研究[M].北京：中国书籍出版社，2022.

[6] 张福兰，张天成，徐涛."体医融合"视域下武陵山区农村儿童青少年体质健康促进研究[M].成都：西南交通大学出版社，2022.

[7] 章建成，任杰，舒盛芳.青少年体质健康教育干预方案[M].上海：复旦大学出版社，2013.

[8] 余免.青少年体质健康与促进研究[M].长春：吉林人民出版社，2023.

[9] 孙贵龙.儿童青少年体质健康研究[M].武汉：武汉出版社，2022.

[10] 葛舒瑶.学校体育教育对青少年体质健康影响的研究[J].甘肃教育研究，2024（15）：19-21.

[11] 师英果，宋晓露.新时代背景下青少年体质健康发展的有效实施路径[J].文体用品与科技，2024（17）：91-93.

[12] 李琦，马景川，陈一瑄.学校健康服务视域下青少年体质监测的发展对策研究[J].文体用品与科技，2024（15）：87-91.

[13] 王世君，蒋东云，冯富生，等.体教融合促进青少年体质健康的困境与进路 [J].哈尔滨体育学院学报，2024，42（4）：92-96.

[14] 张昕，刘娅，陈峙达.青少年体质健康促进的社会支持运行机制研究 [J].大连大学学报，2024，45（3）：114-122.

[15] 常笑.体育科学视角下的青少年体质健康改善策略 [J].文体用品与科技，2024（12）：88-90.

[16] 陈晓光，谷建凯，卢俊阳，等.我国青少年体质健康测评制度的演进逻辑与优化路径 [J].体育科技，2024，45（3）：23-26；29.

[17] 丁小燕.基于青少年体质健康促进的体育教育改革 [J].当代体育科技，2024，14（16）：182-185.

[18] 李鹏程.家庭、学校、社会三方协同作用对青少年体质健康的影响 [J].当代体育科技，2024，14（14）：175-179.

[19] 杨清敏，卢亚.青少年体质健康影响因素之运动兴趣 [J].当代体育科技，2024，14（11）：182-185；190.

[20] 李增.我国青少年体质健康促进政策的演进脉络与优化策略 [D].贵阳：贵州师范大学，2023.

[21] 赵依玲.体教融合背景下四川省青少年体质健康管理模式创新研究 [D].成都：成都体育学院，2023.

[22] 季永武.青少年体质健康发展实现路径研究——基于全生命周期身体活动能力保持的思考 [D].天津：天津体育学院，2022.

[23] 范贝.体医融合背景下我国青少年体质健康促进研究 [D].杭州：杭州师范大学，2021.

[24] 朱厚伟.时空社会学视角下青少年体质健康促进模式研究 [D].南京：南京师范大学，2021.

[25] 周贤.体育课模块化运动对青少年体质健康的影响 [D].武汉：武汉体育学院，2021.

[26] 王裕霖.青少年体质健康促进中的媒介责任研究 [D].上海：上海体育学院，2019.

[27] 郇昌店.我国青少年体质健康政策协同研究 [D].上海：上海体育学院，

2016.

[28] 万义 . 中国青少年体质健康发展的社会治理研究 [D]. 武汉：华中师范大学，2016.

[29] 党权 . 我国青少年体质健康促进政策历史变迁研究 [D]. 南京：南京师范大学，2014.